袁振国 著

教育改革论

当代教育新理论丛书

新世纪版

江苏教育出版社

图书在版编目(CIP)数据

教育改革论:新世纪版/袁振国著.—2版.—南京:江苏教育出版社,2005.4
(当代教育新理论丛书)
ISBN 7-5343-1527-1

Ⅰ.教… Ⅱ.袁… Ⅲ.基础教育-教育改革-研究-中国 Ⅳ.G639.21

中国版本图书馆 CIP 数据核字(2005)第 044121 号

当代教育新理论丛书(新世纪版)

书　　名	教育改革论
作　　者	袁振国　著
责任编辑	赵　明
出版发行	江苏教育出版社
地　　址	南京市马家街 31 号(邮编 210009)
网　　址	http://www.1088.com.cn
集团地址	江苏出版集团(南京市中央路 165 号　210009)
集团网址	凤凰出版传媒网 http://www.ppm.cn
经　　销	江苏省新华发行集团有限公司
照　　排	南京展望文化发展有限公司
印　　刷	江苏淮阴新华印刷厂
厂　　址	淮安市淮海北路 44 号　电话 0517-3941427
开　　本	850×1168 毫米
印　　张	12.625
插　　页	5
字　　数	264 000
版　　次	2005 年 5 月第 2 版 2005 年 5 月第 1 次印刷
印　　数	1 001-4 150 册
书　　号	ISBN 7-5343-1527-1/G·1351
定　　价	19.20 元
邮购电话	025-85400774,8008289797
批发电话	025-83249327,83249091
盗版举报	025-83204538

苏教版图书若有印装错误可向承印厂调换
欢迎邮购,提供盗版线索者给予重奖

当代教育新理论丛书 DANGDAI JIAOYU XIN LILUN CONGSHU

编委会

主　编　刘佛年
　　　　（以下按姓氏笔画为序）
副主编　顾明远　袁振国
　　　　鲁　洁
编　委　冯增俊　刘佛年
　　　　朱永新　朱述宾
　　　　张胜勇　张斌贤
　　　　吴康宁　赵　明
　　　　顾明远　袁振国
　　　　鲁　洁

序

当代教育新理论丛书

　　近年来，我国的教育理论研究取得了长足的发展，不少出版社陆续出版了一批各具特色的教育理论著作，初步形成了"百花齐放，百家争鸣"的良好局面。为进一步推进我国教育理论研究，繁荣教育理论著述，促进教育事业的健康发展，并为此提供一些切实可行的理论依据，江苏教育出版社决定出版一套以爬梳整理、分析研究当代教育新理论为主题的"当代教育新理论"丛书，这是一件令人欣慰和鼓舞的事。

　　这套丛书以"面向现代化，面向世界，面向未来"为指导思想，以"新"为基本出发点，以教育新学科、新论点为主要内容，力求反映当前世界教育理论的研究方向，有益于我们开阔视野，启迪思路，对我国当前教育改革和发展的一些亟待解决的问题也有所思考和回答。各本著述力求相对成熟，自成体系。

　　我们编纂这套丛书，希望能反映目前国内外教育理论方面的最新研究成果，并能联系我国教育改革的实际，体现中国特色。我们还希望这套丛书既能体现严谨学风，具有较高的学术性，又有生动、活泼的文风，具有较强的可读性。这些愿望是否能变成现实，待这套丛书陆续出版后，敬请专家和广大读者加以评说。

　　我们相信，这套丛书对促进我国的教育事业和教育科学研究的健康发展，将会产生积极的影响。

刘佛年

1990 年 7 月于华东师范大学

当代教育新理论丛书(新世纪版)

20世纪90年代初,在刘佛年教授主持下,一批中青年教育理论工作者,以他们敏锐的眼光,捕捉世界教育理论发展的新动向,编写了一套《当代教育新理论丛书》,使我国教育理论呈现出新的面貌。但是教育的话题是常谈常新的,20世纪90年代以来世界教育改革频繁,教育理论也有了许多新发展。因此整理和充实新内容、新成果到这套丛书中,就是丛书新世纪版的新任务。

20世纪90年代世界教育改革所以那样频繁,其动力在于科学技术的迅猛发展,人类认识能力和创造能力的空前提高,从而引起社会深刻的变革,同时也对人的自身发展,对教育提出了新的要求。20世纪90年代世界充满着矛盾:和平与战乱、发展与贫困、全球经济一体化与南北差距的扩大、国际化与民族矛盾的加剧、物质丰富与精神衰退等等。出路何在?有的国家想通过教育改革培养掌握高新科技的人才,以战胜竞争对手,有的国家想通过培养人才来摆脱贫困,有的学者想通过教育克服社会的邪恶,有的学者则认为必须实现教育改革,以克服现行教育的弊端,全面提高人的质量。20世纪90年代的教育改革确有许多新内容、新特点,值得教育理论工作者关注,例如教育民主化的浪潮。1990年宗滴恩会议发表的《世界全民教育宣言》,提出"满足基本学习需要"的口号,推动了教育的普及和发展。又如终身教育的思潮。随着教育的普及,教育已经不是年轻人的专利品,教育要为所有人提供学习机会。终身教育还有着丰富的内涵,它还包括学校教育如何为终身学习打好基础。其他还有教育的国际化、个性化等方面的理念都有新的进展。我们认为,20世纪90年代教育改革的最大特点,也即是与六七十年代教育改革的最大区别就在于:后者是以培养精英为其指导思想,前者则重视教育的大众化,科学为人人,知识为大众。今天,人类已经进入到信息时代、学习社会,信息网络化彻底改变了教育原有的概念。如何用全时空、超文本的大教育观来审视现代教育是教育工作者值得重视的问题。

近十多年来,教育理论也有许多新发展。后现代主义理论、新殖民主义理论、建构主义理论、发展教育学、批判教育学等等理论都丰富了教育理论宝库。对于我们中国教育理论工作者来说,对这些理论有一个重新评价、吸收和本土化问题,以有利于促进有中国特色的社会主义教育理论体系的形成和发展。

这十多年来,中国教育也在激烈的变革和发展之中。在教育实践中提出了许多新概念、新问题需要我们去探讨、去研究。教育理论工作者真是任重而道远。好在改革开放以来,成长了一大批中青年学者,他们朝气蓬勃,视野广阔,目光敏锐,很多都经过博士、博士后的专业训练,相信他们有志气、有能力对教育的新问题、新理论开展研究,并取得丰硕的成果。本丛书就是为这些研究提供园地。

这套丛书仍然本着刘佛年教授十年前制定的方

针,以"面向现代化,面向世界,面向未来"为指导思想,以"新"为基本出发点,以教育新学科、新观点为主要内容,力求反映当前世界,包括我国教育理论研究的新成果。

希望《当代教育新理论丛书》(新世纪版)的出版能为教育理论再揭开新的一页。

顾明远 鲁 洁
2000年8月

目录

第一章　绪论 1
一、教育改革：席卷全球的时代潮流 1
二、教育改革走到了十字路口 12
三、实践呼唤教育改革理论 22

第二章　教育改革理论的发展 28
一、改革：革新、变革、革命 28
二、国外教育改革理论的发展 31
三、我国教育改革理论的发展 50

第三章　教育改革动因论 59
一、政治动因 60
二、经济动因 63
三、科技动因 67
四、文化动因 73

第四章　教育改革价值论 81
一、促进社会进步 83
二、增强教育与社会的联系 87
三、促进个人的发展 94

第五章　教育改革成败论　103
一、目标是否明确　104
二、决策是否正确　107
三、与社会改革是否协调　110
四、是否有新的观点指导　112
五、准备是否充分　115
六、认识是否全面　118
七、借鉴是否合理　120
八、是否调动了多方面的积极性　124

第六章　教育改革的继承与创新　127
一、何谓传统教育　127
二、传统教育的生命力及其所面临的挑战　131
三、教育的现代化不等于教育的西方化　136
四、教育改革与传统教育的创造性转换　142

第七章　教育改革目标论　150
一、数量目标　154
二、质量目标　158
三、结构目标　166
四、体制目标　173

第八章　教育改革模式论　179
一、教育模式演进论　179
二、教育模式二分论　186
三、教育模式钟摆论　192

第九章 教育改革的主要悖论 ………………………… 205
一、服务论与依靠论 ………………………… 207
二、社会本位与个人本位 …………………… 213
三、英才教育与大众教育 …………………… 217
四、重理论（知识）与重实际（能力）………… 223

第十章 教育改革与教育发展的关系 ……………… 229
一、外延扩张型战略 ………………………… 230
二、发展要求改革 …………………………… 238
三、改革促进教育的和谐发展 ……………… 247

第十一章 教育改革的策略 …………………………… 251
一、教育改革策略的分类 …………………… 251
二、教育改革策略的制定 …………………… 258
三、教育改革策略的难点 …………………… 265

第十二章 走向现代化——教育改革的历史趋势 …… 275
一、现代化的含义 …………………………… 276
二、教育在现代化中的作用 ………………… 281
三、教育自身的现代化 ……………………… 289

第十三章 教育理论研究的使命 ……………………… 298
一、教育改革理论研究的经纬 ……………… 299
二、教育理论研究的科学化 ………………… 309

第十四章 当代世界教育改革与发展的新趋势 ……… 331
一、当代世界教育改革与发展的时代背景 … 331

二、当代世界教育改革与发展的主要思潮 …………… 337
三、当代世界教育改革与发展的趋势及启示 ………… 353

代后记　政策型研究者和研究型决策者 ……………… 370
一、决策者的研究意识 ……………………………… 371
二、研究者的政策意识 ……………………………… 376
三、政策研究者 ……………………………………… 380
四、政策分析 ………………………………………… 384

第一章
绪　论

"在世界各地,改革和革新都是教育界最迫切关心的问题。改革和革新是今天关于教育问题讨论的主题之一,也是贯穿本书的一个基本论题。"①这是 1977 年第 35 届国际教育会议总报告员查尔斯·赫梅尔在关于世界教育问题的长篇研究报告中的开场白。时隔 28 年,世界性的教育改革方兴未艾,而且日益深入发展。持续的、世界性的教育改革运动(这样称并不过分)已经为人们提供了丰富的经验和大量的教训,人们对于教育改革的认识已经形成了值得重视的理论成果。同时要求不断深化对教育改革自身进行分析、研究,形成系统的教育改革理论。

一、教育改革:席卷全球的时代潮流

持续的、世界性的教育改革运动始于 20 世纪初。从此,教育改革的浪潮就此起彼伏,无有停息。纵观百年的历史,大概呈现出三个高潮,并由此划分出三个历史阶段,即:从 20 世纪初到 30 年代;二次大战以后的五六十年代;70 年代至

---

①　查尔斯·赫梅尔著,王静、赵穗生译:《今日的教育是为了明日的世界》,中国对外翻译出版公司 1983 年版,第 1 页。

今。每个阶段反映了各自的时代要求和时代特点,同时又透露出历史起承转合的内在逻辑。当然,这过程中既有世界性的主潮,也有各个国家各自不同的特点。中国亦不例外。

第一次教育改革高潮是促使传统教育向现代教育的变革。它的背景是现代工业革命导致了社会结构、生活方式的变革,传统教育脱离现实生活的绅士培养目标,已不能适应社会的要求,因此,连同它的教育内容、教育方式、教育管理形式、师生关系等等与其培养目标一起,受到了强烈的抨击。适逢其时,美国的哲学家、教育家杜威的实用主义教育主张迎合了这一时代的要求,历史把他推上了现代教育的理论代表和运动先驱的位置。他这样形容和批判传统教育:教室里,"按几何图形排列着一行一行的简陋的课桌,紧紧地挤在一起,很少有移动的余地;这些课桌的大小几乎都是一样的,仅能够放置书、笔和纸;另外,有一个讲台,一些椅子,光秃秃的墙壁,还可能有几幅画。我们看了这些情况,就能推断在这样的场所可能进行的惟一的教育活动。这一切都是有利于'静听'的,因为单纯地学习书本上的课文,只是'静听'的另一种形式,它标志着一个人的头脑对别人的依赖性。"①杜威认为,这一切的根源在于,传统教育是适应传统社会的,而现代教育则是要改造社会的。所以传统教育是被动的学习,是以教师为中心,以课堂为中心,以教材为中心,学校与社会生活脱节。而现代教育是主动的学习,所以要以儿童为中心,以活动为中心,在"做"中学,学校与社会生活相联系,"学校即社会"、"教育即生

---

① 赵祥麟、王承绪编译:《杜威教育论著选》,华东师范大学出版社1981年版,第29~30页。

活"。教育家帕克早在19世纪70年代在马萨诸塞州昆西市就首先进行了新教学法实验,他实验的总原则是"教育要使学校适应儿童,而不是使儿童适应学校",放弃了固定的课程,教师自己设计教材,强调让儿童自己活动和观察,强调培养民主的合作精神和自由的自我管理原则。杜威与帕克互相呼应,形成了旨在反对欧洲形式主义教育传统的"进步主义"教育运动。

欧洲大陆也并不是铁板一块,实际上杜威的思想受到了来自欧洲大陆教育新思潮的启发。上世纪末,法国的德穆兰、英国的雷迪、德国的利茨,先后创办了不同类型的"新学校"。20世纪初,比利时的德可乐利、意大利的蒙台梭利,也创办了一些新学校,形成了"新教育运动"。他们也是要打破传统的形式主义教育桎梏,提出了以"生活教育"、"尊重个性"、"自发学习"、"社会性"、"人类爱和国际协调"的教育为主导的教育纲领。他们与美国的进步主义教育运动结合在一起,形成了声势浩大的现代教育运动。

美国的进步教育运动也极大地影响了刚形成的苏联教育。苏联国家委员会于1918年10月16日公布的《统一劳动学校基本原则》,带有明显的实用主义教育的色彩。按照这一《原则》,"新学校应当是劳动的",而"劳动的原则就在于积极地、灵活地、创造性地去认识世界"。许多城市和农村学校都设立了自己的实验园地,开办了学校工场或农场,经常组织学生参加各种工农业劳动和自我服务性劳动。

《原则》强调发展儿童的个性,主张个别化的教学:教师要分析每个学生的爱好和性格特点,并尽可能使学校教给学生和要求学生做到的一切都充分适应学生的个人需要。

经过广泛的实验,20世纪20年代,苏联公布了"教学大纲"。这个大纲取消了学科的界限,普通学校的教材分为"自然"、"劳动"和"社会"三类,以劳动为中心。每学年有一个中心课题,根据中心课题再分解为若干"生活单元",然后把三类教材综合起来进行教学。1928年杜威访问了苏联,苏联的新教育也正发展到高峰,这种用国家的力量来推行新教育的努力,给杜威留下了极为深刻的印象。①

在中国,19世纪与20世纪的交替时代,正是革命与反革命尖锐较量的时代,在文化领域,持续着学校与科举之争、新学与旧学之争、中学与西学之争。"五四"新文化运动标志着中国反帝反封建的资产阶级民主革命发展到了一个新的阶段,即由旧民主主义革命转变到新民主主义革命的阶段。教育变革是"民主""科学"这两大主题的重要内容。陈独秀、李大钊批判了旧教育的贵族性,提出了教育的"庶民方向";鲁迅揭露了上千年来封建礼教的实质是"吃人",以他的如椽巨笔,进行着彻底改革中国文化的工作;蔡元培批判中国的教育扼制人性,主张"崇个性、尚自然",实行学术自由、兼容并包的办学主张,创立了"新北大"。

当时,中国的许多仁人志士向西方寻求救国救民的真理,教育改造中国、"教育救国"的思想流行一时,其中有不少人赴美留学,胡适、陶行知直接师承于杜威,杜威又于1919~1921年来华访问,通过这些途径,实用主义、进步主义的教育思想在中国也产生了广泛的影响。他们抓住了中国旧教育脱离人

---

① 参见《杜威教育论著选·苏维埃俄罗斯教育的印象》。

民、脱离生活、压抑人性的实质猛烈开火,开展了平民教育运动、生活教育运动、活教育运动,在现代教育的改革史上大书了一笔。

第一次世界性的教育改革运动,是整个社会政治、经济、文化的变化在教育上的反映。虽然不同国家的政治背景、意识形态、经济水平、文化特征有所不同,但都面临一个共同的发展主题:近代化和现代化;在教育上都存在着同一个障碍:形式主义的传统教育——刻板、封闭、狭窄、被动、贵族性、非功利性和与现实生活的脱节。传统的农业社会要向工业社会转变,就不得不改变传统的教育,这是教育的改革所以成为世界性运动的根本原因。它的主导倾向是:平民化、功利性、主动性和与生活的联系。虽然实用主义的教育主张在理论上有许多漏洞,比如忽视知识的系统性和理论性,忽视非功利的人文精神,等等,但它还是影响甚至支配了教育的改革方向。

实用主义的社会观是改良主义的,这又注定了它在中国失败的命运。在中国,不通过武装革命解决政权问题,是不可能有真正的新教育的。怀有"教育救国"理想的人士最后也都逐步认识到了这一点。

第二次世界性的教育改革运动发生在 20 世纪五六十年代。促成这次改革的首要动力是科学技术的进步。二次大战以后,世界各国都把主要精力投入到发展本国的经济和技术上。科学与技术从未像现在这样突出地显示出它们的威力和潜在力。同样值得注意的是,科学发现与大规模地应用这种发现之间的时间间距也正在逐渐缩短。人类把照相原理付诸实践花了 112 年的时间,而太阳能电池从发现到生产只相隔 2 年(见图 1-1)。

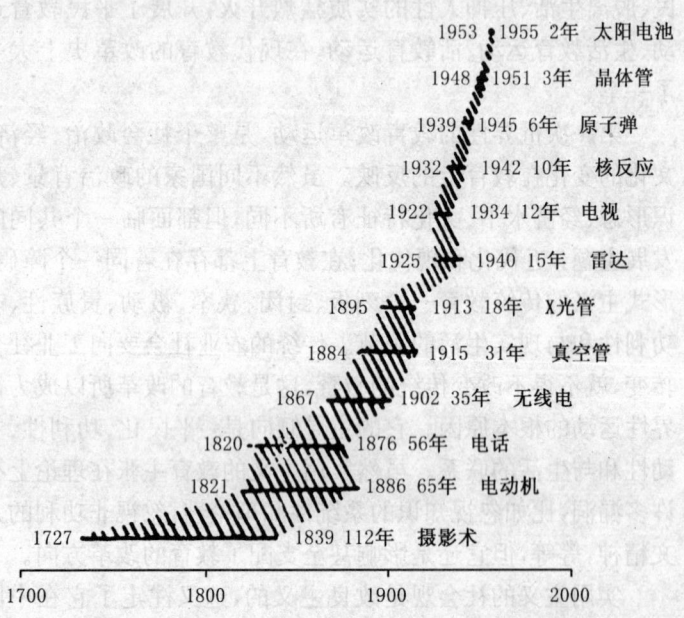

图1-1 物理科学上的发现与应用之间的间隔(根据伊莱·金兹伯格:《技术与社会变革》,哥伦比亚大学出版社,1964)[1]

二次大战以后,东西方处于冷战阶段,苏美两国展开了激烈的军备竞赛。1957年苏联首次成功地发射了人造地球卫星,这使美国朝野震动,他们惊呼:美国的科技落后了!而科技的落后是由于科技人才的缺乏,科技人才的缺乏是因为教育的失误。于是,一场批判进步主义教育运动、突出现代教育内容的教育改革揭幕了。1958年美国参政两院联合通过

---

[1] 转引自联合国教科文组织国际教育发展委员会编著,华东师大比较教育研究所译:《学会生存》,上海译文出版社1979年版,第127页。

了《国防教育法》,"目的是加强国防并鼓励和援助教育方案的扩充和改进,以满足国家的迫切需要"①,其核心内容一是加强自然科学、数学、现代外语和其他重要科目的教学,为其提供财政援助;二是指导、咨询和测验,发现和鼓励有才能的学生。

1959年,美国全国科学院召集35位各领域的专家会集于科得角的伍兹霍尔,讨论如何改进中小学的自然科学教育问题。会议的目的不仅是要制定一个培养人才的紧急计划,而且要研究培养"英才"的长期教育计划和课程改革方案。大会的主席是心理学家杰罗姆·S.布鲁纳,会后,他们根据以认知心理学为基础的知识结构理论,编制了一套新教材,在美国的教育史上产生了很大影响。从美国历史上对教育产生重大影响的代表著作的情况来看,也可以清楚地看到,20世纪五六十年代的重要著作都突出地强调了科学的教育(见图1-2)。

这种改革的潮流在欧洲和世界的其他许多国家都有不同程度的反响。但是在苏联和中国却有一个曲折的过程。

中苏两国首先强调的都是在意识形态方面的革命,强调教育与生产劳动的相结合。

1958年9月21日,赫鲁晓夫提出了"关于加强学校同生活的联系和进一步发展全国国民教育制度的建议",并交全民讨论。同年12月24日经最高苏维埃讨论通过成为法律,根

---

① 《1958年国防教育法》,见瞿葆奎主编、马骥雄选编:《教育学文集·美国教育改革》,人民教育出版社1990年版。

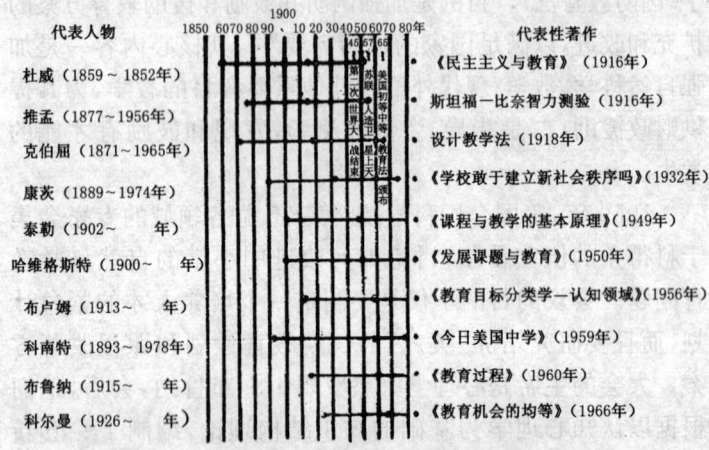

图 1-2　美国影响课程的名人与业绩(1900 年代)

出处：沙思著"对课程产生影响的重要著作(1906～1981)"，
载〔美〕《卡潘》，1981 年 1 月号第 311～319 页。①

据《法律》规定，普通中学大幅度增加了生产劳动的时间，受过 8 年义务教育后的青年都必须先参加劳动。其所以要实行这一法令，主要的目的一是解决升学和就业的矛盾，二是克服青年厌恶体力劳动的状况。在 20 世纪三四十年代，苏联的普通中学数量不多，毕业生大部分都能升入高等学校。到了 50 年代，中学教育迅速发展。1957 年与 1945 年相比，中学毕业生数增长了 10.6 倍，而同期高校招生数仅增长 95.8%。大批毕业生必须就业，而"有些青年男女在十年制学校毕业以后，不愿意到工厂、集体农庄和国营农场去劳动，认为这是一种屈

---

①　转引自钟启泉编著：《现代课程论》，上海教育出版社 1989 年版，第 386 页。

辱……凡是入学的儿童都应该准备去进行有益的劳动。"①这一改革引来了普遍的抱怨,它严重地降低了中学的教学质量,高级人才的培养也受到了严重威胁。1964年8月,苏共中央忽然公布了《关于改变兼施生产教学的劳动综合技术普通中学的学习期限的决定》,宣告了1958年教育改革的失败。1964年以后,强调了知识教学的作用,降低了生产劳动的地位,展开了旨在使教育内容和性质符合现代科学、技术和文化发展水平的教育内容改革。俄罗斯联邦教育科学院和苏联科学院成立了确定中学各科内容和性质的各科委员会和协调各科委员会的总委员会,这些委员会由500多名著名的学者、教授和教学法专家、先进教师组成。他们研究了先进国家的教学计划,删除了教学大纲和教科书中的陈旧和次要的材料,使教学内容、组织和方法更充分地反映现代科学、技术和文化的成就。历时10年,直到1975年才完成了这一教学现代化的努力。

1958年前后,中国遇到了与苏联类似的升学与就业的矛盾,但中国还有其特殊的政治斗争的背景("反右"),这就使当时中国的教育改革具有更浓厚的意识形态色彩。1958年9月19日中共中央国务院发布了《关于教育工作的指示》。《指示》指出:培养出一支数以千万计的又红又专的工人阶级知识分子的队伍,是全党和全国人民的巨大的历史任务之一——团结全党和一切可能团结的教育工作者,克服教育工作中的右倾思想和教条主义思想。党的教育工作方针,是教

---

① 赫鲁晓夫:《培养积极和自觉的共产主义社会建设者》,《苏联教育资料汇编》第1辑,人民教育出版社。

育为无产阶级的政治服务,教育与生产劳动结合,为实现这个方针,教育工作必须由党来领导。在一切学校中,必须进行马克思列宁主义的政治教育和思想教育,培养教师和学生的工人阶级的阶级观点、群众观点、集体观点和劳动观点,辩证唯物主义的观点。今后的方向,是学校办工厂和农场,工厂和农业社办学校。

这次大规模的改革实行一年多后,学校的正常教学难以保证。到1960年,以一次新的教学改革开始纠正它的失误:"在全日制的中小学教育中,适当缩短年限,适当提高程度,适当控制学时,适当增加劳动……逐步地分期分批地实现全日制中小学教育的学制改革。"[①]同年10月,集中力量,调集了大批专家,编制反映现代科学要求的十年制新教材和十二年制修改教材;1961年初,全国重点高校实行"四定"(定规模、定任务、定方向、定专业),大力提高教学质量,成为以后一个时期的中心内容。

第二次世界性的教育改革运动的另一个特征,是教育在数量上的迅速发展和教育投资的大幅度增加。这一特征直接受到"人力资本理论"的影响。1924年苏联学者斯特鲁米林在《国民教育的经济意义》一文中对这一理论已有所涉及,后经美国学者沃尔什的发展(《人力资本论》,1935年),集成于美国经济学家舒尔茨(《人力投资》,1959年;《教育与经济的增长》,1961年)。这一理论认为,教育不是消费性事业,对生产来说也是一种投资,也是一种资本,而且人力资本增长的速度比一般物质资本增长快,人力资本的增长是现代经济的最

---

① 陆定一:《教学必须改革》,《人民日报》1960年4月10日。

鲜明的特点。据他们推算,初级教育收益率为35%;中级教育收益率为10%;高等教育的收益率为11%;教育的平均收益率为17.3%。据此推算,国民总收入增长部分中的33%是得益于教育。这一结论大大刺激了许多国家特别是发展中国家的教育投资和发展。

据联合国教科文组织统计,全世界(不包括中国、朝鲜、越南等)国民生产总值从1960年的14.1806万亿美元增加到1981年的110.0105万亿美元,增长6.8倍,而同期全世界教育公共总开支从515亿美元增加到6275亿美元,增长11.2倍;这一时期世界人均国民生产总值增长4.2倍,而人均教育开支增长7倍,按学生每人占有的教育公共费用计算,1981年发达国家生均费为2272美元,是1960年的8.6倍,发展中国家为221美元,是1960年的6.9倍。

1960~1982年,全世界人口从30亿增加到45亿,增长50%;同期,全世界正规教育的入学人数由4.55亿增加到9.3亿,增长104%。增长数中,发展中国家占86%。与1960年入学人数相比,发展中国家增长2.43倍,发达国家增长1.31倍。

1960~1982年,世界初等教育入学人数从3.39亿增加到5.75亿,增长70%;儿童入学率从82%上升到94%;中等教育入学人数从8309万增加到2.368亿,增长185%。相对增长更快的是高等教育,入学人数从1319万增加到4959万,增长276%。其中北美只增长212%,欧洲及苏联增长195%,增长速度低于世界平均水平。亚洲增长319%,非洲增长775%,拉丁美洲和加勒比海地区增长948%。

与第一次世界性教育改革运动相比,第二次教育改革更多地体现了国家的意志和行政的力量。

二、教育改革走到了十字路口

第三次世界性的教育改革运动发生在20世纪70年代以后并持续至今。它是上一次教育改革的发展,又是对上一次教育改革的批判。20世纪五六十年代的教育改革普遍加深了教育的内容,大大地扩展了教育的规模,为使更多的人得到受教育的机会、适应经济和科学技术的发展,起到了积极的作用,被称为教育上的"繁荣时期"。可是在这种繁荣下面也潜伏着危机,并越来越受到责难,暴露出一些普遍令人烦恼的问题:

第一,20世纪五六十年代普遍加深了教材的难度和分量,导致了学生的负担过重,影响了学生的健康,挫伤了部分学生学习的积极性和学习信心,引起了社会舆论的抗议呼声,特别是学生失去了学习兴趣,产生了强烈的抵触情绪。在中国,毛泽东也很不客气地批评过:"现在课程多,害死人,使中小学生、大学生天天处于紧张状态。""现在的考试,用对付敌人的办法,搞突然袭击,出一些怪题、偏题,整学生。这是一种考八股文的方法,我不赞成,要完全改变。""旧教学制度摧残人才,摧残青年,我很不赞成。"并建议"课程可以砍掉一半。"① 尔后,各国不得不对教学内容进行必要的调整和削减。等到这种放松教育质量的行为持续了10年以后,人们又惊异

---

① 毛泽东:《在春节座谈会上的讲话》(1964年2月13日),《毛主席论教育革命》,人民出版社1967年版,第16页。

地发现,教育质量严重下降,学力大大降低了。在1984年10月的日内瓦第39届国际教育大会上,美国教育代表团团长罗伯茨发言说,由于课程平淡、学习时间短、鼓励学习的措施减少、教学质量下降、大学招生要求降低,美国的教育制度正在衰退,并"正在培养出越来越多的庸才"。① 人们发出了"教育荒废"、"教育危机"的呼声。

第二,由于强调了学科的结构性、系统性、理论性,因而忽视了日常生活知识、生活能力的教育和培养,教育与社会生活脱节。美国高质量教育委员会在《国家处在危险之中,教育改革势在必行》(1983.4)的著名报告中称:

△ 凭借最简单的测验,即每天的阅读、书写和理解,美国有2 300万成人是半文盲(文化程度不足以履行自己的职能)。

△ 17岁的美国青年中,约有13%可以说是半文盲,少数民族中半文盲的青年高达40%。

△ 在大多数标准化考试中,中学生的平均成绩低于26年前苏联发射卫星那时的水平。

△ 企业和军队抱怨,他们必须把千百万元花在补习教育上,即培养阅读、写作、拼写和计算等基本技能上。例如,美国海军部向全国高质量教育委员会汇报,最近征募的新兵中,1/4不能阅读相当于9年级程度的材料,这是看懂书面安全指令最起码的要求。②

……

---

① 参见王一兵:《从39届国际教育大会看世界教育发展的一些趋势》,《中国教育报》1985年2月5日。

② 国家教育发展与政策研究中心编:《发达国家教育改革的动向和趋势》(第1集),人民教育出版社1988年版。

法国在最重要的 5 个教育文件之一《为建立民主的初中而斗争》(1983.1)中称:"初中学生对知识掌握的程度,尤其是所具备的阅读能力很差,留级率不断升高。据统计,初中一年级的学生有 15% 留级,初中 4 个年级的平均留级率达 12%。初中毕业生有近 1/3 的学生没有掌握基本语法,不具备应有的阅读能力和数学解题能力。"①

英国教育大臣约夫也在这个时候撰文指出:英国有许多儿童虽然念完了 11 年的义务教育课程,可是却不会正确地读写,不会做简单的算术;许多儿童中途辍学,离开了设备简陋的学校。②

《日本临时教育审议会关于教育改革的第一次审议报告》(1985.6.26)对教育的现状也有这样的估计:"我国的教育,过多地培养了以死记硬背为中心的、缺乏主见和创造性能力的、没有个性的模式化人才……"③

第三,有文凭的失业者激增。埃德加·富尔 1972 年,在给联合国教科文组织总干事的著名报告《学会生存》中称这种现象为"社会拒绝使用学校的毕业生",把它与"教育先行"、"教育预见"并称为当代教育最明显的特征。60 年代以后各国教育尤其是第三世界教育发展迅速。富尔认为,当知识变化很慢,而人们(不是说得太过分的话)又能在几年之内希望"学会"一切足以满足理智上和科学上需要的东西时,为少数人建立的教育体系是有效的。但是把传统的教育体系运用于

---

①③ 国家教育发展与政策研究中心编:《发达国家教育改革的动向和趋势》(第 1 集),人民教育出版社 1988 年版。

② 转引自金世柏:《在比较中探讨我国教改中的几个问题》,《东疆学刊》1987 年第 1 期。

急剧变化时代的大众教育,而知识量又正以前所未有的速度激增时,这种教育体系很快就变得过时了。它所培育出来的人并没有受到恰当的训练,因而不能适应社会的变化。另一方面,教育的发展速度超过了社会就业机会发展的速度,社会来不及消化和吸收源源不断的毕业生,这就出现了有文凭的失业者激增的现象。比如,1946年印度的大学生人数是22.5万人,到1983年增长了15倍,现有140所大学和5 000所学院,而基础教育的入学率虽有80%,但65%的学生在不到5年级以前就中途退学了。大约有1/10的村庄(5万个)连小学也没有。这种教育结构比例的失调,造成了大学生过剩、失业,人才外流严重的现象。1978年春天,一个在印度生活了很长时间的受人尊敬的新闻工作者作了以下的报告:

这些日子在加尔各答,任何西方商人都有可能在街上碰到谈吐优雅的青年向他打招呼,追赶着他的步伐,询问他是否正在找一个办事员或助手。在马德拉一个繁忙的十字路口,站着一个身着陈旧灰衣服的大学毕业生,手持一个他用火柴棍做的玩具船,天天在此出售。

这就是印度受过教育的失业者——几百万有文化的、体面的、常常是西方化的年轻男人和妇女,却没有工作。[1]

巴基斯坦的情况也不好。1972年对旁遮普大学毕业生的一个抽样调查表明,在毕业三四年后,仍有47%的人失业。1972年的全国调查推断,有16.8%的大学生或受过教育的人失业,初等学校毕业生中有15.5%的人失业;斯里兰

---

[1] 菲力浦·孔布斯著,赵宝恒、李环等译:《世界教育危机》,人民教育出版社1990年版,第220页。

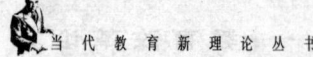

卡70年代早期估计,全部失业人口中将近一半受过一些中等教育;泰国一个官方调查表明,1973年高等教育毕业生的失业率在25%上下徘徊,1975年已迅速上升到将近46%;菲律宾70年代末期有将近1/3的中等学校和大学毕业生是失业的。

发达国家的情况也很严重。1985年仅欧洲共同体12国失业人口就达1 600万,在失业大军中占37%的是25岁以上受过中等教育的青年;美国有半数新毕业的大学生找不到对口的工作。

第四,受教育机会的不平等。追求教育的民主化、实现受教育机会的平等,是人类长久的渴望,也是第一、二次教育大改革的目标之一。经过几十年的努力,教育投资成倍翻番,但教育不平等的现象仍然严重存在,有些甚至更加严重了。教育本身正应着这样一句尖刻的圣经训示:"医生,治治你自己吧!"因为在很多国家里,一些旨在消除不平等的制度本身就程度不同地存在着不平等。

教育不平等主要表现为地区差别、性别差别和社会(经济)地位差别。

地区差别　1960～1982年,非洲的初等学校入学人数增加了218%,而高等教育增加了709%,南亚相应的数字是128%和411%,拉丁美洲是135%和138%。公共教育资金大部分分配给了高等教育。据估计,一个住在曼谷的青年进入高等教育的机会是住在泰国东北部地区的同伴的800倍。

在我国:"1987年,全国农村7～11岁学龄儿童的入学率为96.59%。在全国2 344个县中,通过初等教育验收的县有

1 585个,占全国总县数的67.6%,所在地乡村人口6.488亿人,占全国乡村总人口的76.4%。初等教育未通过验收的县共有759个,占全国总县数32.4%,所在地乡村人口2 008万人,占全国乡村总人口的23.6%。在这759个县中,已有410个县学龄儿童入学率达到95%以上,还有85个县在60%以下。"[①]就是说,教育发展好的地区,小学入学率已几乎达到100%,而有85个县有40%以上的儿童却没有就学的机会。

性别差别 菲力浦·孔布斯在《世界教育危机》一书中将男女受教育不平等的情况概括为5点意见:

第一点意见是:在整个入学率仍然十分低的国家,或在文化传统上男女不平等的国家,女生入学率一般是最低的;

第二点意见是:不管哪儿存在着严重的性别不平等,最大的不平等总是发生在高等教育;

第三点意见是:少数国家表面上男女在高等教育中的人数比例是相差不大的,但它掩盖了在不同院校和不同学习领域入学方面的严重性别不平等;

第四点意见是:高等教育中某些领域歧视妇女,其根源在于不同就业市场和职业中的传统偏见和被雇用时的区别对待;

第五点意见是:产生男女差别的主要原因并不是经济因素,而是历史、文化因素决定的。

社会(经济)地位差别 联合国教科文组织的一份报告表明,不同的社会地位与其子女接受高等教育的机会有明显差

---

① 郝克明、谈松华、张力、金扣干:《我国农村义务教育发展的环境、现状和前景》,《教育研究》1989年第10期。

别(见表1-1)。

表1-1 高等教育的入学人数(按选出国家中家长职业分类)

国　　家	自由职业与行政管理部门		工　　人	
	学生(总入学人数的百分比)	分组(有自立能力的总人口的百分比)	学生(总入学人数的百分比)	分组(有自立能力的总人口的百分比)
奥 地 利	32.4	7.4	5.5	63.7
意 大 利	11.6	1.7	15.4	59.6
日　　本	52.8	8.7	8.7	44.2
挪　　威	33.6	10.4	23.9	55.4
英　　国	62.9	21.5	27.2	71.5
美　　国	52.4	22.9	26.6	57.4
南斯拉夫	17.9	8.8	19.0	28.0

1. 在1960～1966年之间的各年之内。①

在我国:"统计资料表明,农村义务教育普及程度与当地经济发展水平存在着某种正相关的关系。以农民人均纯收入水平为一参照指标,在400元以上的1 161个县中,初等教育验收合格的县有938个县,占这部分县的80.8%,所在地乡村人口3.901 5亿人,占这类地区总人口的90.0%,未验收合格的只有19.2%的县和10.0%的乡村人口,验收与未验收的县数之比为4.2∶1;而400元以下的1 183个县中,这个比例为1.2∶1。"②

面对如此严峻的现实,各国纷纷采取了新改革措施,第三

---

① 《学会生存》,第113页。
② 郝克明等:《我国农村义务教育发展的环境、现状和前景》。

次世界性的教育改革运动持续展开了。

中国在20世纪70年代末不同层次进行教育改革的基础上,中共中央于1985年5月颁布了《关于教育体制改革的决定》,指出:"面对着我国对外开放、对内搞活,经济体制改革全面展开的形势,面对着世界范围的新技术革命正在兴起的形势,我国教育事业的落后和教育体制的弊端就更加突出了……中央认为,要从根本上改变这种状况,必须从教育体制入手,有系统地进行改革。"①自此,教育改革的活动一直方兴未艾。

苏共中央、苏联最高苏维埃于1984年4月颁布了《苏联普通学校和职业学校改革的基本方针》,指出:"我们的时代具有在人们生活的各个领域——物质生产、社会关系、精神文明各方面都产生深刻变革的特点。科技革命在日益广泛地开展。经济转向急剧发展。大规模社会经济综合计划正在实施。社会主义民主的发展、苏维埃生活方式的巩固、新人的培养等重要课题正在解决。"②"学校改革的目的也在于消除和克服在学校工作中积累下来的不良现象、严重缺点和疏漏。需要完善教育结构,从根本上提高普通教育、劳动和职业训练的质量……"③接着,苏联连续颁布了《关于进一步完善青年普通中等教育和改进普通教育学校工作条件的决定》等6个重要文件,展开了大规模的教育改革。

美国的教育改革更是以耸人听闻的声势夺人,且看"美国高质量教育委员会"报告的标题:《国家处在危险之中,教育

---

① 《教育改革重要文献选编》,人民教育出版社1986年版,第17页。
② 《发达国家教育改革的动向和趋势》(第1集),第90页。
③ 同上,第93页。

改革势在必行》。报告声称:"我国社会的教育基础目前受到日益增长的庸庸碌碌的潮流的腐蚀,它威胁着整个国家和人民的未来,上一代还难以想象的情况开始出现了——其他国家正在赶超我们教育上的成就。"[1]报告中发出警告:若想维持和改进美国在世界市场上尚有的一点竞争力,就必须致力于改革教育制度。

日本的改革是以一种后来居上的姿态出现的。临教审关于教育改革的报告中指出,日本教育最失败的地方乃在于没有成功地培养出"日本人的责任感",在于划一化、强为一律,在于缺少主见的没有个性的模式化,在于重学历、轻学力,而"所有这些,都是由于教育制度和教学管理僵硬、刻板所造成的。"[2]所以教育改革的方向是彻底改革现有的教育制度。

法国仅1983年就发布了4个教育改革的重要文件:《为建立民主的初中而斗争》、《21世纪前夕的高中及其教育》、《提高青年人的职业水平和社会地位》、《高等教育法》,改革涉及教育的各个层面。1981年5月,法国总统密特朗提出:"改革法国的教育制度是今后10年期间最首要的课题。"

从20世纪70年代起已有许多国家纷纷对本国的教育制度进行了大刀阔斧的改革或者制定管理整个教育界的新法律,它们的数目给人留下了深刻的印象。这些国家包括:阿尔及利亚、阿根廷、贝宁、哥斯达黎加、芬兰、德国、印度、印度尼西亚、英国、墨西哥、巴基斯坦、秘鲁、西班牙、斯里兰卡、多

---

[1] 《发达国家教育改革的动向和趋势》(第1集),第1页。
[2] 同上,第158页。

哥、喀麦隆、乌拉圭、南斯拉夫、丹麦、荷兰、罗马尼亚、塞拉利昂。瑞典已进入长期改革过程。①

显然,这次改革的范围更广,时间更长,而且很少局限在教育的内容、时间、办法或者其他细节上,而是从教育制度入手,全面地调整教育的布局,根本地改变教育的面貌。同样明显的是,各国都不仅仅把对教育的改革看作是解决教育自身的问题,而是解决整个社会问题的一个组成部分,甚至是解决社会问题的前提。所以如此,是因为现代教育和现代社会生活的关系越来越密切了,以往教育系统可以闭锁在高墙深院内与社会生活相对隔离的情形,现在已无法想象了。现在有一种说法已为人们所熟知,即:国际的竞争是科学技术的竞争,科学技术的竞争是人才的竞争,人才的竞争归根结蒂是教育的竞争。有人甚至说21世纪是教育的世纪。也许只有从这样的高度来理解,才能真正理解当今世界性教育改革的深切含义,也才能把握教育改革的主流方向。

教育改革能不能完成历史赋予它的使命?纵观全球的教育改革,从东方到西方,从发展中国家到发达国家,都不像改革当初那样充满信心,在许多国家呈现出胶柱鼓瑟、举步维艰的局面。教育在未来社会中到底应扮演怎样的角色?教育改革与整个社会改革到底是什么关系?教育改革到底怎样突破、怎样深入?对此,人们都有点徘徊不前,拿不出一个具有强烈说服力的意见来。历史在沉思,教育改革走到了十字路口。

---

① 参见《今日的教育是为了明日的世界》,第158页。

三、实践呼唤教育改革理论

教育改革从来没有像今天这样成为全球性的突出现象,是因为教育从来没有像今天这样成为全球性的突出问题。

现代化研究、未来学研究把全球性问题归结为3大类:

第一类,包括那些与当代的基本社会经济进程相关的问题(战争与和平问题、经济发展问题等)。

第二类,包括那些同向人类长期供应原料和其他资源、合理利用大自然和环境保护相关的问题。

第三类,包括那些人和社会与现代社会进程之间建立联系的问题(科学技术发展成就的应用问题、教育问题等)。

美国学者贝迪阿·纳思·瓦尔马进一步认为,有4个"变项"是与现代化有关的必要或充要的条件,它们是现代化的关键因素。这些变项是:经济、政治体制、教育和文官制度。①一方面,教育本身就是现代化的一个重要方面,另一方面,教育的现代化又能促进和保证整个社会的现代化。因为:

第一,教育及其基本的经济职能对生产有着直接的影响。而且随着教育的不断变革,其经济效能将会越来越高。教育的发展对现代社会结构的活动和存在的一切方面都产生相当大的影响;

第二,教育的发展同现代科学知识的整个体系有着直接的联系。科学的潜力越大,教育的水平就越高。一方面,现

---

① 参见周忠德、严炬新编译:《现代化问题探索》第9章,知识出版社1983年版。

科学知识扩大了我们观察客观世界的视野,从而增大了教育的潜力;另一方面,教育质量的不断改进有助于科学知识水平的提高;

第三,教育的社会功能日益重要。它能启发人们加深对自我认识的深度,促使人们对社会经济和政治思想的活动进行适当的评价。在先进的社会制度下,教育的改革能促进个性的全面发展,实现人们对幸福的理想追求。

因此,可以毫不夸大地说,教育过程的改进有助于(虽然是间接地)解决当今的许多全球性问题。同时,教育问题作为一个全球性问题,在考虑处理社会的经济、政治、文化问题时,必须充分考虑到教育因素。

然而,把教育改革放在如此宏观和重要的背景上进行的研究显得十分缺乏。所以教育改革缺少必要的理论指导,时常处于观望、等待甚至盲动、不知所措的状态。对社会的变化缺少必要的反应能力,教育理论对教育实践中的新情况、新问题也缺乏分析能力和评价能力。所以加强教育改革理论的研究就显得十分迫切和必要。

这一认识并不始于今天。早在1985年《中共中央关于教育体制改革的决定》颁布不久,《教育研究》杂志通过对北京、武汉、上海等地教育、科技部门的调查访问,学者、专家们一致的看法是:在教育改革中要加强科学研究。①

学者们普遍认为,发展经济一靠政策、二靠科学,发展教育就更应如此。教育是一个十分复杂的社会工程,涉及到经济、科技、社会发展、文化传统等各方面的因素;既有其宏观的

---

① 见《教育研究》1986年第4期。

一般规律,又有各级各类教育的特殊规律,还有各科教学的具体规律。要正确认识和掌握教育的规律,必须依靠开展教育科学研究,进行系统的艰苦的探索。目前在我国教育工作中存在着许多不符合教育规律的现象,其重要原因之一就是由于长期忽视教育科学研究。

《决定》颁布以后,全国的教育改革蓬勃展开,其广度和深度都是空前的,教育改革中有大量的理论问题和实际问题亟待研究解决。在这种新的形势下教育科学研究远远落后于教育改革需要的矛盾越加尖锐起来。对此缺乏应有的认识,必将影响我国教育事业的发展。

随着时间的推移,社会改革的深入和国际教育改革的发展,使得我国教育改革理论研究的迫切性越来越明显。有人认为,我国几年来的教育改革缺乏"理性的秩序",即缺乏对诸影响因子的认真分析和研究,对改革过程中出现的一些问题也缺乏正确的预见和把握,并且,在某种程度上还出现脱离实际的冒进。同时,又忽视了教育"内在的特定规律",教育改革基本上套用了经济改革的主要思路,很不恰当地把"市场"概念作为教育改革的出发点和归宿,忽视了教育自身、因而也是教育改革自身的特殊规律。① 并提出明确教育改革的目的和途径,明了教育改革的阶段性和配套性,弄清教育改革诸制约因素及其相互关系,是应尽快着手研究的问题。问题的准确程度当然是可以讨论的,但这种呼吁确实反映了教育改革实践的要求。

---

① 方展画:《我国教育改革理论的研究迫在眉睫》,《中国青年报》1990年2月5日。

建国以来,我国教育事业的发展走过了曲折的道路。经过解放初期的接管改造和以高等学校院系调整为中心的教育改革,我们把旧中国的半殖民地半封建教育事业转变成为社会主义教育事业。50多年来,依靠广大教育工作者的辛勤努力,教育事业取得了中国历史上从来没有过的巨大的发展,成绩是显著的。但是,另一方面,从20世纪50年代后期开始,由于全党工作重点一直没有转移到经济建设上来,由于"阶级斗争为纲"的"左"的思想的影响,教育事业不但长期没有放到应有的重要地位,而且受到"左"的政治运动的频繁冲击。"文化大革命"更使这种"左"的错误走到否定知识、取消教育的极端,从而使教育事业遭到严重破坏,并且使我国教育事业同世界发达国家之间在许多方面本来已经缩小的差距又拉大了。在这期间,我国进行了三次范围广泛、动作迅猛、影响深远的教育改革(革命)运动。第一次是建国初期改造旧教育向苏联学习,第二次是1958年的教育大革命,第三次是"文革"期的教育大革命。这三次改革的内在联系和经验教训,是一份宝贵的历史遗产。在我们今天进行一次意义更为深远的教育改革的时候,放弃这份遗产,不以史为镜,那绝不是历史唯物主义者应取的态度。

今天我们进行的教育改革,是在世界性教育改革的背景上展开的,世界各国教育改革的经验教训也是我们的一份宝贵财富。在这个问题上,我们采取虚无主义的态度,一味照抄照搬国外的经验、模式,"仪型他国",忽视自己的优良传统和经验、成就,是错误的。世界教育改革的实践证明,盲目地引进国外的经验,简单地截取国外教育成功的某个方面,不认真研究自己的国情,不综合地分析、消化国外的经验,是行不通的。在简单运用国外理论指导本国的教育改革和运用国外模式改造本国的教育方面,"许多国家对于它们在教育领域里所作的努力的结果公开表示失望"。① 同样,我们采取排外主义的态度、文化沙文主义的态度,夜郎自大,拒绝接受人家的优点和成功的经验,不研究人家向外国学习的经验和教训,也是错误的。全球性的事业,需要有全球性的沟通和对话。我们不但要研究发达国家教育改革的目标、步骤、措施等等,我们更要研究发展中国家教育改革的经验教训;我们不但要了解发达国家目前的教育状况和对策,我们更要了解它们在发展过程中遇到的问题和采取的对策。这样,我们就能以世界为镜,少走弯路,迅速赶上世界水平。

研究已有的教育改革的经验、教训、来龙去脉,是十分必要的,但教育改革已发展到今天,教育处于不停顿的改革之中已成为现代教育的一个基本特征,已经有必要同时也有可能从理论形态、思想体系上去讨论研究教育改革的目的、动因、条件、过程、模式、策略、方法等等,也就是建立教育改革的一般理论框架和理论模型,探讨教育改革的一般规律和特征,并由此构建教育改革论——教育改革学的学科体系。马克思曾经指出:"理论在一个国家的实现程度,决定于理论满足这个国家的需要程度。"②满足社会的要求是理论工作者的职责;理论工作者不能因为开拓性的理论工作具有风险而裹足不前。理论的探索不能寄希望于"毕其功于一役",相反,理论的长河

---

① 查尔斯·赫梅尔:《今日的教育是为了明日的世界》,第124页;另参见卡扎米亚斯·马西亚拉斯著,福建师大教育系等译:《教育的传统与变革》第10章,文化教育出版社1981年版。

② 马克思:《黑格尔法哲学批判》,《马克思恩格斯全集》第1卷,第10页。

是不断延伸的过程,一个理论工作者能在理论发展的某一阶段尽其力、建其功是他的职责;在教育改革论尚在形成的时期能有所作为,是一件很幸运的事。另一方面,理论不仅是对实践呼声的反应,而且是对实践的指导。当一门学科走向成熟的时候,与它相应的实践活动也就趋向规范化,这是一个相辅相成、互相促进的过程。当然,"生命之树常绿,理论总是灰色的",理论只有不断面向实践,才能保持一方清池活水。

第二章
教育改革理论的发展

　　教育改革,不管是局部的,还是全局的,不管是自发性为主的,还是国家政府发起的,总有某种思想作为指导。但是思想不能等同于理论。有些思想在倾向性上是明显的,但在理论上是模糊的,不确定的。如果一种教育改革的思想不能上升为理论,那这种教育改革是难以持久的;如果一种教育改革的思想是有生命力的,那它不久就会形成相应的理论成果。另一种情况是,先形成了比较明晰、严密的理论,从而目的明确地指导某一教育改革。当然,这一理论要在教育改革的实践中接受检验,不断更新,甚至被否定。如果这种理论脱离实际、背离时代,那么这种教育改革也难以持久。自第一次世界性教育改革运动以来,产生了许多教育改革的思想和理论,回顾和总结这一历史,对发展教育改革理论无疑是必要的和有意义的。

一、改革:革新、变革、革命

　　什么是教育改革?教育改革可以理解为按照某种预期的目标以改进实践的有意识的努力,它包括制定同旧目标无关的新目标、新政策,或赋予过去的教育以新的职能。教育改革的实质是对未来的反应。

但在我们接触或使用过的概念中还经常有这几个概念：革新、变革、革命。它们有时是同义的，只是出于修辞的考虑互换使用；但也不尽然，也有不少文献明确地对它们进行了界定和区别。"相对于教育长期变化的过程而言，教育改革只是一种相对短暂的人为变化。在任何一次改革之前和之后，教育都有一个相对稳定的渐变过程。……当教育的内在规律运动受阻时，如教育已不能适应社会需求时，教育改革就必将发生。只有了解这种教育的渐变过程，才能更好地理解教育改革。……而'变革'正包含了'渐变'和'改变'之义，它能更为概括地表达我们上述的认识，故我们将本书取名为《教育变革的理论模式》。"[①]这里是把"改革"界定为短期的变化，以及它的质变性质；把"变革"界定为长期的变化，以及它的渐变性质。

"通常，是把范围已经缩小了的教学上的革新（例如教学方法上的革新）以及教育的观念、目标、发展战略和优先抉择等方面的根本变化——简单地说在教育政策和教育规划范围内诸要素的变化——看成教育改革。"[②]这里，教育改革包含了"教学上的革新"和教育政策的根本变化两种情况。

"教育改革"即"按照一定的目的和要求，把教育活动中陈旧的不合理的部分改成新的，能适应一定社会政治、经济需要的一种实践活动。教育改革包括对受教育者施以有目的、有影响的德育、智育、体育活动诸方面的改革，也包括对教育思想、教育制度、教育内容和教育方法的改革，而且教育思想的

---

① 吴忠魁、张俊洪著：《教育变革的理论模式》，四川教育出版社1988年版，第9页（前言）。
② 张人杰：《现代教育改革论——从一次专家会议谈起》，《外国教育资料》1985年第5期。

改革要先行。"①这里,"改革"几乎囊括了一切程度的变化。

可见,改革、革新、变革、革命,在变化这个意义上并没有约定俗成的一致的分界。但是,如果从词义辨析的角度分析,这里的界限大致还是清楚的:

革命:根本改革。

变革:改变事物的本质。

革新:革除旧的,创造新的。

改革:把事物中旧的不合理的部分改成新的,能适应客观情况的。

——《现代汉语词典》,商务印书馆1979年版。

革命:人们在改造自然和改造社会中所进行的重大变革。指事物的根本质变过程,与"进化"相对。

变革:改变、改革。

革新:——

改革:改去、革除,现常指改革旧制度、旧事物。

——《辞海》,上海辞书出版社1983年版。

英文辞典的解释是这样的:**Revolution**(革命):complete change(根本改变);**Transform**(变革):change the shape, appearance, quality, or nature of(改变形状、外观、品质或性质);**Innovation**(革新):make changes, introduce new things(发生变化,产生新事物);**Reform**(改革):make, or become better by removing or putting right what is bad or wrong(通过变化或纠正错误使之变得更好)。

很显然,无论是在汉语还是在英语中,在变化的强度上由

---

① 《教育辞典》,江苏教育出版社1989年版。

强到弱都可以这样排列:革命、变革、革新。而改革可以有不同的强度,差不多等同于"(向好的方向)变化"之意;在变化持续的时间上,由长到短大致可以这样排列:变革、革命、革新,而改革持续的时间可长可短。可以列出下列矩阵:

变化的时间＼变化的程度	强 度	中 度	弱 度
长 期		变 革	
中 期	革 命		
短 期			革 新

所以我们认为,"教育革命"即中期的强度改革,"教育变革"即长期的中度改革,"教育革新"即短期的弱度改革。也就是说,教育改革有不同的层次、不同的强度,延续的时间也有不同。

二、国外教育改革理论的发展

国外教育改革理论的发展,与教育改革的实践是相辅相成的。从20世纪初的第一次大规模的教育改革,到当前的大规模教育改革,一共出现了三次高潮,教育改革的理论也可以分为三个相应的阶段。我把它们概括为哲学-心理学阶段、经济学-社会学阶段和学科独立阶段。

(一)哲学-心理学阶段

所谓哲学-心理学阶段,意指影响教育改革的理论主要是以哲学思想和心理学原理为基础的阶段。第一次世界性的教育改革运动,在理论上,主要是受当时的哲学和心理学的影响,特别是受杜威哲学思想的影响。

杜威的哲学是实用主义哲学,是强调"行动"、"实践"、"生活"的哲学。他曾经说,在他的教育著作的背后,存在着一个思想,这就是颇为抽象的知和行的关系的学说。他深受达尔文进化论的影响,认为进化论给人们带来了思维方式的变革,打破了以往一成不变的思维方式,建立了不断变化的、相对论的思维方式,所以他不强调事物包括教育的终结形式,而是强调过程本身。他说,教育除了自身以外,没有目的,教育即生长,这就是他的教育无目的论。他不喜欢纯学术性的哲学思辨,认为那没有实用价值。他的哲学之所以深刻影响了教育,是因为他认为,如果把哲学看作必然影响于人的行为的过程,把教育看作塑造人的理想的情感的倾向的过程,那么我们可以给哲学下的最深刻的定义,就是"哲学乃是教育的最一般方面的理论",同时"教育乃是使哲学上的各种观点具体化受到检验的实验室"。他在总结他早期进行的8年芝加哥实验学校的思想时说,实验学校仅仅是实验:"目的在于检验用作工作假设的某些思想。这些思想是从哲学和心理学来的,有些人也许更喜欢说是心理学的哲学解释。"①

杜威生活的时代正是美国工业技术大发展,大型工业联合企业迅速发展的时代。农村人口大量涌入城市,外国移民也纷纷涌入美国。现代工业对劳动力有了新的要求,传统的贵族式教育不能满足迅速膨胀的教育需求,传统的教育制度、课程设置、教育形式、教育方法等等,已经不能适应新形势的

---

① 赵祥麟、王承绪编译:《杜威教育论著选》,第319页。

需要。由于美国是一个多民族、多文化的国家,是新兴工业的后起之秀,它要与老牌资本主义争高低,就要摆脱一切形式主义的文化传统,代之以切实可用的思想观念和生活方式,所以"有效即真理"的实用主义受到了欢迎。

杜威引进了以生物学为基础的心理学概念,对"经验"予以了特别的重视和新的表述。他说,经验是人的机体与环境相互作用的结果。所谓相互作用,即是说有机体并不是消极地适应环境,而且也改变环境。改变了的环境又作用于有机体。这样的相互作用便形成了人的经验。各个人所面对的环境是不同的,所以改变环境的程度和方式不同,结果也就不同。这种不同的结果又影响各人的活动,因而一个人有一个人的经验世界。从这个意义上说,抽象谈论客观世界就没有意义了。同样,人们对于规律的认识也是不一样的,所以抽象地谈论客观规律也是没有意义的。这一原理扩展到真理观上去,就成为相对真理论,只有对自己有用的真理才是真理。所以杜威强调行动、操作。观念、知识都是在行动中获得的。

杜威认为,人们认识的任务并不在于发现不变的规律,而在于进行实验和探索,以便确定有用的行为方式。杜威在《我们怎样思维》一书中提出了思维的5个步骤,就是对这种认识过程的具体描述。胡适在《实验主义》一文中对这5个步骤做了通俗的转述:

1. 疑难的境地(暗示);
2. 指定疑难之点究竟在什么地方(问题);
3. 假定种种解决疑难的方法(假设);
4. 把每种假设所涵的结果一一想出来,看哪一个假定能够解决这个疑难(推理);

5. 证实这种解决使人信用或证明这种解决的谬误,使人不信用(试验)。

杜威的上述哲学观决定了他的社会政治观和教育观。既然自然是不断进化的,社会不断的进化和变革也就是自然的了。他推崇资产阶级的民主社会制度,强调理性和秩序,主张社会的渐变,主张运用集体的智慧促成社会一点一滴的改良。而教育在这种进步和改良中起着最理想的作用。1946年他在《人的问题》一书中指出:"如果没有我们通常所想的狭义教育,没有我们所想的家庭教育和学校教育,民主主义便不能维持下去,更谈不到发展。教育不是惟一的工具,但它是第一的工具,首要的工具,最审慎的工具。"他确信要促进社会的进步必须促进教育的进步,要改造社会首先要改造教育,改造教育是改造社会的手段。据此,他对传统教育提出了尖锐的批评,提出了教育改革的主张。

杜威指责传统教育的主要弊病在于:学校主要通过教材使学生获得有组织的知识和成熟的技能,是为未来的生活作准备,教科书成了学问和智慧的象征,教师成了传授知识技能的代理人,学校的重心在教师、在教科书,而不是在儿童,不是在儿童的本能和活动。儿童只能受到训练、指导和控制,儿童的个性受到"残暴的专制压制"。教材、教学方法都是"划一的",一切都"来自上面和外面的灌输",学生只能服从,不同的能力和需要不能得到发展,创造性得不到发挥。儿童的现实生活完全被忽视了,学校一切墨守成规,"死气沉沉"。

在课程、教材的问题上,学校中最大的浪费是儿童在学校中不能完全地、自由地运用校外所获得的经验,同时,又不能把在学校里所得到的东西应用于日常生活,学校与社会生活隔离开了。其结果是使学生习惯于积累和获得一知半解、生吞活剥的知识材料,以便应付背诵、上课和考试,这不仅不能培养独立解决问题的能力,而且削弱了思维的活力和效用。

为此,他提出了"教育即生活"、"学校即社会"、"以儿童为中心"和"从做中学"的教育改革纲领。

他认为,教育过程和生活过程并不是两个过程,而是一个过程,最好的教育就是从生活中学习,不断在生活过程中学得经验和改组经验。他要求学校本身就是一种社会生活,成为一个小型的社会,把社会生活的必要内容组织到教育过程中去。

他认为,"学校科目相互联系的真正中心,不是科学,不是文学,不是历史,不是地理,而是儿童本身的社会活动。"[1]他强调要实现学校中心的转移,把成人中心、书本中心、教师中心转变为儿童中心。他说这是一种革命,是如同哥白尼式的革命。所谓儿童中心,就是以儿童的本性、本能为中心,顺应儿童本能的自然发展。一切教育措施,都要根据儿童的发展需要和生活经验,为儿童准备活动的"情境",供给需要的材料,让儿童自由地活动。

与此相联系,杜威提出了"从做中学"的口号,主张儿童要从自身的社会活动中学习,按照这一思想,教学就是把东西交给学生去"做",不是把东西交给学生去"学"。只有通过做而得到的知识才是"真知识"。为此,他主张把各种"主动的作业",如园艺、纺织、木工、金工、烹饪等引进学校,作为课程的

---

[1] 赵祥麟、王承绪译:《杜威教育论著选》,第6页。

主要内容。他认为,这种作业的教育价值既适合儿童的能力和兴趣,又能反映社会的实际生活。美国和欧洲大陆的"进步主义"、"新教育运动",以及20世纪40年代以后的"改造主义"教育运动,都受上述思想的影响和指导。

在"进步主义"教育改革运动活跃的同时,反对进步主义教育的思潮也在发展,这就是"永恒主义教育"和"要素主义教育"。如果说进步主义教育的哲学基础是强调个人的行动、个人的自由价值,那么永恒主义、要素主义则是强调人的理性价值。永恒主义以美国的赫钦斯、艾德勒,英国的利文斯通,法国的阿兰等为代表,他们坚持欧洲文艺复兴时期人文主义教育的传统,主张"回到柏拉图"去;认为人性是不变的,所以教育的基本原则也是不变的,理性是人性所具有的最高特性,教育应集中发展人的理性能力,把培养理智的运用作为教育的主要目的。教学上强调"永恒真理"的知识讲授,提倡多阅读古代名著,使学生熟悉世界的"永恒性"。

要素主义教育以巴格莱以及后来的科南特、里科弗、贝斯特为代表,他们谴责杜威及其进步主义教育削弱了美国的教育质量,强调"智力标准"和"天才教育",主张把人类文化遗产中永恒不变的"要素"传授给学生,主张学生都应当掌握英语、美国历史、自然科学、社会研究等各门学科的"基本核心",目的是培养足够的科学家和工程师,这成为20世纪60年代"课程改革"、"天才教育"的理论根据。

这个时期起,心理学的发展也成为教育改革的重要理论原因。美国霍尔关于儿童发展阶段的研究,法国比奈、西蒙和美国桑代克关于心理测量的研究,对教育的考试、测量和评价的改革发生了很大的影响,并且从而影响了学科心理的研究,影响了教材的编制,使人们注意到教材的编制除了要考虑学科逻辑,还必须充分考虑儿童的心理逻辑。

在苏联,苏共中央1936年发布了《关于教育人民委员部系统中的儿童学曲解的决定》,批判了实用主义20年代在苏联的影响,决定用行政手段改革教育,并责成教育科学院院长凯洛夫负责编写一套马克思主义的教育学,用以指导苏联的教育。经过10年的筹划,编成了凯洛夫为总主编的教育学,并声称是真正的马列主义教育学。这一著作不仅在苏联,而且对中国以及东欧的教育发展和改革都发生了巨大影响,在一个时期内成为这些国家教育的指导理论。

凯洛夫教育学认为,社会主义国家的国民教育制度应具有学校的国家性、学校完全脱离教会、学校的统一性、用学生的本族语言教学、男女平权原则、普及初等义务教育等。

在教育目的方面,它提出"苏维埃是以养成共产主义的全面发展的成员为自己的任务",并且确认,在新兴苏维埃培养全面发展的人已成为现实。苏联的教学计划开列了一个包括21门学科的学科群,认为这些知识都是"全面发展的人所应该知道和应该学会的"。

与全面发展的方针相联系的是教学为主的观点。凯洛夫的教育学认为:"马克思认为在全面发展的人的教育中,智育,即教养,应占第一位。"[①]认为德育也主要是通过教学来进行的。

与强调教学相呼应,强调了教学过程中教师、教材的重要

---

① 凯洛夫主编,沈颖、南致善等译:《教育学·教学内容》,人民教育出版社1953年版。

性,强调了传授知识和课堂教学的重要性。

在这些理论观点中,国民教育制度的国家性和统一性,教学过程中教师、教材、课堂教学为主的思想,对我国的影响最大。

(二)经济学-社会学阶段

所谓经济学-社会学阶段,意指影响教育改革的理论主要是以经济学、社会学原理为基础的阶段。当然,不是说这个时期哲学、心理学对教育就没有影响,实际上一个国家的教育不受该国的哲学价值观的影响是难以想象的。至于心理学,皮亚杰的发生认识论原理、认知结构的思想极大地影响了20世纪50年代后期开始的教育改革运动,特别是影响了教学内容、课程、教材编制的改革。20世纪五六十年代教育的一个重要背景就是认知心理学取代了行为主义心理学的统治地位。但在宏观上,在决定教育发展的规模和速度、教育制度的变革等方面,起主要作用的则是(教育)经济学、社会学原理。

"自1960年至70年代中期,国外教育经济学在理论、研究对象及方法等方面均受到以〔美〕舒尔茨为首建立的人力资本理论(Human Capital Theory)的指导及操纵,而这一理论更成为西方发达国家及很多发展中国家制定教育政策的理论基础,影响深远。"①二次大战以后,以美国为首的西方国家与以苏联为首的华沙条约国家进入了"冷战"阶段,展开了激烈的科技与人才竞争;同时,各国都把恢复经济并取得经济的迅

---

① 曾满超:《70年代以来国外教育经济学的新发展》,《教育研究》1986年第10期。

速发展作为国家的主要目标。如何有效地培养人才、领先技术以及如何有效地促进经济增长,成为各国发展共同关心的问题。"人力资本理论"的出现正好回答了这一问题。这种理论把教育视为一种投资活动,指出教育具有提高劳动生产率的生产力功能,为经济增长培养所需要的人才。这一理论很快被西方各国和许多发展中国家接受,成为他们扩张教育、加速国民经济增长政策的理论基础。

由于教育的发展和改革成了整个国家的重要主题,社会学家敏锐地倡导把教育作为社会学研究的主要内容,主张教育社会学不应单纯成为解决教育问题的工具,不是"Educational sociology",而应以"说明"教育中的社会现象为根本使命,即应是"Sociology of education",教育社会学应该分析教育的现状,预测未来,成为一门政策科学,直接为教育改革提供意见和根据。

与教育经济学"人力资本理论"相呼应的,是教育社会学中的功能主义理论。

功能主义学派又称为结构功能主义,它于20世纪50年代初产生于美国,一直到80年代中期都支配着欧美教育社会学舞台,为当时的教育改革提供了理论依据。主要代表是美国的帕森斯(T. Parsons)。

帕森斯是西方最有影响的功能主义理论家之一,他花了大量精力从社会学的角度研究教育。在他的社会学理论中,文化、社会结构与个性是紧密联系的。这一理论的基本特征是,以积极的社会特征为基轴来探讨教育现象,特别是教育的社会化功能和选择功能。帕森斯分析社会(教育)功能的理论框架是 AGIL 图式。按照 AGIL 图式,任何社会系统都履行着由对外功能-对内功能和由手段性功能-目的性功能这两组范畴组合而成的四种功能,即外部适应功能、目标完成功能、内部整合功能与模式维持功能(见图2-1)。

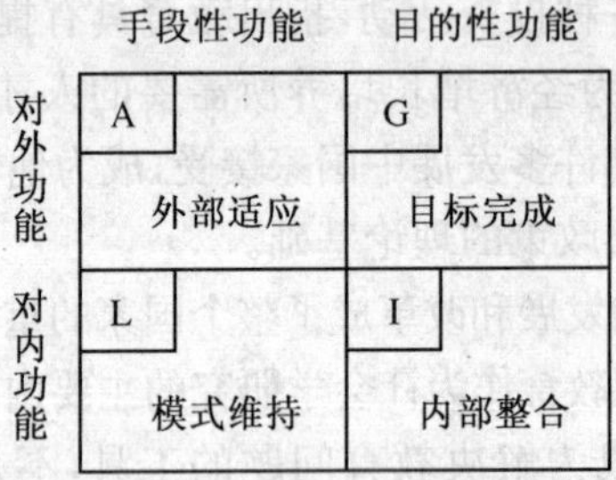

	手段性功能	目的性功能
对外功能	A 外部适应	G 目标完成
对内功能	L 模式维持	I 内部整合

图 2-1

功能主义理论在教育上的推广,主要是以下基本观点:

① 社会是一个系统,也是一个人与人之间的关系的相对稳定模式,这些模式是由价值观和社会规范调节的;

② 在教育对个人的作用方面,强调教育的社会化功能,认为通过学校教育,儿童将具备为在未来社会生活中承担一定角色所必须的义务感和能力;

③ 在教育对社会的作用方面,强调教育的社会选拔功能,认为通过学校教育,社会将根据学生的受教育程度赋予其相应的学历、决定其相应的去向,从而将其分配到社会结构的相应部分中去;

④ 在功能的性质方面,强调教育的积极功能,认为教育将适应具有统一价值标准的社会需要而调节自身,为维持社会的生存与稳定做出贡献;

⑤ 在功能的领域方面,强调教育的技术功能,认为教育将适应工业社会中的技术变化,给学生以进入技术要求较高

的职业所必须的训练。①

功能主义只强调了教育与社会之间的和谐,忽视了它们之间的冲突;过分强调了教育的积极性和合理性,忽视了它的消极性、不合理的方面,也缺少用变化的观点看待教育与社会结构与功能的关系。

20世纪60年代中期以后,西方社会形势发生了很大变化,社会不平等现象加重,特别是70年代"石油危机"导致大批青年失业,社会更加动荡多变,民族运动、和平运动、人权运动、妇女运动、青年运动……此伏彼起。"人力资本理论"并没有带来经济的高增长与教育的民主化,还造成了高学历失业现象。特别是60年代末西方国家频频爆发的学潮与"西方马克思主义"的崛起,发展与均衡的经济学和社会学理论受到了强烈的抨击,新的"冲突论"代之而起。

在教育经济学方面,新的理论主要有"筛选假设(或文凭)理论","社会化理论"和"劳动力市场划分理论"。

"人力资本理论"的一个基础是:教育水平的提高导致了人们的生产效率的提高,从而获得较高的工资。"筛选假设理论"承认学历与工资的正比例关系,但它否认这是由于提高了生产效率的结果,认为是筛选的结果。雇主总是根据不同的学历制定工资标准,学历越高,工资越高。60年代教育大发展以后,经济就业机会并没有相应发展,雇主对文凭的要求就高了,这又导致了第二轮的高学历追求,结果出现了"文凭膨胀"、"高学历失业"、"过度教育"问题。西方称这种现象为"教

---

① 参见吴康宁:《当今欧美教育社会学三大学派》,《教育研究》1986年第9期;厉以贤、毕诚编著:《教育社会学引论》第2章,黑龙江教育出版社1989年版。

育荒废"现象。

"社会化理论"也批判了认知技能能影响生产率的观点。这一理论认为:由于资本主义生产结构的等级化、分工化,不同的工作需要不同的个性特征。在现代社会里,绝大部分工人只需要有低度的认知能力,对这些人来说,更重要的是形成遵守时间、温顺与服从权威、遵守规则与不疑问等个性,只有高等职业如经理、高级行政人员需要独立自主、自尊心、怀疑的态度、开拓创新的精神等个性特征。这些特征不是与生俱来的,而是后天养成的。学校教育的经济价值就在于它的这种培养不同个性特征的"社会化"功能。只有富家子弟才能进入第一流的学校,养成独立的个性;工人家庭的子女只能进入二流以下的学校,养成顺从的个性。所以教育的发展不但不能改变不平等现象,还会加剧这种现象。教育的改革无法改变经济的不平等。

"劳动力市场划分理论"认为:劳动力市场是由主要劳动力市场和次要劳动力市场组成的,主要劳动力市场提供了大公司、大企业及大机构的工作,工作待遇是双方约定的,有工作保险,有明确的晋升程序,有较高的工资。次要劳动力市场提供了小企业的工作,这种市场没有工会,工作报酬由雇主决定,没有工作保险及明确的晋升程序,工资较低。能进入主要劳动力市场的,主要是男性、年纪较大的人、白人及教育水平较高的人;而次要劳动市场雇用的主要是女性、年轻人、有色人种及教育水平较低的人。在主要劳动市场,教育与工资有明显关系;在次要劳动市场,教育与工资没有明显关系。这种理论揭示了这样一个道理,低下层青年所以缺少就业机会,并不是因为他们缺少劳动技能,而是被困在次要劳动市场。即使国家举办训练课程,也无济于事。

从这里我们已可以看到,20世纪70年代以后,教育经济学的发展,其思维方法与结果已有与教育社会学合流的趋势。

20世纪60年代末期,以美国的柯林斯(R. Collins)、鲍尔斯(S. Bowles)与吉丁斯(H. Gintis)为代表的冲突论教育社会学派发展起来。这一学派以社会冲突为基本线索来考察教育现象,基本观点主要是:

① 社会处于不断的冲突与不平衡状态是现代社会的主要特征,没有永远的和谐与平衡;

② 社会的不同利益集团、不同阶级存在着明显的利害冲突,各自都力图用教育巩固本集团、本阶级的利益;

③ 社会体系分为支配集团与从属集团,支配集团与从属集团之间存在着价值观的对立,权力斗争是社会生活的重要现象;

④ 资本主义社会的教育维护着资本主义社会的不平等;

⑤ 由于不同集团、不同阶级都要通过学校传授自己的文化,包括价值观念、人格特性、教养情趣、礼仪谈吐、行为方式等,因此,学校实际上是不同集团争夺利益的场所,不同集团之间的冲突是学校教育发展的动力。

冲突学派分为两支,一支是"新韦伯主义",一支是"新马克思主义"。新韦伯主义的基本观点是:学校的主要作用在于传授社会支配集团的身份文化,学校教育发展的动力来自于不同身份集团之间的冲突;新马克思主义的基本观点是:学校教育是阶级冲突的产物,资本主义社会中学校教育的作用是维护社会的不平等。它们都不相信仅仅通过改革学校制度能实现教育平等,现在的教育改革所以多未成功,是因为都没有触及社会制度本身。

20世纪70年代以后教育改革在注重宏观改革(制度、目标、投资等)的同时,也加强了教育、教学过程中微观方面的改革,特别是课程、内容、方法、师生关系、课堂情境等的改革。这与教育社会学的另一学派——"解释论学派"的发展也有一定关系。解释论学派70年代初从英国兴起,它的理论特征是,以对学校教育的实际内容与实际过程进行剖析为主要手段来解释学生学业失败的原因。它对功能主义学派和冲突论学派从教育制度的外部去寻找教育问题的症结非常不满,认为只有到学校教育的实际内容与实际过程中去研究,才能找到问题的本质;主张重点剖析那些不言自明、既存事实、司空见惯的实际内容与实际过程本身。解释论学派主要研究3方面的课题:① 师生之间的交互作用;② 教师在教学中所使用的概念、语言;③ 教学内容,包括"潜课程"、学校"亚文化"的研究等等。

这一时期教育社会学在研究对象上也有些转变。如从以高等教育为主转向注重中等教育,因为教育危机突出地表现于中等教育阶段,同时也由于中等教育阶段更便于知识的选择与控制研究;由偏重于人的经济价值的形成转向强调人的社会价值的形成,这是对前一时期伴随经济发展的教育扩张过程中,忽视人的道德价值形成的偏向的反省;由强者中心转向注意弱者。前一时期研究集中于"天才学生"、杰出人才的产生上,这一时期重视了对后进生、辍学者的研究,因为他们身上的问题更能反映教育改革的问题。

(三) 学科独立阶段

所谓学科独立阶段,意指教育改革作为一种突出的社会现象,开始被作为一个专门的问题来研究,综合各门学科的知识和方法研究教育改革的独立学科正在形成。因为经过20世纪以来多次教育改革的尝试,出现了一些大家共同关心的课题,形成了一些对教育改革的共识。通过对教育改革历史的回顾分析,逐渐对教育改革的共同规律和时代特征有所认识,对教育改革的一般过程和方法也有所探讨。对教育改革的理论研究和对策研究不再局限在教育系统的某一环节,也不局限在某一国家,对教育改革的经验和教训的交流也成了普遍的要求。"比较教育"以前一直是以教育制度比较为主要内容的,在某种意义上是外国教育史的延伸,也可说是当代外国教育史。可是现在比较教育正逐渐成为一般方法,特别是国际间教育改革经验教训、时机条件、策略步骤等等对比研究的方法。

　　教育改革论逐渐形成一门独立学科的另一个标志是,教育改革的理论不再是某一学科、某一思想方法的简单推广,而是有分析、有取舍地综合众多学科的成果和方法,并逐渐地"为我所用",统一于教育改革的需要之下。有人说,教育理论的力量就在于综合,这在教育改革论的发展中是非常明显的,在21世纪的今天,再不可能有二三十年代的那种现象,一种教育哲学(实用主义教育哲学)思想支配了整个教育运动。这当然首先是因为现代世界的多极性和思想的多元化,但与教育改革吸取了多种思想、多门学科的养料也大有关系。现在人们对于制约教育改革因素的认识已大大加深,再不会简单地认为任何一种社会因素可以单方面地决定教育的面貌。人们不会再简单地认为,贯彻了一种政治主张,哪怕是最好的政治主张,就会有最好的教育;不会再简单地认为,教育可以无条件地促进经济的增长;不会再简单地认为,可以通过贯彻某一心理科学,就能全面解决教育质量问题。反过来说,人们也不再拒绝任何一门学科、任何一种学派可能对教育改革产生的积极影响。比如说,不会认为可以用教育经济学取代教育社会学,也不会认为可以用教育社会学取代教育经济学;不会用行为主义心理学取代一切心理学观点,也不会用认知心理学否定行为主义心理学;不会因为接受了马克思主义就拒绝人本主义,也不会因为接受了人本主义就拒绝马克思主义;等等。

当然,说教育改革论发挥了综合功能,并不是说它已综合得很好,实际上教育改革理论成为各种思想的跑马场的现象还是存在的。要既有综合又有独立,在独立的基础上统率综合,还需很大的努力。

教育改革论在综合的同时,又不断从日益精细化、分化的学科中吸收营养,不断丰富和深化自己的学科体系。比如,随着教育社会学冲突学派和教育经济学的新发展,形成了新的交汇点,产生了一门新学科——教育政治学;随着教育改革问题意识的加深,专门诊断教育问题的学科——教育诊断学也随之出现。这从广义的与教育改革直接有关的角度看,就是教育改革论的一部分;从狭义的以教育改革的原理、过程、方法等等为特定研究对象的学科角度看,也为其提供了充实的内容。

以往,教育理论总是单方面地接受其他学科,如哲学、经济学、社会学、心理学理论的影响,而很少对其他学科发挥影响、做出贡献。可是现在情况正在发生变化。比如社会学,以前只研究社会对教育的影响,教育问题如果在社会学中出现,只是作为社会问题的一个因素来看待的。可现在有相当一部分社会学家把注意力集中到教育问题上来,认为探讨教育问题是讨论社会问题的入口处,甚至认为社会学的中心问题就是教育。结构功能论者就有相当一部分人持有这样的看法和态度。

最能够说明独立的教育改革论正在形成的,当然还是以教育改革为专门研究对象的著作纷纷问世。

1971年国际教育发展委员会受命完成一份为各国制定教育策略参考的报告,这就是《学会生存——教育世界的今天和明天》。本书研究了70多篇有关世界教育的形势和改革的论文,从回顾教育发展的历史出发,着重讨论了当今世界教育面临的挑战与主要倾向,指出了关于实现教育改革的一些策略和途径以及最终走向学习化社会的道路。本书涉及面很广,几乎触及了教育制度方面的一切重大问题。这本书引起了世界的关注,被翻译成30多种文字,可以说是教育改革论的"序曲"。自此以后,联合国教科文组织教育委员会,每年都有论述教育改革的专门长篇报告问世。比如大家熟悉的《今日的教育为了明日的世界——为国际教育局写的研究报告》,分析了当今世界各国存在的教育问题及其发展趋势,主张彻底改革现行的教育制度,把教育列入到总的发展规划之中。让·托马斯的《世界重大教育问题》,对1971~1973年的国际教育会议资料进行了分析,特别是分析了教育革新与国际合作的问题。

早些时候,美国的米尔斯(M. B. Miles)著有《教育改革》(1964年)一书,提出教育改革包含了两个因素,即计划性和目标的新颖性;哈佛罗克(R. G. Havelock)著有《教育改革:战略与策略》(1976年)一书,强调教育改革要防止纠正一些"假改革",即一些自称改革而实际上只是做法的变化,是打着改革的旗帜维护旧的教育体制和方式方法。

1976年美国的帕斯通(R. C. Paulston)在《关于社会与教育变革的诸矛盾理论——类型的探讨》一书中,论述了社会变化与教育变革的关系,把各种改革理论归纳为两种范型:均衡和矛盾,从教育改革的前提、原因、范围与过程、结果几方面一一做了对照(见表2-1):

表2-1 关于社会变化与教育改革的诸理论

范型	诸理论	教育变革的前提	教育变革的原因	教育变革的范围与过程	主要的目的和结果
均衡	进化论	进化的准备处于就绪状态	向更高的进化阶段过渡的压力	自然发展和适应	制度达到与进化相适应的新阶段
	新进化论	前一阶段的充分实现	支援"国家现代化"的努力的需要	利用西欧模式和技术援助进行"机构建设"	教育的分化和社会的分工都达到新的更高阶段
	结构功能论	已变化的功能或结构方面的要求	来自教育外部的挑战	现存的各机构(有时是主要的机构)自然增加的适应	连续的"恒常性"或均衡的移动
	系统论	"系统管理"中专门的技术性意见,"合理的决策及必要的审定"	系统操作和实现目标的效率的要求;对系统的功能障碍的反应	解决现存系统中需要改革的问题	提高效率

(续 表)

范型	诸理论	教育变革的前提	教育变革的原因	教育变革的范围与过程	主要的目的和结果
矛盾	马克思主义	统治者对改革必要性的认识：社会主义的各种原则和教育改革权的转移	调整生产与学校教育之间的各种社会联系	马克思主义占统治地位的社会质变或社会急剧地重构，调整性的自然发展	统一劳动者的形成，即社会主义新人的形成
	新马克思主义	各被压迫集团政治权力和政治意识的提高	对社会主义和社会平等的要求	通过各种"民主的"机构和过程，国家范围内的大规模改革	消除"教育上的特权"和"尖子主义"，创造平等的社会
	文化复兴主义	出现要恢复、创造新文化的集团性努力，社会对超出了"规则"的运动及其教育计划的宽容	拒绝有利于接受强制性文化的学校教育，为支持社会运动的发展提供必要的教育	创设可供选择的学校或教育环境，如果运动卷进政治，会出现国家在教育理念和结构方面的迅速变化	注入新的"规则"体系，适应运动对人员补充、训练、团结的需要
	无政府的理想主义	支持性状况的产生：批判意识的提高，社会的多元论	由于机构和社会的限制，主张培养自由人，强调终身学习的必要	创设摆脱了现存的教育计划和机构的"自由"的或"学习社会"这样的新学习环境和条件	自我复归和参与，由地方控制资源和社会，消除剥削和异化

1978年经济合作与开发组织的教育革新国际运动领导者之一达林(P. Dalin)著有《教育改革的界限》一书,讨论了"好"的改革和"不好"的改革的问题,就是说并不是所有的教育改革都会有好的社会效果。在这方面我们是有深切体会的。

80年代以后教育改革把改革教育制度作为重点,日本的大野雅敏著有《教育制度变革的理论》,系统总结了各种教育变革的理论模式,前述帕斯通关于教育改革诸理论的范型归纳就是从中引述的。

教育改革论的研究确实已蔚成气势,但由于教育改革本身的复杂性和国际间文化的巨大差异,这一工作的发展并不是十分迅速的。现在还没有一个关于教育改革论的一般体系的"基本大纲",但随着教育中暴露出来的问题的共同性的增多,各国采取的教育改革对策的一致性、相通性的提高,构建和发展这门学科,就不仅是可能的,而且是必要的了。

三、我国教育改革理论的发展

我国现代教育的发展史,就是一部教育改革史,教育理论的发展与教育改革理论的发展,也几乎是一回事。我国现代教育变革的第一个高潮是"五四"前后,当时新文化运动的主将们把批判传统封建教育作为自己的主攻目标之一。陈独秀、李大钊、胡适、鲁迅、蔡元培等,都猛烈地抨击了封建教育的核心——尊孔读经,随后便展开了声势浩大的教育改革运动,形成了不同的新教育思潮,与之相应的是产生了不同的教育改革主张和流派。

健全人格教育的改革理论 这一教育主张的主要代表是蔡元培。他在1921年发表的《对于新教育之意见》一文中，就提出了改革旧教育、建立新教育的根本问题是完全人格教育。完全人格包括"个性"和"群性"双方面的发展。完全人格的建成需要通过五育：军国民教育（体育）、实利主义教育（智育）、公民道德教育、美育和世界观教育来实现。他特别提出"以美育代宗教"的主张，采取"思想自由"、"兼容并包"的教学原则，成功地改革了北大。

职业教育的改革理论 这一理论的主要代表是黄炎培。根据多年办学的实践，黄炎培深感当时教育之不切实用，1915年开始提倡职业教育，1925年更提出"大职业主义"的教育主张。认为职业教育是最切合中国需要、最解决中国问题的教育制度和形式。后来他进一步认为，职业教育不能局限在学校、局限在教育界进行，办职业教育要将学校和职业界沟通，使之成为全社会的运动。

生活教育的改革理论 这一理论的代表人物是陶行知。陶行知曾经师承杜威，学成回国后他与朱其慧、晏阳初推行平民教育运动，试图以此来打通社会的隔阂，缩小社会的差别。1926年以后，他通过对农村教育的考察，深感"中国乡村教育走错了路"，必须"根本改造"，开始了乡村教育改革的试验，提出了"社会即学校"、"生活即教育"、"教学做统一"、"在劳力上劳心"、"小先生制"等一系列生活教育主张。

科学教育理论 这一理论的代表人物是任鸿隽。他主张在教育改革中要运用科学方法，提出："科学之于教育上之重要，不在物质上之智识，而在其研究事物之方法；尤不在研究事物之方法,而在其所与心能之训练。"①科学教育理论推动了教育界对教育心理测验的重视和研究,推动了科学教学的改革,即中小学数学、物理、化学、生物、自然等课程教学方法的改革。

建国以后,教育理论的任务是探索社会主义的教育道路,形成具有中国特色的社会主义教育体系。这是一场深刻的革命,是十分艰巨的任务。因为没有现成的答案,所以一开始我们就宣布了教育理论的四大任务:1.理解和贯彻毛泽东的文教思想,理解和宣传教育方针政策;2.学习苏联的教育科学;3.总结解放区的教育经验;4.对旧教育、旧学术思想进行系统批判。② 建国初期的教育改革,基本上是按照苏联的教育模式和凯洛夫的教育学思想进行的。

1957年以后,毛泽东更直接地关心了教育改革的问题,并且亲自倡导和发动了几次重大的教育改革(革命)活动,这种改革基本上是按照毛泽东的思路进行的。

毛泽东是世界上为数不多的对教育倾注了极大热情的杰出政治家之一。毛泽东之所以高度重视教育,是因为他高度重视精神-道德的力量,而精神-道德的培养没有教育是不行的。1958年,毛泽东对教育现状表现出强烈的不满,同时对改革教育发表了一系列重要意见,反映了他建立新的社会主义教育的构想:

教育必须为无产阶级政治服务,必须同生产劳动相结合。

---

① 《科学》(1915年)第1卷第12期。
② 柳湜:《为建设新中国人民教育而奋斗(发刊词)》,《人民教育》创刊号(1950年5月)。

劳动人民要知识化,知识分子要劳动化。①

政治和经济的统一,政治和技术的统一,这是毫无疑义的,年年如此,永远如此,这就是又红又专。②

学校办工厂,工厂办学校。

高等学校应抓住三个东西:一是党委领导;二是群众路线;三是把教育和生产劳动结合起来。③

这些,为理解我国社会主义教育的性质、特征提供了思路。正如陆定一指出的:"中国共产党的教育方针,向来就是,教育为工人阶级的政治服务,教育与生产劳动相结合;为了实现这个方针,教育必须由共产党领导。这个方针是同资产阶级教育方针针锋相对的……"④

教育革命是"文化大革命"的重要内容之一。教育革命的发动者不仅要"砸烂一个旧世界"——批判旧的教育路线和教育思想,而且要"建立一个新世界"——提出新的教育路线和教育思想。应当说,"文革"期间,毛泽东确实提出了一系列新的富有创见的教育主张,并且进行了有力的实践。它的基本形式是,根据毛泽东的指示发现或塑造典型,或毛泽东在某一调查报告、经验总结上进行批示,从而加以推广。最能体现毛泽东的基本教育思想并对教育革命发生了重大影响的指示主要有3个,即《五七指示》、《七三〇指示》和《七二一指示》:

学生也是这样,以学为主,兼学别样,即不但学文,也要学

---

① ② 《毛主席论教育革命》,人民出版社1967年版,第11页。
③ 《光明日报》1958年8月19日。
④ 陆定一:《教育必须与生产劳动相结合》,《红旗》1958年第7期。

工、学农、学军,也要批判资产阶级。学制要缩短,教育要革命,资产阶级知识分子统治我们学校的现象,再也不能继续下去了。①

实现无产阶级教育革命,必须有工人阶级领导,必须有工人群众参加,配合解放军战士,同学校的学生、教员、工人中决心把无产阶级教育革命进行到底的积极分子实行革命三结合。工人宣传队要在学校中长期留下去,参加学校中全部斗、批、改任务,并且领导学校。在农村,则应由工人阶级的最可靠的同盟者——贫下中农管理学校。②

大学还是要办的,我这里主要说的是理工科大学还要办,但学制要缩短,教育要革命,要无产阶级政治挂帅,走上海机床厂从工人中培养技术人员的道路。要从有实践经验的工人农民中间选拔学生,到学校学几年后,又回到生产实践中去。③

这三个指示对教育理论中的一些最基本问题,如办学的任务、办学的领导权、办学的形式等做出了挑战性的回答。《五七指示》可以说是毛泽东试图建设一个新世界,包括新的教育世界的总纲。就像当时《人民日报》社论所说的:"毛泽东同志提出的各行各业都要办成亦工亦农、亦文亦武的革命化大学校的思想,就是我们的纲领。"④就这个纲领中的教育方面来说,它实际上是将1958年教育为无产阶级政治服务、教

---

① 《毛主席论教育革命》,人民出版社1967年版,第26页。
② 《红旗》1968年第2期。
③ 《人民日报》1968年7月22日。
④ 《人民日报》1966年8月1日社论:《全国都应当成为毛泽东思想的大学校》。

育与生产劳动相结合,劳动人民知识化、知识分子劳动化的思想加以具体化,希望通过学工、学农、学军与教学并存,通过批判资产阶级,达到消灭三大差别,实现人人参加劳动和接受教育的共产主义理想境界。

毛泽东深切地感到,知识分子头脑中的一整套办学框框使他们不可能为达到这一境界努力,因此以工人阶级和贫下中农来取代他们的领导权,管理学校就显得十分重要。这就是《七三〇指示》的核心。

《七二一指示》则是从招生、选拔、分配制度上和培养方式上使《五七指示》具体化。

"四人帮"后来炮制的朝阳农学院经验,从字面上看,它是试图集中体现这三个指示的精神,形成一个自认为可以向世界宣布的从未有过的教育新模式。他们提出了朝阳农大的十大特点:(一)工人阶级领导;(二)分散在农村办学;(三)"社来社去";(四)反对"智育第一";(五)半工半读、勤工俭学;(六)以科研、生产带动教学的"三结合"新体制;(七)没有固定的校舍;(八)没有明确的入学标准;(九)工农兵学员"上、管、改";(十)建立工农教师队伍。①

1976年以后,特别是党的十一届三中全会以后,随着整个改革、开放新形势的出现,中国教育又进入了一个新的历史改革时期。

粉碎"四人帮"以后,教育界的迫切任务是拨乱反正,批判横加在广大教育工作者头上的一切不实之辞,特别是反动的

---

① 朝阳农学院党委:《在批判旧世界中建立新世界——我们是在哪些重大问题上坚决同十七年修正主义教育路线对着干?》,《人民日报》1976年2月14日。

"两个估计",即所谓建国后17年教育部门的领导权不在无产阶级手中,教师队伍和培养的学生"世界观基本上是资产阶级的"。

1978年恢复了高考制度,继而重新颁布了《高校六十条》、《中学五十条》和《小学四十条》,制定了《中华人民共和国学位条例》等。这在总体上恢复了20世纪60年代初期的教育思想和基本措施。这对于尽快恢复教育的正常秩序是必不可少的,问题是回复到60年代初的教育模式是否就是找到了我国教育发展的最佳道路。也就是说,60年代初的那套倾向于规范化、制度化、标准化的教育模式在当时是否就是最佳选择?即使60年代实行的教育模式在当时是最佳的选择,今天是否还能够简单重复照搬?

实现现代化是80年代世界性的主题,改革、开放是社会主义国家的共同特征。教育不仅要培养专业人才,而且要促进社会的进步,要促进人的现代化。邓小平1983年为北京景山学校的题词中提出"教育要面向现代化,面向世界,面向未来",正是切合了这一主题。80年代的教育改革正是在这一大背景下展开的。

这次改革从一开始人们就敏锐地发现,以往多次改革的共同特征是计划体制下的高度集中,服从于自上而下的行政指令,学校缺少自己的活力,更不重视经济、法律、科学的调节手段,即便鼓励"搞活",也是要你活,而不是由你自己活。所以这种改革的苗头刚露端倪,上海4位大学负责人就在《人民日报》呼吁:"给高等学校一点自主权!"(1979.12.6)一针见血地把症结所在——教育体制问题端了出来。从此,教育改革便在改革教育体制的思路上发展起来。这一成果到1985年为《中共中央关于教育体制改革的决定》所确认:"中央认为,要从根本上改变这种状况,必须从教育体制入手,有系统地进行改革。"这一《决定》的核心内容包括:(1)把发展基础教育的责任交给地方,有步骤地实行九年义务教育——地方化;(2)改革高等学校的招生计划和毕业分配制度,扩大高等学校办学自主权——分权。这两条为教育主动适应经济和社会发展的需要,为教育的多元化和真正办出自己的特色提供了可能。

　　进入20世纪90年代后,我国的教育改革则立足于我国社会主义现代化建设的战略部署,规划了我国未来的教育发展的目标和任务。1993年,中共中央颁布的《中国教育改革和发展纲要》中明确提出:"到本世纪末,全民受教育水平有明显提高;城乡劳动者的职前、职后教育有较大发展;各类专门人才的拥有量基本满足现代化建设的需要;形成具有中国特色的、面向21世纪的社会主义教育体系的基本框架。再经过几十年的努力,建立起比较成熟和完善的社会主义教育体系,实现教育的现代化。"1998年教育部颁布的《面向21世纪教育振兴行动计划》,则提出我国跨世纪教育改革和发展的蓝图:"到2000年,全国基本普及九年义务教育,基本扫除青壮年文盲,大力推进素质教育;完善职业教育培训和继续教育制度,城乡新增劳动力和在职人员能够普遍接受各种层次和形式的教育与培训;积极稳步发展高等教育,高等教育入学率达到11%左右;瞄准国家创新体系的目标,培养造就一批高水平的具有创新能力的人才;加强科学研究并使高校高新技术产业为培育经济发展新的增长点做贡献;深化改革,建立起教育新体制的基本框架,主动适应经济社会发展。到2010年,在全面实现'两基'目标的基础上,城市和经济发达地区有步骤地普及高中阶段教育,全国人口受教育年限达到发展中国家的先进水平;高等教育规模有较大扩展,入学率接近15%,若干所高校和一批重点学科进入或接近世界一流水平;基本建立起终身学习体系,为国家知识创新体系以及现代化建设提供充足的人才支持和知识贡献。"1999年,《中共中央国务院关于深化教育改革全面推进素质教育的决定》则进一步对我国教育观念、教育体制、教育结构、人才培养模式、教育内容与教育方法等诸多方面提出了明确的目标与方向,构建了一个充满生机的有中国特色社会主义教育体系,为实施科教兴国战略奠定了坚实的人才和知识基础。

第三章

教育改革动因论

　　教育改革的动因,即推动教育改革的原因。教育改革,特别是20世纪50年代以后的教育改革,都是由国家、由政府发动或支持的,见之于国家领导人的讲话、政府的政策文件或者以法律、法规的形式表现出来。这些似乎都是主观的。但这种主观并不是凭空想象、心血来潮的产物,而是社会客观需要,包括社会的政治、经济、人口、科技、文化的需要等在主观方面的反映。当然主观的反映是否正确、全面、适当,与改革的方向、速度、措施也有很大关系,也决定着改革的成败。

　　教育改革的决策是主观见之于客观的东西,教育改革的出发点都是为了改掉那些不符合现实需要的方面,增加社会需要的方面,或改变某一性质,使之向符合社会需要的方向转化。但是,主观对客观需要的反映——认识、分析、判断、估价等等,是否确实反映了客观的事实和需要,则是十分复杂的。如果对社会形势、客观需要的判断是正确的,采取的措施和步骤是否正确和适当,也是十分复杂的。所以在教育改革的历史上,主观的目标和实际的结果常常发生偏差,主观误解甚至曲解了客观现实的要求。这一章就是要讨论教育改革的实际动因以及主观判断与客观现实之间的关系。

一、政治动因

教育在任何一种社会制度中都不能超越特定的政治范畴,它不可能不体现某一时代、某一社会的政治要求和政治理想;任何一个政府推行教育改革,当然是有益于维持和改善本阶级、本政权的根本利益的。同时,任何一个社会也都非常重视利用教育传递政治思想、政治态度、维护政治安定。在20世纪50年代以前,教育的发展毫无疑问地是首先考虑政治的需要;80年代以后,由于教育的经济功能受到充分重视,教育改革是首先考虑政治需要,还是首先考虑经济需要,才成为有争议的问题。

解放后我们接受了旧学校,很快就于1951年8月进行了学制改革,改革的指导思想十分明确:就是要具体体现《共同纲领》中关于"教育向工农开门"的方针:"旧中国的学制,抄袭了资本主义国家的学制,反映了殖民地半殖民地半封建社会的地主官僚买办资产阶级的反动思想,与中国人民的实际需要相违背。"[1]旧学制小学分为两段,全国小学生90%得不到完全的初等教育,新学制取消了两段制,合为五年制,"这就保证了城市和乡村一切劳动人民的子女都能够享受完初等教育的平等机会"[2]。新学制承认了全日制、半日制和干部学校、补习学校的同等地位,"这就保证了对工人、农民的教育和对旧知识分子及一般工作人员的再教育……"[3]。

1952年我们开始大规模学习苏联,教育是走在前面的。

---

[1][2][3] 《人民日报》1951年10月3日社论:《为什么必须改革学制》。

我们运用苏联的教育模式——从制度到方法、从内容到形式改造我国的教育,首要的原因也是苏联的社会制度是社会主义的,苏联的意识形态是马列主义的。

1958年9月19日颁布的《中共中央国务院关于教育工作的指示》指出:过去9年教育上的主要问题是"在一定的时期内曾经犯过教育脱离生产劳动、脱离实际,并且在一定程度忽视政治、忽视党的领导的错误"[①]。为了纠正这一错误,确立了教育为政治服务,教育与生产劳动相结合的教育方针。为了贯彻这一方针,当时采取了一系列重要改革措施,如:加强党的领导,实行"外行对内行的普遍领导";加强马列主义的政治思想教育,主要是阶级观点、群众观点、集体观点、劳动观点和辩证唯物主义观点的教育;把政治思想工作放在首位,坚持"政治挂帅"、"又红又专";把劳动课列为正式课程,师生参加生产劳动;学校办工厂、农场,工厂、农业社办学校;勤工俭学,实行半工半读、半农半读的两种教育制度。

1966年5月,"文化大革命"中提出"彻底批判学术界、教育界、新闻界、文艺界、出版界的资产阶级反动思想,夺取在这些文化领域中的领导权"[②]是这场大革命的重要任务。教育界的根本任务是"打破资产阶级的一统天下",改变"资产阶级长期统治我们学校"的现象,使教育成为无产阶级专政的工具。为此,教育革命采取的重要措施有:通过工农兵进驻学校解决教育领导权的问题;"结合大批判教学"以确保把转变

---

① 《人民日报》1958年9月20日。
② 中国共产党中央委员会《通知》(1966年5月16日),《红旗》1966年第7期。

学生的思想放在首位;学工、学农、学军,开门办学,以保证教育与三大革命(阶级斗争、生产斗争、科学实验)的结合、师生与工农的结合、理论与实际的结合;通过从工人、农民中培养技术人员,培养工人阶级自己的知识分子队伍……

无疑,新中国建立以来,教育体制的改革,取得的成就是巨大的,培养了一批又一批社会主义建设人才。但也毋庸讳言,20世纪50年代后期,由于左的思想影响,特别是十年动乱期间,对教育的冲击是严重的。现在看来,一方面,过分强调政治因素,以至忽视其他因素对教育的影响,容易造成教育改革的失调,甚至会导致整个教育改革的失败。另一方面,我们也没有必要把教育改革的某种非政治的动因,不适当地"上升"到政治的高度。比如,关于教育与生产劳动相结合,这本来就是现代教育与现代化大生产的内在要求;50年代后期,广大中小学毕业生面临着不能继续升学,必须参加生产劳动的问题。为了纠正学生轻视体力劳动,不愿到生产劳动中去的现象,强调一下教育与生产劳动结合的重要性,无疑是必要的。但简单地把教劳结合看成是社会主义教育的根本特征,甚至认为"教育与生产劳动的关系问题,就成为无产阶级教育思想与资产阶级教育思想斗争的焦点"[1],这就不适当了。因为资产阶级无论在内容和形式上,也是强调教劳结合的。实际上,是否重视教劳结合,是传统社会与现代社会的分野。由于理解上的偏差,本来教劳结合的目的是为了促进学生掌握完整(书本知识和实践知识结合的)知识、毕业后成为有实际

---

[1] 杨秀峰:《我国教育事业的大革命和大发展》,《人民日报》1959年10月8日。

本领的合格人才,结果变成了知识分子从事原始、粗笨的体力劳动。这就失去了教劳结合的本意。

半工半读也是这样。半工半读本来是解决我国教育事业不能满足全国人民日益增长的文化学习要求这一矛盾的好办法,但后来被看成了是防止资本主义复辟的根本措施。当时国家主席这样强调:"一切国家的无产阶级取得政权以后,都会产生资本主义复辟的问题,包括我们国家在内。问题是如何防止。现在我们所想到的办法有两个:一个是发动群众搞'四清',一个是改革教育制度和劳动制度。我们办半工半读学校也是为了解决这个问题。"①并认为,半工半读应该成为我们的主要的教育制度和学校制度,是未来共产主义的教育制度,"现在的这种学校寿命是不会很长的,但是,这种半工半读的学校我看一万年还要"②。未来的教育制度是值得认真研究的,但简单地从政治上肯定半工半读的教育制度,而忽视或贬低全日制教育制度,这不仅是不全面的,而且势必使全日制学校受到冲击和干扰。

二、经 济 动 因

经济的要求最深刻地影响着教育,教育也被看成是促进经济发展的最富有潜力的因素。经济发展了,就需要有更多的技术工人,技术上的变革又改变着传统的行业或增

---

① 中央教科所编:《中华人民共和国教育大事记(1949—1982)》,教育科学出版社1983年版,第377页。

② 刘少奇:《半工半读,亦工亦农》,《刘少奇选集》下卷,人民出版社1985年版,第468页。

加了新的职业,因而要求大规模的训练或再训练。在世界范围内,经济发展的要求和新的就业机会的出现,强烈地刺激了教育的扩张。但教育的扩张未必能理想地解决满足经济需要和学生就业的问题。《学会生存》特别指出,从经济和就业的角度看,主要有五类人给教育带来了特别严重的问题。头两类是从未进过学校和离开学校过早的人;后三类包括已经在相当高的阶段上成功地完成了正规学习,但却不适应经济需要的人、从事的职业是从未受过训练的人和受过的训练已不适应当前技术发展要求的专业人员。① 这就要求教育做出相应的改革。

现代经济的发展导致了农村劳动力的大量剩余,我国农村每年有上千万的农业人口转向非农业人口,由于他们没有受到所需要的知识技能和生活观念的教育,对这种转移难以主动适应,造成了严重的"滞留"现象。这不仅是劳动力的浪费,时间一长,也会成为严重的社会问题。要改变这种情况,教育改革的任务也是很艰巨的。

经济的发展会产生改革教育的要求,经济的变革更会产生改革教育的要求。十一届三中全会以后,党和国家的中心转移到建设社会主义现代化上来,确立了"教育为社会主义建设服务,社会主义建设依靠教育"的观念。这种工作中心和观念的转变迅速引起了教育的巨大变化。邓小平率先提出:"我们要实现现代化,关键是科学技术要能上去。发展科学技术,不抓教育不行。靠空讲不能实现现代化,必须有知识,有人

---

① 参见《学会生存》,第59页。

才。"①"'四人帮'反对严格要求学生学习科学文化,反对学生以学习科学文化为主,胡说这是'智育第一',是'脱离无产阶级政治'。……'四人帮'这些谬论的流毒,现在仍然需要大力肃清。"②随后很快恢复了高考制度,恢复了正常教学秩序,确立了一批重点大、中、小学。

自从改革开放,实行了经济体制改革以后,教育改革的深度和广度就更是以前无法比拟的了。《中共中央关于教育体制改革的决定》深刻指出:"特别是面对着我国对外开放、对内搞活,经济体制改革全面展开的形势,面对着世界范围的新技术革命正在兴起的形势,我国教育事业的落后和教育体制的弊端就更加突出了。"这些弊端主要是:

(一)在教育事业管理权限的划分上,政府有关部门对学校主要是对高等学校统得过死,使学校缺乏应有的活力;而政府应该加以管理的事情,又没有很好地管起来。

(二)在教育结构上,基础教育薄弱,学校数量不足,质量不高,合格的师资和必要的设备严重缺乏,经济建设大量急需的职业和技术教育没有得到应有的发展,高等教育内部的科系、层次比例失调。

(三)在教育思想、教育内容、教育方法上,从小培养学生独立生活和思考的能力不够,发扬立志为祖国富强而献身的精神很不够,生动活泼地用马克思主义思想教育学生很不够,不少课程内容陈旧,教学方法死板,不重视实践环节,专业设置过于狭窄,不同程度地脱离了经济和社会发展的需要,落后

---

① 《邓小平文选》,人民出版社1983年版,第37页。
② 同上,第100页。

于当代科学文化的发展。

这些弊端与我国旧的经济体制是相联系的,旧的经济体制不承认社会主义经济是商品经济,不尊重价值规律,把计划生产与商品生产对立起来,过于强调集中统一,实行条块分割、部门分割,因而是一种封闭、半封闭的经济体制,是一种缺乏生机和活力,同社会主义生产力发展要求不相适应的僵化模式。① 改革经济体制,中央采取了一系列的重要步骤,主要是在经济领域按照经济发展的规律,逐步建立在公有制基础上有计划的商品经济新体制;实行政企职责分开,所有权与经营权分离,增强企业的活力;改革物价体系;建立多种形式的经济责任制;建立社会主义市场体系;以公有制为主体积极发展多种经济形式;实行以按劳分配为主体的多种分配形式,等等。与此相应,教育领域进行了相应的改革,主要是顺应商品经济的要求,引进竞争机制;政教分离(政府与学校职能部门分离),实行校长负责制;采取多种形式办学,把办基础教育的权力下放给地方;改革高校招生分配制度,扩大高等学校办学自主权;改变学校分配制度,拉开差距,打破"大锅饭",等等。

但总的说来,教育的改革还落后于经济改革的速度,还不能很好地适应商品经济发展的要求,集中地反映在培养人才的规格、数量、种类、质量上还不能满足现有商品经济的丰富多样性。这一方面是由于教育改革被保守的观念束缚,不能放开手脚,另一方面也是因为教育有自身的规律,办教育不能等同于办经济。在经济转轨,经济体制改革的情况下,教育如

---

① 参见《中共中央关于经济体制改革的决定》,《人民日报》1984 年 10 月 21 日。

何既满足经济发展的要求,又符合自身发展的规律,是一个复杂的难以把握的问题。比如教育怎样引进竞争机制?校长负责制,谁负责?负什么责?对谁负责?怎样负责?凭什么负责?这与经济上的优胜劣汰、承包制是不能简单等同的,因为教育是培养人的活动,对人的培养不可能优胜劣汰,不可能用经济效益来衡量。教育改革需要经济改革为自己开辟道路,又要富有创造性地走自己的路。

20世纪90年代以后,我国的经济体制改革进一步深入,并逐步建立起社会主义市场经济体制。《中国教育改革和发展纲要》中提出,"随着经济体制、政治体制和科技体制改革的深化,教育体制改革要采取综合配套、分步推进的方针,初步建立起与社会主义市场经济体制和政治体制、科技体制改革相适应的教育新体制"。在1999年的《中共中央国务院关于深化教育改革全面推进素质教育的决定》中则明确指山:"构建与社会主义市场经济体制和教育内在规律相适应、不同类型教育相互沟通相互衔接的教育体制,为学校毕业生提供继续学习深造的机会。职业技术学院(或职业学院)可采取多种方式招收普通高中毕业生和中等职业学校毕业生。职业技术学院(或职业学院)毕业生经过一定的选拔程序可以进入本科高等学校继续学习。"因而,当前在市场经济体制下,教育如何适应经济发展需求,提高自身效益,培养出更多更好的人才,成为国家面临的重要任务。

三、科技动因

科学技术是生产力中特别活跃的因素,是最先进的生产力,因此它对包括教育在内的全社会的影响,具有最不可抗拒的、最不以人们的意志为转移的力量。现代科学技术呈现出加速发展的特征,它会无情地打破与之不相适应的种种保守观念和规章,逼迫你去改革,去适应它。科学技术的革命甚至能够打破阶级的偏见,推动社会、推动教育向科学的同一方向发展。

教育、教学,从传播学的角度说,就是一个信息的传递与吸收的过程。教育的变化,从根本上说发生过三次重大的革命,一次是学校的诞生,一次是学校的普及,一次是学校的现代化。在没有形成完整的文字系统以前,人们的生产经验和社会经验,只能通过耳传口授的方式进行,因此它只局限于具体的生产过程或生活过程,也就是说,教育过程与生产、生活过程是同一的。这个时候的教育内容也主要局限于个体的和当前的。这就是原始时期的教育。当人类发明和掌握了文字系统以后,教育过程就可以脱离具体的生产、生活过程,独立出来,成为独立的社会活动,这就是学校。它不再局限于耳传口授,而是通过文字交流,前辈人和其他社会群体中的人可以把自己的知识记载下来,这样,人类的知识积累就大大丰富了,不再局限于个体的和当前的,而是历史的和社会的了。因为人类有了大量的知识积累,学校教育才成为可能,同时也变得必要。

早期的文字是记载在龟甲(甲骨文)、铜鼎(钟鼎文)、竹片(竹简)、丝绢(帛书)上的。由于这些文字载体的昂贵和艰难,它只能为少数"有闲阶级"所垄断,并且人们总是把思想压缩成最凝练的形式表达出来,这就极大地妨碍了文字交流的范围,限制了思想表达的广度和深度。当人类发明了造纸术和活字印刷术以后,便产生了划时代的信息传播工具——书籍。它不但造价低廉,而且信息容量大大增长,这就大大拓宽了文化传播的天地,使得学校教育成为一种普遍的可能。中国的私塾、家学正是在发明了活字印刷术(宋代)以后,迅速发展起来的。中国的造纸术和活字印刷术传到欧洲以后,欧洲的文化交流、教育活动也迅速发展起来。300年前,捷克斯洛伐克的大教育家夸美纽斯倡导了班级授课制,这样教育就很快膨胀起来,教育开始走向大众。

如果说第一次教育的根本变革是由于产生了文字,第二次根本变革是由于产生了教科书的话,那么第三次变革则是由于产生了有形、有音的读物——幻灯、音响、电视、电脑,也就是光、电、磁、电子技术的广泛运用于教育过程。这次革命方兴未艾,正在进行之中。它使教育在更高的意义上回复到个别教育成为可能。这是一个否定之否定的过程。集体教学之于个别教学是一个历史的进步,它大大促进了教育的普及,刺激了教材、课程、教法的规范化研究;刺激了人对知识掌握规律的研究。但集体教学有一个假设,即同龄儿童的知识状况、发展水平、接受能力等等是相同的,所以在相同的时间内,用同样的速度,教授同样的内容,并提出同样的要求。而这种假设是完全主观的,是违背客观事实的。事实上,同龄儿童,比如7岁儿童,他们在智力、知识、发展倾向上的差别是非常大的,在生理上同是7岁的年龄,在心理的发展上则是从4岁到12岁不等。所以班级授课制的缺陷是致命的。而现代科学技术的发展可以保持和深化第二次革命后的所有成果,又能在更高的意义上实现个别教学,真正做到因材施教,并且以更加丰富、更加多样、更加生动、更加富有个性的形式进行。

这种革命现在已经初露端倪。可以预言,它的发展是无可限量的。它所引起的教育革命,其深广程度也是前两次所无法比拟的。比如书籍,这第一、二次革命的最重要的成果,将会被计算机光盘、荧光屏显示以及声响系统所取代。未来的信息传播将是抽象与直观的统一,音、色、形的统一,展现在人们面前的世界不再是一维的(平面的),而是多维的(立体的)。所以与平面世界相联系的教育内容和形式——以教材教学为主、以课堂教学为主,根本不可能满足立体世界的要求。如果我们认真想一下的话,这种现象已经发生了。由于电视机的广泛普及,远在天边发生的事情,瞬间就同时为世界的每个角落所知晓,它使得人们思想的变化真正到了日新月异的程度。如果教育工作者不意识到这一点,不是以己之变顺应时代之变,而是企图以不变应万变,其结果当然是不理想的。

科学技术的进步,对教育的影响绝不仅仅是内容方法上的影响,还必然会导致结构、制度上的变革。如果说在农业社会,科学技术尚可称为"雕虫小技"、甚至被诬为"奇技淫巧"的话,在现代社会它则是不可抗拒的巨人了。鸦片战争以前,中国闭关自守,夜郎自大,藐视列强。鸦片战争以后,西方列强的坚船利炮打开了中国的国门,震惊了朝廷内外,人们第一次认识到了现代科学技术的厉害,被迫实行洋务运动,希望"师夷之长技以制夷"。这个时候仍然坚持"中学为体、西学为用"的方针。可是甲午海战中,北洋水师被比我们弱小的日本海军打得一败涂地,事实上中国海军还没有出港就被击沉了。甲午战争的失败粉碎了洋务运动的梦想,洋务运动几十年的惨淡经营换得了一个沉痛的教训:现代科学技术的进步绝不仅仅是设备、工艺、材料上的进步,而是与现代科学管理、现代科学意识、现代科学态度相联系着。科学是一种知识体系,是一种技术,更是一种精神,一种文化。工艺技术可以通过操作上的模仿获得,而精神的获得却需要改变我们的教育基础——以尊孔读经为核心的科举制度。这就有了1905年的废科举、兴学堂。这是戊戌变法的一项重要成果,也是光绪皇帝推行新政的一项重要措施。到了"五四"时期,科学成为新文化运动的主要旗帜之一,成为改造全社会的基本动因之一。

以电子科学、生物科学、海洋科学、新材料和新能源科学为主要内容的新的技术革命,使得现代化的进程旋风般地吹遍了世界的每个角落。它不仅使现代社会知识化与智能化,使信息成为人类生存的第三资源,而且引起了社会结构的巨大变化。这种变化主要是:(1)社会生产中,直接从事物质生产的人数大为下降,而从事知识和信息生产的人数将逐渐增加,服务性产业的比重也将大大增加;(2)生产力的发展引起管理体制的变化,即由高度集中性转向分散性方向发展,由塔型结构转向网状型结构;(3)整个社会由封闭转向开放,人员的流动、职业的变更、生产方向的转换成为社会特征,人们的知识内容和知识结构的不断更新,也就成为必然要求。苏联教育家赞可夫进行的"教育与一般发展"实验,提出了"高难度"、"高速度"、"理论指导"等教学原则;美国布鲁纳提出根据人们的认识结构和知识结构进行教学、编制教材的主张;70年代以来出现的"终身教育"的思潮,都是对新技术革命的挑战所做的回答。

科学技术的革命不仅会带来社会结构的变革,而且迅速地改变着人们的生活方式、情感方式、交往方式,直至改变着人们的价值观念和生活信念。人们从非此即彼的选择走向了多种多样的选择,电视可以有 10 个、20 个频道,牙膏可以有几十种、几百种广告,一个事件可以有各种不同的看法;温情脉脉的田园牧歌般的情调完全被打破了,社会处于高节奏、高速度的运转之中,人们出现了情感饥渴和"高情感"追求;人们的交往不再以时间和空间为依据,近在咫尺可能如远在天涯,人在东西两半球,拿起电话却马上就可以交谈;个人与集体的关系,理想与功利的关系,工作与享受的关系,精神与物质、灵与肉的关系,人类与自然的关系,现实与宗教的关系,现状与未来的关系,等等,人们对这些问题的价值判断、价值取向迅速发生着变化,因为这些关系本身在不断发生变化。教育在这种变化面前,几乎常常处于窘迫、被动的局面,常常是捉襟见肘,穷于应付。它逼迫教育不断进行改革。邓小平 1983 年在给北京景山学校的题词中写道:"教育要面向现代化,面向世界,面向未来。"这是高瞻远瞩地顺应了现代社会发展的主流,深刻地把握了现代科技将促使社会、促使教育实行革命性转变的时代精神。未来的、世界的教育,将向着现代化这一共同主导方向发展。

在世纪之交,江泽民同志深刻指出:"当今世界,以信息技术为主要标志的科技进步日新月异,高科技成果向现实生产力的转化越来越快,初见端倪的知识经济预示人类的经济社会生活将发生新的巨大变化。"在 21 世纪,以高新技术为核心的知识经济将占主导地位,国家的综合国力和国际竞争能力将越来越取决于科学技术和知识创新的水平,而科学技术的竞争又取决于人才的培养。因此,当前许多国家政府都把振兴教育作为面向新世纪的基本国策,都希望依靠教育能够在 21 世纪的科技与国际竞争中立于不败之地。

四、文化动因

这里不准备对文化的概念进行详细的讨论，只是在一般的意义上，即思想观念的意义上讨论文化的变迁对教育改革的促进作用。如果把政治、经济对教育的影响看做是"硬性"的话，那么可以把教育观念的变化对教育活动的影响看成是"软性"的，可能不那么直接、迅速，但却是潜在的、持久的。刘佛年在《十年来教育观念的变革》①一文中指出："任何改革都要以观念的变革为先导，我国的教育改革和教育科学事业的复苏和发展，都是从观念变革开始的。"首先，我们在教育方针上，克服了"左"的思想影响，提出了教育为社会主义四化建设服务，这一转变促使学校制度有了重大转变，比如义务教育立了法，职业教育受到了特别的重视，高等学校的应用专业得到很大发展，等等。其次，以前我们的领导体制都强调高度集中，把它当作社会主义领导制度的特点。现在认识到，教育的中央集权与地方分权以及学校自主权的大小是各国的历史情况造成的，与社会制度无必然联系。这一转变导致了教育领导体制、管理体制的改革。办学权从中央到地方逐层下放，扩大了学校办学的自主权，实行了责、权、利的结合，提高了办学积极性，等等。再比如教育工作观念的转变强调了德、智、体、美、劳全面发展，既反对和纠正片面追求升学率，也反对不要文化、放松智育，这便促进了课程的改革、教材的改革，以及教学途径、教学方法的改革，等等。

---

① 《教育研究》1988年第11期。

从世界范围内说,近十多年来的教育改革运动,除了政治、经济、科学技术发展变化的原因外,新的文化观念、人文精神也是改革的重要动因。这一动因有时与科学技术的要求不一定一致,甚至相抵触,但是也许正是这一动因成为因过分强调科技因素而使得教育机械、僵化,把人培养成"科技人"、"经济人"的解毒剂。科技的要求和人文的要求相互振荡,促使教育改革沿着居中的方向前进。

在美国,当结构主义、永恒主义、要素主义等强调知识、认知、理性的教育主张广泛被人们接受的时候,与存在主义哲学有着思想渊源的人本主义心理学和教育学也在悄然兴起。80年代"美国处于危机之中,教育必须改革"、"回到基础去"的呼声甚嚣尘上,人本主义的势力也越来越大,其代表人物是马斯洛(A. H. Maslow)和罗杰斯(C. R. Rogers)。人本主义强调的是每个个体的独立价值,自我实现是人的最高价值;自我实现就是一种超功利的、超世俗的自我潜能的最大发挥。人本主义心理学就是要帮助每个人认识自我,相信自我,人本主义的教育则是要帮助人成为自我。人本主义在教育理论中的代表是罗杰斯。他是一个激烈的教育改革家,他认为以往的教育都是叫人伪装自己,要人们按照别人的要求去生存。在教育中人的自我似乎被消融了,似乎根本没有什么自我,只是试图按照别人认为他应该的那样去思维、感受和行动罢了。这就像丹麦哲学家克尔凯郭尔早先感受到的那样:最常见的使人沮丧的情景是一个人不能根据选择或意愿而成为自己,最令人绝望的则是"他不得不选择做一个并非自己本身的人"。而"与绝望相反的情景就是一个人能够自由地真正地成为他自己",这种自由选择才是人的最高责任。罗杰斯批驳了历史上以教义为中心、以知识为中心、以教师为中心、以课堂为中心等教育行为,提出了"以人为中心"的教育主张,发明了"非指导性教学法"。就是教师在教育过程中完全不干预学生的思想,只起一个组织者的作用,学生自己表达、自己指导、自己评价、自己创造、自己选择。成功的教育就在于学生学会了自我表现和自我选择。

罗杰斯这一偏重道德教育的观点不仅影响了道德教育,而且影响了整个教育思想,在欧、美都有大量的支持者和响应者,在美国就有上千所学校实践他的主张。马斯洛、罗杰斯强调的自我实现、自由选择实际上是很难实现的,但它对因为强调社会需要而忽视个性的培养确实也有平衡作用。

日本的教育长期以忠君报国、获得基本的知识和技能、具备应付外部的压力的能力为教育目的,培养的是一种"经济型"的人才,精神匮乏,缺少创造性。"分数"的幽灵在学校里游荡,"人品"的陶冶被置之脑后,形成了现代青年的所谓"十三无主义"——无关心、无气力、无责任、无感动、无抵抗、无批判、无能力、无礼貌、无学力、无教养、无节操、无定见、无思想。[①]日本把这种现象看做是缺乏做日本人的责任感的严重问题。20世纪80年代以后日本进行了继明治维新与二战后,历史上的第三次重大改革,"'尊重个性的原则'是这次教育改革中最主要的、也是贯穿在其他各条中的基本原则"[②]。临教审第一次报告全面而深刻地指出了这一原则的深刻含义:

---

① 《十三无》,《朝日新闻》晚刊1984年1月12日,转引自钟启泉:《信息社会与教育革新》,《华东师范大学学报》(教科版)1984年第3期。
② 《日本临时教育审议会关于教育改革的第一次审议报告》,《发达国家教育改革的动向和趋势》(第1集)。

此次教育改革最重要的问题就是要打破我国目前教育事业中存在的划一性、僵死性、封闭性和非国际性等弊病，树立尊重个人、尊重个性、自由、纪律、自我责任感意识——也就是确立重视个性的原则。

人的生命连接着他的过去、现在和未来，每一个人都生活在一定的家庭环境、学校、社区和国家之中，而这些环境中又都充满着相互依存的复杂关系。

尊重个人、尊重个性这一思想的关键是在时间、空间这一纵横广阔的环境里，每个人都是以自己独特的个性存在着，而且有个性的个人的集合体，又构成了有生气的集体。

所谓个性，不仅指个人的个性，同时还意味着家庭、学校、社区、企业、国家的文化和时代的特征。各个个性之间不是毫无关系而独立存在的。只有真正地认识自我的个性，培养和发展它，并做到尽职尽责，才能更好地尊重他人的个性，发挥他人的个性。

自由的含义根本不同于放纵、不负责任、无纪律、无秩序。自由伴随着对社会的神圣的责任。当人们生活在自由选择增多的社会里的时候，一面享受着自由，一面又为自由尽自己的义务。因此个人的尊严、尊重个性、自由、自律、尽职尽责等等，都是一个不可分割的统一体。只有发挥他人的个性，才能更好地发挥自己的个性；只有了解他人才能更好地了解自己；只有尊重别人才能做到自尊。反过来也是如此。这是统一体中的两个方面。①

---

① 《十三无》，《朝日新闻》晚刊1984年1月12日，转引自钟启泉：《信息社会与教育革新》，《华东师范大学学报》（教科版）1984年第3期。

把尊重个性当作教育改革的总的指导思想,把个性与他人的个性、自由与自律、权利与责任看成是不可分割的统一体的观点是很值得重视的。

苏联20世纪80年代的改革,与文化观念的变化是紧密联系的。苏联教育家提出了几条教育新思维的原理。第一条原理:新教育的根本目的在于发展人的个性、才能和创造性。认为旧教育口头上也讲发展人的个性,但没有落到实处,现行教育体系缺乏发展人的个性、揭示人的潜在可能性和揭示人的创造性才能的手段。因此,教育新思维的第一点就是要求教育目标指向培养和塑造人的个性和发展人的创造性。

第二条原理:教育新思维要求在教育、教学中运用积极的方法,而旧的教育思维用的是一种消极的方法。所谓消极的方法,就是说话、教学,不断地练习、练习、再练习,机械地进行训练。学生虽然能掌握牢固的知识,但是这些知识很难被运用到新情境中去。新教育思维主张,不是通过重复去掌握知识,而是通过解决各种各样有兴趣、有意义的课题来掌握知识,是进行积极的讨论和争论,培养学生与教师讨论的勇气。

第三条原理:把学生看成是自己的伙伴。新思维认为现在教育中存在着一个很大的问题,就是教师不会尊重学生。新思维认为:学生是主体,他有自己的思想观点,对自己有确定的看法,对教师也有自己的看法。旧的教育思维不去教育教师。教师要经常受到学生们的评价,而我们的教师离学生非常远,不承认学生们对他们的评价,不接受、不承认学生对他们的批评。实际上这就是不尊重学生。尊重是相互的,你尊重他,他也会尊重你,新思维认为,现在苏联有些学校给学生的行为打分,这是很可笑的。怎么能给行为打分呢?你怎么能对各种行为的好与坏做出判断呢?①

现在苏联有一个教育学派——"合作教育学",在学校里取消了所有的分数,进行无分数的教学实验。实验者认为,分数是师生之间的一堵墙,是师生不平等的根源。分数是教师手里的鞭子,在分数这个鞭子的抽打下,学生成了学习的奴隶。在现行的教育活动中,教师正是靠着分数来维持秩序、维持威信的。如果取消了分数,旧有的师生关系、教育观念就无法维持了。苏联教育科学院代院长 И·兹维列夫认为:"合作教育学"的核心是社会主义人道主义和个性民主化。他认为,所谓社会主义人道主义,是用马克思主义的社会经济观点解释的人道主义,即根据社会主义的社会发展需要提出的一个培养人的指导思想。在社会主义条件下人道主义思想当然应该包括社会主义的意识形态在内,应当反映出社会主义发展的需要。比如消灭饥饿、帮助弱者、争取和平、销毁核武器等等。认为现代社会中的所有问题都应该包括在广义的人道主义概念里面。作为个性,所谓人道主义的内容主要包括良心、友谊、善良等品质,此外还包括人类的和平理想、平等、博爱,等等。总之,就是要把社会主义所要求的所有道德准则都包括在里面。

"个性民主化"也是合作教育学派所使用的一个概念,它与社会民主化是相对应的。社会民主化、个性民主化都是指个人如何在集体中生活,而集体所反映的则是整个社会的要

---

① 参见瓦·瓦·达维多夫:《苏联教育的新思维》,《外国教育研究》1989年第3期。

求和需要。作为一个民主的集体,它是非常愿意接受、吸收每一个成员的,而每一个成员又都会自愿地、积极地成为这个集体中的一员。个性反映社会的需要,社会反映个性的利益。这种思想实际上早在20世纪30年代著名教育家马卡连柯就曾提出来过。①

重视个人的发展、重视个性的发展成为教育改革的基本动因和基本目的之一,是当代教育改革的一个明显特征。这反映了个体的价值、个性的尊严在现代社会有了更充分的体现。由于社会制度、文化背景的差异,我们在某些方面有不同的看法或不同的表述,在具体做法上也有不同。但是促进人的全面发展,促进人的素质的全面提高,提供个性以更多表现和发展的机会,无疑也是教育改革的方向。

人口的变化也往往成为教育改革的原因。人口有时比经济、文化对教育的影响更直接和更迫切。当人口高峰逼近时,解决他们的入学或升学问题,不仅是教育的问题,而且首先是社会的问题,它无疑要成为压倒一切的教育任务。反之,当出现人口低谷时,教育又必须做出相应的调整。这种急剧的膨胀和收缩,给校舍、师资、设备带来的压力,有时要很长时间才能消除,有时则使教育内部本来固有的矛盾更加突出地暴露出来。比如,在教育膨胀时期需要大量招聘教师,当人口高峰过后,教育收缩时,就要流动多余的教师。但由于我们的人事制度是只进不出,所以就加剧了人浮于事的局面。不干工作或很少工作的人,与工作量很大的人拿同样的报酬,这对于工

---

① 参见《关于苏联当前的教育改革与教育辩论——苏联教科院代院长 И·兹维列夫答本刊记者》,《教育研究》1988年第8期。

作的人来说,无疑是一种嘲讽和打击。人浮于事、分配不公平本身不是由于人口引起的,但人口的因素使这一矛盾突出起来。由于我国人口政策的偏斜,这种峰谷现象到21世纪初还会不断出现,所以人口不能不成为我国制定教育决策必须考虑的因素。1985年世界银行专家组所做的《中国长期发展报告·教育分报告》对中国2000年的教育展望,基本上是根据我国的人口状况和人口政策做出的。

教育也影响人口的数量和质量。一般来说,教育程度与人口数成反比,人均寿命和健康水平与教育程度成正比。

在世界范围内,由于人口增长比例的不同,决定了发达国家和发展中国家采取了不同的教育战略。从1960年到1980年的20年中,全世界的人口翻了一番,同期,世界各国各级教育注册的学生总数从2.27亿上升到6.41亿左右。但是数量上的增长主要是发展中国家教育扩张的结果。在这段时期发展中国家的学生总数从占世界总数的45%上升到63%,而发达国家的学生总数则从占世界总数的55%下降到37%。因为在这段时期发达国家的人口基本上是零增长,甚至负增长,所以它们采取了提高质量的战略决策,教育改革的措施多以提高质量为目的;而发展中国家在这段时期人口迅速增长,迫使它们不得不采取以扩张教育为主的教育决策,以缓解人口的压力。

第四章
教育改革价值论

  教育改革是主观见之于客观的行动,因此,一方面,教育改革的出发点、教育改革的目标是否反映社会进步的要求,是否反映社会的需要,反映到何种程度;另一方面,教育改革的主观目标实行到什么程度,实际上起了什么作用,就显示出不同的教育改革的社会意义、历史价值的不同,用比较通俗的话说,就是好坏、优劣的程度有所不同。当然,要对教育改革进行价值评估是一件非常复杂的事。因为不同的人、不同的集团、不同的阶级持有不同的价值观。比如二次大战以前德国和日本实行的法西斯奴化教育,宣扬无条件地服从和忠于元首,盲目地效忠国家,疯狂的征服、侵略精神,残暴的杀人意志。对法西斯教育的倡导者来说,是取得了极大成功的,是极好的;可是对于所有具有良知的人来说,这是最恶劣、最可耻的,是最坏的。另外,任何价值判断都不能离开特定的历史环境。在今天看历史上的许多改革可能会感到问题很多,不值得提倡,可在当时却是起了很大积极作用的。比如我国20世纪20年代轰轰烈烈的平民教育运动,在今天可以指责它希望通过平民教育沟通各阶层的联系是不现实的,教材非常简陋、不够科学,有些思想性上还是有问题的。但当时它唤醒了平民百姓受教育的意识,影响到整个社会平等、民主观念的形成,其意义是不可低估的。另一种相反的情况是,一种教育改革的主张在当时是超前的、不切实际的,其改革的结局当然是失败的,但却可能暗合了今天甚至未来的某一教育主张,甚至成为今天教育改革可以接受的一种遗产。比如毛泽东在1958年提出来的"工厂办学校、学校办工厂"与今天的技术职业教育形式,后几年提出的"社会教育观"与现在的"大教育观"就有某种相通之处。对于这种情况的分析不可轻率从事,采取简单的肯定或否定的态度都是不可取的。对于社会现象的分析方法经常有两种:价值分析的方法和历史分析的方法。历史分析的方法更侧重于对事物的客观分析,理清它的来龙去脉、前因后果,不一定涉及价值判断,对于教育改革的分析也需要交替运用这两种方法。但从总体上说,对教育改革进行价值分析还是可能的,并且是必要的。我们完全可以从理想的角度对教育改革的目标进行价值探讨,以期对教育改革的社会意义和历史意义有更全面的把握,不至于抓住一点,不及其余。

不同时期、不同环境的教育改革所针对的问题有所不同,因此每次教育改革的侧重点也就有所不同,不能要求每次教育改革都满足所有方面的期望,所谓最好的往往就是考虑各方面的因素选择的一个相对好的方案。但是由于教育工作是人的工作,在改革的时候,不能为了满足某方面的要求,而违背另一方面的要求,比如不能为了满足社会的一时需要而牺牲个人的发展,或者反之。中外历史上的许多教育改革恰恰常常犯有这样的错误,顾此失彼、抓住一点不及其余的情况是经常发生的。这既有由于操作的困难,没有经验而造成的,比如我国建国初期向苏联学习,犯有简单化、照搬照抄的毛病;也有改革的指导思想本身的错误,比如"文化大革命"中的"教育大革命"。

那么,一个好的改革思路必须考虑哪些因素呢?

一、促进社会进步

社会进步是一个综合指标,所包含的内容相当广泛。教育与之相关的主要是:

有益于发展生产 生产发展是社会进步的根本基础。在决定生产发展的各种因素中,人的因素是最重要的。在劳动密集型的生产中,人的作用主要体现为劳动人数的增加、劳动强度的增加、劳动时间的延长。而在技术密集型、特别是智力密集型的生产中,人的作用主要体现为劳动智能的提高和劳动智慧的发挥。这就需要必要的教育基础。马克思早在生产力水平尚不发达的时候就指出:"我们把劳动或劳动能力,理解为人的身体即活的人体中存在的、每当人生产某种使用价值时就运用的体力和智力的总和。"[①]教育要满足这一要求,就必须在教育内容中安排反映当代生产力和科学技术水平的知识体系和与其相应的技能培训体系。教育改革如果放弃了这一点,甚至胡说什么"宁要社会主义的草,不要资本主义的苗",那就注定这种改革要失败。

有益于政治民主和法制建设 民主和法制是我国精神文明建设的核心。一个简单的事实是,文化水平低的国家和地区,政治民主和法制的水平也低。但是,文化水平的提高并不一定带来民主和法制水平的提高。在文化水平较高的地方仍

---

① 《马克思恩格斯全集》第23卷,第190页。

然可以存在严重的专制和人治现象。教育改革要有益于政治民主和法制建设,首先要求教育改革的程序是民主和规则的,也就是说是符合大多数人的利益和意愿,为大多数人所熟悉和理解,广泛征求过人们的意见,对于改革的步骤、目标有明确的说明。对于重大的具有风险性的改革,应进行广泛的民主讨论,必要时交全民公决。其次,需要改革教育内部不民主的现象,健全学校工作的程序,学校工作不能是少数人凭心血来潮随意支配的,教师、学生、员工、行政人员都应能对学校的工作有发言权,有表达意见的渠道。学校师生的公意一定要有被采纳的机制。再次,学校是进行政治民主和法制教育的集中场所,学校的课程改革应该考虑建立系统的民主、法制教育的课程、教材,积极改革教学方法,采用生动现实的案例,具有可操作的形式(如选举过程、模拟法庭、合同契约的订立等),培养良好的民主法制意识,传授系统的民主法制知识,形成相应的能力。

有益于社会公正　与教育有关的社会公正问题集中地表现为受教育机会均等。1948 年 12 月 10 日联合国大会通过的《世界人权宣言》第 26 条反映了人类对教育机会均等的共同渴望:"每个人都有受教育的权利。教育应是免费的,至少在初等和基础阶段应如此。初等教育应是义务教育。技术与专业教育应普遍开设,高等教育也应向所有有才能的人开放。"①教育机会均等不仅是入学机会的均等,而且是教育过程和教育结果的均等。我国为了最大限度向所有人提供受教

---

① The World Year Book of Education(1965), The Education Explosion. Evans Brothers Limited, London, England. p. 21.

育机会,曾经进行了多次教育改革。比如建国初的学制改革,实行全日制学校、半日制学校、业余学校同等对待的三轨制,就大大扩大了劳动人民子弟受教育的机会。近20多年来,国家大力扶助贫困地区发展教育,在小学阶段取消重点学校制,实行中等教育结构的重大改革,大幅度发展职业技术教育,等等,成效是十分显著的。但由于教育要求与教育供给的矛盾还很突出,还有相当一部分人不能接受完全的初级教育,有更多的人不能受完所期望的教育。特别是由于我国的高考制度与户口制度、劳动人事制度联系在一起,使得能不能受到高等教育成为决定一个人命运的问题,人为地在录取者和未被录取者之间拉开了巨大的差距。我国现在正在积极改善高考制度,努力改变受教育机会上的巨大差距。

有益于文化昌盛 从广义上讲,教育也是文化的一个组成部分,但教育又承担着传递文化的使命。我国春秋战国时期,百家争鸣,形成了我国历史上的一个文化高峰。中华文化的源流——儒、道、法,都是在那个时期形成的。这与当时教育活动的蓬勃发展有很大关系。各学派的领袖人物几乎同时都是教师,都有自己的"私学",孔子"弟子三千,贤人七十"。"五四"时期是我国文化发展的又一个高峰,各种文化思潮纷纷涌入,逐渐马克思列宁主义独占鳌头,这与当时蔡元培改组北大,实行"兼容并包"、学术自由的措施是分不开的。现在我们实行改革开放,形成了我国历史上第三次文化高峰。我国有悠久的文化传统,有马克思主义的思想指导,有党的"百家争鸣、百花齐放"的政策,对各种新思想、新观念、新知识采取汇纳百川、为我所用的政策,可以加快我国现代化建设的进程,因为现代化并不仅仅是科学技术的现代化,它还凝聚着相应的文化精神。采取"中学为体、西学为用"的态度,历史已经证明是不成功的。所以我们必须形成走向世界的胸襟和能力。在这方面,教育应该起到特别有效的作用。教育的改革必须要考虑如何培养学生对待一切新文化的态度和分析、吸收它的能力。我们的教育要像春秋时期和"五四"时期那样,发挥繁荣文化的功能。

有益于社会流动 现代社会的活力来自社会流动,社会流动促进了社会的吐故纳新、新陈代谢。但社会流动的形式和动因是可以有不同的。可以凭借世袭进行,可以凭借权力("关系")进行,也可以凭借知识、技能、胆识进行。教育能不能有效地擢拔英才,有效地培养现代人的知识、技能和胆识,促进社会的积极流动,也是教育改革的一个指标。比如我们的教育制度是"一次高考定终身",这就大大减少了社会流动的动力和次数。社会和个人之间就不可能通过流动选择到双方都合适、都满意的"搭配"。这势必影响到工作成效,也妨碍了人的潜能的充分发挥。所以教育改革如何为社会流动创造更好的条件,是有很大的潜力的。

有益于改善人们的精神面貌 教育是提高人的素质的工作,是提高人的水准的工作,"受过教育和没有受过教育的人是不一样的",这是对教育的赞誉,也是对教育的期望。它要求能从直观上、从感觉上看出人的素质,看出人的文化,这就是精神面貌。"温文尔雅"、"礼貌谦让"、"谈吐不俗"等,就是这种面貌的描述。在现代社会中,这种精神面貌的内容大大地丰富了,它要与现代的政治生活、精神生活、经济生活相适应,也就是一种"现代人"的素质。特别是具有"知通达变"的素质和对自己、对他人的责任感,这就是一个具有现代理性的人。

二、增强教育与社会的联系

传统教育的一个明显特征就是与社会隔离,就是所谓"四体不勤、五谷不分",不熟悉生活。这在当时非但不是遗憾和不光彩的事,而且是一种荣耀。因为当时的价值观是"劳心者治人,劳力者治于人"。现代教育的一个革命性变化就是要拆掉这堵墙,打通教育与社会的联系。现代社会要求教育的不是培养精神贵族,而是在社会经济生活等各种社会生活中具有各种切实工作能力的人。也就是要求现代教育具有实用价值,具有功利性,这就自然会推动教育与社会的联系。

建国以后我们不断地强调教育要实行"三结合",反对"三脱离"。可是,这种呼声既然始终不断,那也就是说这个问题始终没有解决。上海市为了制定2000年教育发展战略,进行了大规模的教育现状调查,发现首要严峻的问题便是教育与社会实际需要的脱节:

这个问题在办学思想、办学体系和办学途径上都有不同程度的表现。学校的办学方向、专业设置和教学内容往往主要从学校自身发展考虑,缺乏对社会实际的深切了解,并据此确定教育任务和目标。学生从幼儿园一直到研究生院绝大多数是从学校到学校,从书本到书本地学习,很少接触了解社会,很少参加生产劳动。加之,独生子女的日益增多,造成学生在思想政治素质、智能素质和心理素质上的明显缺陷。例如,缺乏社会责任感,片面强调自我价值;高校毕业生不愿到生产第一线,中学毕业生缺乏热爱家乡、建设家乡的感情;缺乏社会实践能力,社会适应性差,不能很快地担负起管理工作,在性格上自视清高,感情脆弱,人际相容性差,经不起挫折。教育脱离社会主义建设实际,仍然是教育发展和改革中的根本性问题。①

问题的症结到底在哪里呢?为什么教育可以对社会置之不理、我行我素呢?这是一个需要认真分析的问题,是一个教育与社会双向脱节的问题。

原因之一,"社会"的要求、呼声不能直接、有力地反映到教育工作中来,社会的功能被国家功能、单位功能挤代了。

社会的发展和成熟,是与商品经济的发展和成熟相辅相成的。中国自给自足的小农经济有着漫长的历史,产品的生产和消费多是因地制宜、自产自销,很少用于流通、交换,与此相应的社会流通和社会流通规则也就不需要、不可能产生。中华文化的发源地是面对黄土、背靠大河的黄河流域,只要安土乐耕,就能生活下去。中国很早就进入了以家庭自然经济为主体的农耕社会,一个家庭就是一个小社会,小家庭是可靠的、牢固的、基本的生产单位和生活单位,不需要跨海贸易,也不需要游牧抢掠,也就是说不需要打破家庭建制,组成更强大的社团组织。另一方面,在跨入阶级社会时,中国没有实现由氏族奴隶制向劳动奴隶制的转变,而是由氏族首领直接转化为奴隶主贵族。这样,家庭奴隶制就顺理成章地演变为宗法

---

① 谈松华、徐海鹰、张光圻、柴萌:《上海教育发展战略研究的现实起点和研究重点》,《上海教育发展战略研究》,复旦大学出版社1988年版,第9~10页。

奴隶制,进而发展为宗法封建制,国家是这种宗法封建制的最高体现。国家、家庭成为遥相呼应的两极,构成了中国传统社会的两大支柱。

秉承了古希腊传统的西方文化,与此有着不同的历程。古希腊多山临海,不可能像中国那样安土乐耕,很早就开始了频繁的产品交换和广泛的海上贸易;另一方面,在古罗马时期,实现了由氏族奴隶制向劳动奴隶制的转变,出现了一个市民阶层,形成了"市民社会"的雏形。封建时期形成的城邦和庄园经济保护了这种市民社会的缓慢发展。13世纪以后,"行会"已经有相当发展,孕育着现代社会的雏形。英国资产阶级革命以后,随着资本主义工业和世界贸易的迅速发展,市民社会也随之发展,城市化程度迅速提高,人也成了商品。社会流通变得非常广泛而灵活,社会流通的规则也相应形成,代表不同阶层、不同人群利益的(严密的或松散的、自觉的或不自觉的)社团广泛形成。核心家庭成为家庭的基本形式,国家的职能也越来越专门化,商品的生产、交换、流通、消费以及与此相关的各种社会活动都由社会自身来调节。家庭和国家的功能相应萎缩,社会功能相应扩大。这种现象的必然性在西方社会学产生以前,已被一些思想家所发现。如黑格尔就已发现了社会和国家是两种不同的组织,并且提出了"市民社会"的概念。这种思想在社会学领域获得了进一步发展。被称为德国社会学创始人的 L. V. 斯坦因(1815～1890)就明确指出:社会乃是与国家相区别的人类生活的独立及独特形态,称它为以利益为原则的个人的经济组织,主张建立"国家之学"和"社会之学"。中西这种差别可以形象地显示如下:

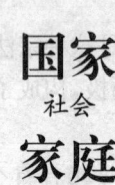

国家　　　　　　　国家
　社会　　　　　社会
家庭　　　　　家庭
　中国　　　　　西方

在现代化理论的研究中,法国著名社会学家 E. 迪尔凯姆(1858～1917)在《社会劳动分工》这部现代化理论的经典著作中,提出了"传统社会"和"现代社会"的概念。他认为,区别传统社会与现代社会的基本特征在于两者截然不同的社会结合形式。传统社会是一个封闭社会,其成员在家庭群体或宗教集团的群体中,有着严格的劳动分工,从事着简单的农业社会劳动。不同的群体之间相互封闭,遵循着完全一样的传统规范,有着共同的价值标准和信仰体系。传统社会的结合形式是一种"机械的结合"。现代社会与传统社会不同,它产生了全新的道德规范体系,允许个体成员享有更大的自由选择余地。这种社会由于存在发达的社会分工,因而其结合形式是一种"有机的结合"。社会的各个部分承担着自己特殊的功能,并与其他部分相互依赖、互相联系。

迪尔凯姆的思想对后代产生了很大的启迪,许多人相继提出了现代社会的不同指标体系,德国的马克斯·韦伯(1864～1920)、美国的 T. 帕森斯(1903～1979)及学生 M. J. 列维都是在这方面很有贡献的人物。他们分析的角度、强调的特点有所不同,但把社会化程度的提高看做是现代社会进程的共生现象,都是一致的。体现并促进社会化过程的因素,最主要的有三个:

一是社会各部门的专门化。由于社会分工越来越多、越来越复杂、精细,各种不同的社会部门也就越来越专门化。离开一个部门(甚至一个人、一个家庭)包罗万象的综合功能越来越远,同时各自的独立性也就越来越强,社会的发展也越来越丰富多样。

二是社会各部门的非自足性。与专门化相对应,各个部门只在它专门的领域内发挥最大的潜力和独立性,而把与它不相宜的内容让给社会的其他专门部门承担。各部门之间既有高度独立性,又有高度依赖性。在社会不断产生新的专门机构、不断分化时,联系各部门的渠道越来越畅通,根据社会不同部门的要求提供自己的专门化服务的意识和能力越来越强。

三是世俗化趋势。世俗化最初是对神化世界的反叛,是文艺复兴人文主义思潮的重要标志。现代社会的世俗化,人们首要的价值观是功利和理性,社会生活和信仰把实效、有利作为主要内容,在通常情况下,不把超经济的因素放在首位。个体把对社会的责任和维护个人的权利看得同等重要。能给社会和个人带来效益的科学、技术、文化知识受到普遍重视。

虽然我们已经逐步跨越了农业经济的阶段,进入了工业国的行列,社会化的程度不断提高,但它与社会发展自身的要求,特别是与我们面临的21世纪的挑战很不适应。昔日挤代社会功能的家庭功能削弱了,却被强固的"单位"功能所代替。在我国,"单位"是一个多功能、综合性、全方位的基本社会组织,也就是一个包罗万象的小社会。吃穿住行、生老病死、祖宗三代,囊括无余。这种对与现代社会非自足性相反的自足性的追求,不但影响了自身的专门化水平,为自己背上了沉重的包袱,而且对现代社会的分化要求反应迟钝,阻碍了社会功能的发挥。如果说以前是国家、家庭挤代了社会的功能的话,那么,现在则是国家、单位挤代了社会的功能,社会的功能大大弱化了。这种关系也可以形象地表示如下:

<h2 style="text-align:center">国家——社会——单位</h2>

原因之二:"社会脱离教育的需要"。教育脱离社会的需要,这是问题的一个方面,问题的另一个方面是社会脱离教育的需要。教育应该为社会提供服务,满足社会的需要;社会也应该为教育服务,为教育的发展提供条件。

社会脱离教育的需要,首先表现在对教育的投入不足,教师的待遇偏低。1985 年,教育投资占人均国民生产总值的世界平均水平为 5.7%,发展中国家的平均水平为 4%,而我国一直低于 4%;生均经费、生均基建费、学校事业经费那就差距更大。至于教师的待遇,在全国 12 个主要行业中,文教卫为倒数第二,而教育又是倒数第二中的倒数第一。这些,都已耳熟能详了,不必再去细说。但它对教育的压力却与日俱增,限制着教育的发展。比如职业教育,我们一方面号召、鼓励职业技术教育的大力发展,可另一方面各类职业技术学校的基建投资和设备经费却无稳定渠道,特别是技工学校的经费,政府既不投资,也无政策规定,致使培养技术工人所需要的设施得不到必要的补充和更新。世界发达国家正好相反,对此给予重点补贴。

传授知识和培养社会道德、培养责任感,是学校的两个最基本的任务。如果学校不能给学生传授有用的知识,不能养成学生对人生、对社会的负责态度,这样的学校教育无疑是脱离社会需要的。可是,如果社会不提供必要的条件,学校没有选择的余地,只能单方面地灌输,要完成这两个任务也是很困难的。

　　比如传授知识,任何人都会承认传授知识在教育中应有重要位置。可是,什么知识最有用,怎样的知识结构(包括相应的能力技巧)最能满足社会的需要?这本来可以由学校根据社会的反应进行选择、调节,但如果社会的这种反应不能直接、迅速地对学校发生作用,不能促进学校积极地改变课程设置、教学内容、教学方法等,那么社会的需要就可能被延迟,甚至被歪曲。造成这一结果的原因,是因为学校可以不直接对社会负责,而只要对计划负责任。比如社会已经过剩的人才,学校还在继续培养,学校与社会的需要脱节就越发严重。学校经常明知传授的知识已经陈旧,甚至整个专业已应淘汰,但考虑到人事、工资诸问题,还是要因人设庙,还是继续炒那味同嚼蜡的陈饭。用人部门有意见,分配也会碰到困难,但最终还是万事大吉。而要想传授新知识、新内容,就会碰到人员、教材、设备等一系列新问题,弄得不好还会鸡飞蛋打。社会没有为学校提供必要的选择机会和权利,计划性太死,统一性太高,弹性太少,灵活性太小。

　　至于责任感,可说是社会道德的关键因素。从学校毕业的学生能否很快被社会接受,他们的知识能否有效地为社会提供服务,首先在于他们有没有责任感。这种责任感小到对朋友、家庭、集体的责任,大到对社会、国家的责任。当然也包括对自己的责任。履行责任,在很大程度上就是履行义务。人们对学校不能很好契合社会需要的埋怨最敏感的往往就在学校未能成功培养学生的责任感这点上。这的确是教育不能回避的问题。但是,我们在强调这一方面的时候,不能忽视另一方面的问题,就是责任和权利是相辅相成的。马克思有句名言:"没有无义务的权利,也没有无权利的义务。"① 没有权利就没有责任,没有权利意识就没有责任感;没有对自己权利的认识,也就不可能懂得尊重他人的权利,即对别人负责。一个人对社会的责任感、义务感是与社会赋予他的权利分不开的。社会提出了培养良好责任感的要求,教育则要求社会明确每个人所拥有的权利。一个人明确并学会了维护自己的权利的时候,就会与侵犯自己的权利的不负责的行为作斗争;同时他也就不能不懂得,对别人、对社会不负责任,就是对别人权利的侵犯。如果社会不能明确每个人的权利,特别是真正保障每个人的权利,那么要求教育成功地培养人的责任感则是难以想象的。即便教育能单方培养出这样的责任感,但是否能促进社会发展,即不仅满足当下社会的要求,而且满足社会发展的需要,是大可疑问的。

可见,根本解决这一问题的出路在于强化社会功能,让学校和社会直接挂钩。那样,社会的需要就会直逼学校,学校不改不行了;学校的改革也有了明确的目标和要求,有了负责的对象,对改革的成效如何,也可以不断根据实际情况进行调整和修正了。

三、促进个人的发展

在我们的教育理论中,讲到教育的功能时,往往只注意两点:传递社会生产的知识技能和传递社会的伦理规范。这是

---

① 《马克思恩格斯全集》第2卷,第137页。

不是包括了教育应有的全部价值呢？现在看来，这仅仅反映了教育的外在价值。教育还应有其重要的内在价值，即发展人自身。在社会主义的改革呼唤着人们的创造性和勇于探索、开拓的精神的时候，在社会主义的现代化呼唤着现代化的人的时候，教育面临着很现实的挑战。教育要突破旧有的格局，培养自强、自立、自新的"三个面向"的人，不能不充分注意实现教育的内在价值。

  人是什么？人的发展又是什么意思？这是一个缠绕了历史几千年的问题。哲学家、文学家、史学家、教育学家无不对它深感兴趣。这丝毫也不奇怪，人的追求的最终目标是为了自身的福祉，不可能不探究人的本质、人的幸福、人的价值。孔子讲"仁者，人也"[①]，仁在礼中；柏拉图说，人分为哲学家、武士、手工劳动者三个等级。表述不同，含义相似：人与人是不平等的，人的价值是根据他的地位，在特定的社会等级关系中显示出来的，只有当人按照等级的规范，扮演了特定的社会角色时，才有价值，否则便"非我族类"。文艺复兴以后，莎士比亚喊出了"人是万物的灵长，是宇宙的精华"的警句，人具备了超越自然的价值；到了近代，人在法律上平等的地位基本得到保障以后，人们便强调人的独立性、人格独立的个体价值了。

  在对于人的发展，特别是个体人的发展问题上，没有比马克思更加重视的了。他深刻指出："人们的社会历史始终只是他们个体发展的历史，而不管他们是否意识到这一点。"[②]过

---

① 《礼记》。
② 《马克思恩格斯全集》第 27 卷，第 478 页。

去我们把人的本性归结为社会性,又把社会性缩小为阶级性,结果,个性受到空前的压抑,社会的发展也受到严重的阻碍。十一届三中全会以后,个性得到了弘扬,社会也出现了空前的活力和蓬勃的生机。这正好印证了马克思的论断。

人是一个多层次的丰富的感性的实体。人的发展就是人的本性的各个层次的展开,我们把这种展开过程图示如下(见图4-1):

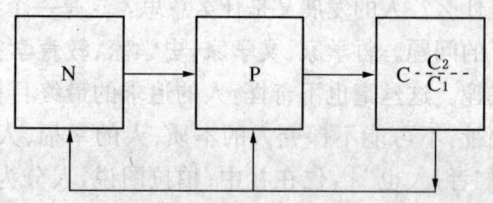

图4-1 人的发展展开图

图中"N"表示人的自然性,"P"表示人的心理性,"C"表示人的社会性,其中"C_1"表示人的共同性方面,"C_2"表示人的个性。人的本性的发展是不断由N向P、向C发展的历程,无论是个体还是种系的发展都是如此。当人的社会性丰富起来以后,它便对人的自然性和心理性有渗透和制约作用。正因为如此,人的自然性不可和动物的自然性同日而语。人不仅要温饱,而且要有美感,吃要讲色、香、味、型;穿要讲款式、质料、气质。这就是马克思说的"真正的人的机能","用手抓食与用刀叉进食"不同的地方。过去我们曾经把对吃、穿、住、行的美的追求,看成是资产阶级生活方式。这是在自然性上对人的本性的否定。在"真正的人的机能"上,个体应该享有充分的自由或自主权。

人的心理能力是在自然性基础上发展起来的,但它不同于社会性。心理能力中的低级水平方面与人的自然性关系更密切,心理能力中高级水平方面与人的社会性关系更密切。总的说来,它是人的自然性与社会性的中介环节。在心理上,人的感知的方式(如分析与综合)、思维的方式(如形象与抽象)、情感表达的方式(如外显与内隐)、性格的特征(如内倾与外倾)、动机特征(如强与弱)、兴趣指向等等,存在着极大的差异。世界上没有两片相同的绿叶,也没有两个相同的人。所谓"心如其面"是谓也。这种差异是造成社会、人生丰富多样的根源。如果用一种模式去要求人,用一种"典型形象"去塑造人,把心理活动的独特性、心理冲动的偶然性都看成是受意识支配的,不分年龄、不分性别、不分职业地"去个性化",把人弄得整齐划一,千人一面,千人一腔,这是在心理水平上否定了人的价值。

关于人的社会性,特别是关于社会性的共同方面,我们总认为理解得很透彻了。我们反复引用的是马克思的一句名言:"人的本质并不是单个人的抽象物,在其现实性上,它是一切社会关系的总和。"这里有几个问题:① 马克思这段话是反驳费尔巴哈把人的本质归结为"类"的本质,而不是对人的本质下严格的定义;② 社会关系绝不可以简化为阶级关系或者集体和个人的关系,社会关系是一个复杂的存在,人的社会性也是多层次、多侧面的复合物;③ "在其现实性上"人是一切社会关系的总和,这是从静态角度考察的,从动态角度考察,在其可能性上呢? 是不是应该强调人的主观能动性,人可以摆脱、改造现存的社会关系呢?

个性是人性的最高层次,也是人的价值最深刻的内容。

共性寓于个性之中,个性越多样,共性才越丰富。人只有充分体现他的个性,才能体现他的独立存在,体现不可被取代的独立价值,社会也才有巨大的创造性和生机。所谓人的个性,最根本的是人的自在性和创造性,是人的独立思考、独立判断、独立选择、独立表现。有真正个体的自主性,才有真正的责任感,有自我批判精神和社会批判精神,也才有对真理和自我价值的不懈追求。现在我们的教育还很缺少这种个性的培养,已经习惯于用集体性、社会性取代个性。对培养个性在思想上还有不少误解。以为培养了个性就是唯我独尊,就是不要集体性,不顾社会的要求。其实这是把个人与集体对立起来了,不知道个人越发展,集体才能越发展,而不是个人不发展,集体才越发展。

在中国的教育、文化传统中,对个性的发展一直是比较忽视和压抑的。这可以从政治、伦理、哲学的不同层面予以分析。

从政治上说,中国的封建社会是大一统的强权政治,严格的等级制和宗法家长制,金字塔式的统治模式,由此建立了"君君、臣臣、父父、子子"的社会秩序、等级规范,服从是社会的普遍准则,个人的自由、个人的意志、个人的情感欲望、个性的自我舒张,总之个人的价值得不到肯定。

教育是社会的一个子系统,中国的教育历来有强烈的政治色彩,是一种政治本位、伦理本位的教育体系。中国最早的学校直接设在官府里,统治者兼官吏与教师二任于一身,即所谓"学在官府"、"以吏为师"。教育纯粹是礼教的工具。《学记》曰:"建国君民,教学为先",通过教育来"化民成俗"。古代的思想家们为学校的这一单一功能提供了理论根据。孔子说,教育的首要任务是培养"安贫乐道"的君子;孟子说:"设庠序学校以教之,……皆所以明人伦也。人伦明于上,小民亲于下。"①被朱熹规范化了的"四书"之《大学》曰:"大学之道,在明明德、在亲民,在止于至善。"这些,一直是后来的办学纲领。孔子说的"道",孟子说的"人伦",《大学》里的"明德",无非是礼仪尊卑、三纲五常那一套。人的价值完全丢失在社会的等级关系之中,个性找不到位置。

统治阶级不仅用这种政治秩序钳制学校,而且使学校成为社会政治等级的一个缩影。这就是所谓"天地君亲师"的网络。天地是统治阶级的理论虚设;君,是社会君臣关系的统治者;父,是家庭关系的统治者;师,则是学校师生关系的统治者。教师在整个社会关系中的地位是很低下的,是被统治者,但在当他也只有当他行使维护既成社会关系的职能时,才有至高无上的权威,有不证自明的合理性。"师严乃道尊",师是"道"的工具。违背老师的意志是对整个社会秩序的叛逆。在这样的氛围中,怎么可能有学生个性的自由发展呢?这样的教育只能是听话的教育,培养的学生只能是听话的学生。

从伦理上说,中国的传统道德在审视、处理"群己关系"时,其思维方法是:

第一,从群体的需要出发,制定限制个体的种种行为规范;

第二,认为群体才是能动的主体,它在不同时代、不同环境中主动提出各种要求,个体则是被动的客体,只能消极地适应群体的要求;

---

① 《孟子·滕文公上》。

第三,一切道德权利属于群体,一切道德义务属于个体。

由于这样的思维方式,就必然导致这样的结果:对个体加以约束和限制,认为只有这样,群体才能更好地发展。所以总是提倡"自我克制"、"自我反省"、"自讼"、"自律"、"一日三省吾身",于是凡是约束自我的行为都成为最高美德,忠、孝、节、义、忍让、谦卑,直至"存天理、灭人欲"。这种道德无产阶级是必须要打破的。正如马克思所说:"基督教的社会原则公开颂扬怯懦、自卑、自甘屈辱、顺从驯服,总之,颂扬愚民的各种特点,但对不希望把自己当愚民看待的无产阶级来说,勇敢、自豪感和独立感比面包还要重要。"①

从哲学传统讲,中国的哲学只讲"自觉原则",而不讲"自愿原则",只讲人的顺从意志,不讲人的选择意志;只讲"知天命"、"顺天命",强调按实践理性行事,人的意志应该服从大家的看法,杀身成仁,舍生取义,是这种自觉性的最杰出的表现。个人无法与天抗衡,人最终只能陷入宿命论,个人的自主性和能动性就十分微不足道了。古代哲学家也不是完全不讲人的独立意志,但一开始哲学就被政治化、伦理化了。人先被分成等级,然后才有可能来讨论个人的意志问题。只有少数人,少数圣人可能有独立意志,对大多数人来说是既无必要也无可能的。孔子说:"君子学道则爱人,小人学道则易使也。"②提倡"贫贱不能移,富贵不能淫,威武不能屈"的大丈夫气概的孟子,也有一个前提:"劳心者治人,劳力者治于人","治于人"的人绝对是成不了"大丈夫"的。

---

① 《马克思恩格斯全集》第4卷,第218页。
② 《论语·阳货》。

我们的传统文化中有许多优秀、积极的东西,但在人的个性发展问题上却是一直持贬抑态度的。建国以后,这种情况发生了根本变化,在小学就提倡"要做新中国的小主人",坚持实行德、智、体全面发展的方针,中国人的面貌发生了很大变化。但也毋庸讳言,因袭的传统重负其影响不是一下子就可以消除的。过分强调集体性、忽视压抑个性发展的情况也是存在的,有的甚至还是很严重的。"五分加绵羊"虽然受到批评,但听话、无主见、无个性的学生还是容易受到表扬和肯定,容易当"三好生"。个性强、独立性强的学生,总是看了不顺眼。集体包容个性的观念已经积淀在心理无意识中了。

当然,片面强调共性和社会性,忽视个性的发展,会阻碍个人的发展,也阻碍社会的发展;片面强调个性的发展,同样也会阻碍社会的发展。

毫无疑问,个人的发展和社会的发展是有矛盾的。一方面,社会要发展首先要考虑的是群体利益,当个人利益和多数人利益发生冲突时,必然要牺牲个别人的利益,削弱个性的特性,用社会的要求和利益去限制个人,要求每个人遵守根据社会成员的共同利益制定的社会规范,实现社会化,这样才能凝聚众人的力量为社会的力量。社会的发展要求分工,这样才能保证技术的专门化和熟练化,保证社会的高速发展,这也会导致人的片面发展,导致人的雷同化或一般化。社会的进步有时就是以牺牲个人的具体特征为代价的。正如马克思所说:"在人类,也像动植物界一样,种族的利益总是要靠牺牲个体的利益为自己开辟道路的。"①但是,另一方面,个人的发展

---

① 《马克思恩格斯全集》第26卷,第125页。

与社会的发展更多的是一致性,社会的发展是以个人的发展为前提的。封建中世纪所以发展得特别缓慢,关键一点就是人的个性发展受到了严重压抑。如果社会是由一群毫无个性和创造性,一味依赖和服从,没有批判精神、创造精神和冒险精神的人组成,个体都处于消极被动的状态,那这个社会必然是死气沉沉、缺乏活力的。社会的生气来自于人们的创造性,所谓创造性就是一种独特的、新的思想、理论、技术、方法等等。独特性来自于个性,来自于个体的自由的充分的发展,来自于不同于他人的禀赋的充分发挥。《共产党宣言》深刻地揭示了这一道理:"每个人的自由发展是一切人的自由发展的条件。"①1894年,《新纪元》杂志请恩格斯题写创刊辞,要他凝练、简要地概括未来社会主义新纪元的基本思想,恩格斯便将这句话原文照录,并且声明:"我再也找不到合适的了。"②杜威曾经把个性的发展强调到片面的程度,结果教育不能有效地传授科学知识,特别是理论知识,不能有效地实现它的外在价值,所以在他的故乡也逐渐受到了修正。我们的教育存在的问题是单方面重视了教育的社会功能,没有足够地发挥培养人自身的责任,没有能充分实现教育的内在价值,结果教育的社会功能也没有充分发挥。因为教育为社会服务是要通过培养的人来实现的。现在,教育承担着培养建设社会主义现代化人才的重大责任,处理好促进社会的发展与促进个体的发展的关系,改变将这两者对立起来的错误观点,充分实现教育的内、外价值,是当前教育改革的重大课题。

---

① 《马克思恩格斯全集》第4卷,第491页。
② 《马克思恩格斯全集》第39卷,第189页。

第五章

教育改革成败论

教育的对象是人,教育是培养人的活动。人的发展、培养人的活动与其他任何活动根本不同的地方是:人的不可重塑性,教育活动的不可重复性。生产零件不合格可以重新加工,甚至可以报废、回炉、重新生产;建筑物不合格可以加固或索性推倒重来;图纸画错了可以擦掉重画;一句话说错了可以收回、可以解释;可是人的培养工作却不允许报废,人的发展不及格也不可能重来一次。生命对于人只有一次,青春对于人也只有一次,教育的改革只能成功,不能失败。一旦教育改革失败,后果不堪设想。所以人们对于教育的改革特别谨慎,以至于人们宁可抱残守缺,而不愿冒失败的风险。因此研究教育改革成功的经验和失败的教训就显得十分必要,也特别引起人们的关心。

1977年10月在联合国教科文组织总部巴黎举行了一次以教育改革为主题的专家会议。在讨论中,有许多内容涉及到了教育改革成败的经验教训,诸如:

● 具有新的思想和独创的办法的教育改革才能成功;

● 教育改革的失败往往可以归咎为付诸实施时条件不够成熟,教育改革因而成为试图突然中断正常秩序的部署;

● 教育改革的优先抉择不够明确,而且没有考虑到当时所能接受的政治上的变化；
- 没有具备教育改革所必需的资源(人力、物力和财力)；
- 教育改革的某些先决条件(诸如地方分权、地方的首创精神，以及学生、家长和地方行政单位参与教育规划和教育改革等)没有具备；
- 对教学或行政管理人员的主要作用有所忽视；
- 缺乏一些摆脱死气沉沉的官僚主义的措施；
……①

根据国内外教育改革的经验教训和理论认识，我们着重从以下几个方面讨论决定教育改革的成败因素：目标是否明确、决策是否正确、与社会改革是否协调、是否有新的观念指导、准备是否充分、认识是否全面、借鉴是否合理、是否调动了多方面的积极性。

一、目标是否明确

改革就是革除不适应时代要求的旧的方面，增补新的内容，向更好的方向努力。向什么方向努力？这首先需要明确。有了明确的目标，才能统一大家的思想，才能凝聚大家的力量。否则就像在没有泳道的游泳池里游泳一样，各人忙各人的，虽然大家都在动作，但没有一致性，乱作一团。有了明确的目标，才能确定具体的步骤和手段，登山要准备绳、梯，过河要准备架桥或造船。不能总是走一步算一步，走得好就走，走不好就退回来。改革毕竟是能动的、有意识

---

① 参见张人杰：《现代教育改革论》，《外国教育资料》1985年第5期。

的行动,不能像走迷宫一样,不断尝试错误。改革不是一个人的事,一个人的损失有限,但众多的人甚至一个国家总想着准备为失败付学费是不行的。改革的进程往往是一个比较长的时间,改革的目标往往是不能一蹴而就的。改革的目标明确了,才能计划具体的步骤,估计具体的困难,设想克服困难的方法,往往还需要考虑筹划人员、物资、经费,没有具体步骤、没有阶段性预算也是不行的。明确了目标,才能充分调动每个与改革有关的成员的积极性和自觉性,使他们主动积极地为达到目标献计献策、做出贡献。如果对改革的目标不明确,就不知道力量往哪儿使,就只能消极被动地按指令行事。改革本身就含有发挥所有人的主动性、创造性的含义,如果还是少数人说、多数人糊里糊涂地做,这就已经违背了改革的实质了。

　　明确改革目标不仅是整个改革过程、改革工作的需要,也是评价的需要。改革是否成功,拿什么做标准呢?怎样检验呢?一个最有说服力的根据就是看改革的目标有没有达到。如果实现了预计的目标,我们可以说改革基本成功了,如果没有实现预计的目标,我们就说改革不甚理想。那么到底是改革目标本身不切实际,还是改革过程中存在问题呢?那就可以总结研究,作为以后的借鉴。如果改革连目标都没有,就无法评价,到时候就完全成为主观意愿了。

　　明确改革的目标,也是对改革过程进行调节、矫正的需要。如果改革的步骤、方法偏离了改革目标就要及时予以改正。主观上认为好的可行的方法,结果却不甚理想,那就要重新认识、重新研究。而结果的理想与否总是以是否符合目标为判断根据的,如果目标不明确,也就无法判断改革的阶段性结果了。

明确改革的目标,一个更重要的意义在于,可以对改革的目标本身进行充分的讨论、评估。如果目标不明确,这一工作就无法进行。改革总是希望朝着好的、可行的方向前进的。目标本身不明确,怎么能知道是好的、可行的呢?

日本开展的第三次教育改革,确定的目标是:个性化,信息化,国际化,终身化。他们所以确立这样一个目标,有一个对"过去的教育"和未来的教育的基本比较和基本判断(见表5-1)。① 他们认为他们已处在21世纪的边缘,日本要领导未来,日本的教育就要实现上述目标。这样,就为人们提供了一个评判和努力的对象和依据。

表5-1 《过去的教育》和《21世纪的教育》的比较

社会中的学校	竞争	学制	国家的作用	社会背景	教育目的	
人生50年代的学校教育中心体制。	由于教育服务的供给方面的划一配给体制,使需求单方面竞争激化。	单线型。官学主导型。义务教育带有浓厚的强制色彩。	由国家"配给"、规定的划一教育。国营教育为主。文教行政的批准、规定、补助金等工作为中心。	赶超型。近代化时代,从农业社会向工业社会的过渡期、高速增长期。摆脱贫困。工业社会的统治管理。	近代化、工业化所必需的标准化知识、技能以及作为其基础的读、写、算能力,划一的思考和纪律及价值观。	过去的教育

---

① 香山健一著,刘晓民译:《为了自由的教育改革——从划一主义到多样化的选择》,高等教育出版社1990年版,第4页。

(续表)

社会中的学校	竞争	学制	国家的作用	社会背景	教育目的	
向人生80年代的终生教育体系过渡。学校面向社会开放。发展学校以外的教育产业。	教育服务不仅是需求的一方，供给方面也实行竞争，由此扩大选择的自由	复线、复合、网络型、私学主导型。义务教育向保障就学性质转变。	教育由国营向民营过渡。从配给型教育转变为选择自由幅度大的教育。文教行政以政策为中心。	超越近代的时代，由工业社会转向超工业社会转换期，高度信息社会，摆脱富裕社会的病理。成熟社会中的自由和纪律。	信息化、国际化、人性化所需的创造性、多样性、个性、智德体的新的平衡，高度多样的知识艺术技术能力，以及不同的价值观。	21世纪的教育

二、决策是否正确

明确的、可行的教育改革目标，还要有正确的决策才能实现，但这里并不是讨论某一具体改革过程中应该采取什么样的决策。我们的教育理论研究容易自觉不自觉地越俎代庖，代替决策者的工作。其实，理论工作者没有必要也不应该对决策者指手画脚，非常具体地告诉他应该这么做，不应该那么做。那样的话，难免会产生错误或不切实际。但是理论工作者有责任为教育改革的决策提供方法论的意见，提供思考问题的出发点。在现代教育改革中，下列一些出发点，是制定政策的时候不能不建立的：

1. 教育应是一个开放性的系统　　现在的社会是一个开放的社会，各个系统——工、农、商、学、兵都是密切联系的。

学校的人才培养、结构改革、目标确定,都不能脱离社会需要,任何企图把学校办成"独立世界"的想法,都是不切实际的。法国思想家卢梭曾经试图把学校办到远离城市、远离人迹的大自然中去,以保持教育的纯洁性,结果当然是行不通的。人的社会经验,包括社会的知识、观念、价值取向,都是在与社会发生关系、进行交往的时候获得的,如果人为地剥夺学生的环境,试图隔离社会对教育的影响,那么这样的学生即使培养出来了,也是不能适应社会的,就像茅盾的小说《子夜》中描写的吴老太爷一样,长期把自己关闭在与世隔绝的乡村,一到大城市就被"风化"了。

另一方面,教育又是一个子系统,有它自己的运转规律和自身的特点,不能强调了与社会的联系,就连教育自身的特点都不要了。任何事物的本质总存在于它的特殊性之中,存在于它与其他事物的不同特点之中。如果取消了一事物的特点,也就取消了这一事物本身。"文化大革命"期间曾经强调农业大学与农业实际结合,把农业大学统统搬到农村去,甚至提出农大就是农民的大学,大学就是大家来学,那样农业大学也就不存在了。现在国际上也有些人以教育已经过时和僵化为理由,提议根本废除教育;以教育接近生活为理由,提议"学校消亡"。这不是改革教育,而是摧毁教育。埃德加·富尔严肃地指出:"这一类观点通常是以进步的、甚至是革命的姿态出现的,但是如果把这些观点在任何程度上付诸实践,其效果将肯定是反动的,正像时常与之联系的'零点增长率'这派经济观点一样。"[1]

---

[1] 《学会生存》,第17页。

2. **教育应是一个灵活性的系统** 中国是一个幅员辽阔、人口众多的国家,不同地区、不同学校的差别很大。我国13亿人口,70%在农村,基本上还是用手工工具搞饭吃;一部分现代化工业,同大量落后于现代水平几十年甚至上百年的工业,同时存在;一部分经济比较发达的地区,同广大不发达地区和贫困地区,同时存在;少量具有世界先进水平的科学技术,同普遍的科技水平不高、文盲半文盲占人口近1/4的状况,同时存在。在发达地区,学校师资水平基本达到了标准(小学教师有中师文凭,初中教师有大专文凭,高中教师有本科文凭),而很多不发达地区不合标准的教师也严重缺乏;发达地区不少学校有几十万元、上百万元的仪器设备、教具,而不发达地区"三无"(无危房、无围墙、无课桌)问题还没有很好地解决。面对如此明显的差别,教育改革的措施就不能一刀切,不能强求一律,不能统得过细、统得过死。"学制、结构、专业、课程、教材、招生和分配等都应给地方和基层留下机动灵活的余地;要允许因时因地制宜,在做法上出现多样化;要给学校一定的自主权;学校要有人员流动,新陈代谢。这样做,学校才有生气,有活力,也才有较大的适应性、主动性、创造性。"①

  3. **教育改革措施要相配套** 一个时期的改革有一个时期改革的侧重点。比如五六十年代的改革侧重于课程、教材的改革,80年代的改革侧重于教育体制、教育制度的改革。但并不是说,改革教学不需要进行相应的制度改革。比如说改革课程,需要淘汰旧课程、补充新课程,同时还要考虑因材施教,发挥各人的兴趣、专长,满足各人的知识结构的需要,这

---

① 刘佛年:《改革与提高》,《华东师大学报(教科版)》1983年第1期。

就要有不同的课程结构。建立不同的课程结构,有两种常用的方法:弹性授课制和选修制。弹性授课制就是允许学生跨年级、跨学科(专业)听课,选修制就是开设一些非必修课程,你愿意就听,不愿意就不听,选择你愿意听的课程去上,这就牵涉到体制了。

教育制度的改革没有相应的必要的教学改革,教育改革的目标还是不能实现,比如为了提高中华民族的素质,推行义务教育,在农村采取国家、地方、群众集资、个人捐资联合办学的形式,建了校舍,添了设备,聘了教师。可是如果教育内容不与当地的实际需要相结合,搞死记硬背读死书,农民不欢迎,学生没兴趣,结果还是落空。教育是一个复杂的系统,教育改革一定要考虑连续性、配套性。

三、与社会改革是否协调

在一次国际教育改革理论学术研讨会上,瑞典斯德哥尔摩大学教授胡森在总结一些国家教育改革经验时指出:教育改革要想成功,就必须成为经济和社会改革的一部分。这一观点得到与会代表的一致赞同。我国代表指出:我国正在进行经济改革和政治体制改革,我们的教育改革不能离开这个大背景孤立地进行,只有从整个社会的大系统出发,全面考虑问题,教育改革才能取得实效。比如片面追求升学率的问题,就不是单靠教育改革所能解决的,而必须通过工资制度、劳动人事制度的配套改革才能从根本上解决。[1]

---

[1] 见《教育研究》1987年第2期,《国际教育改革理论学术讨论会综述》。

教育与社会是一个内外联系的系统,教育的任何一点改革也会牵一发而动全身。比如进行教育体制或教学上的改革,就会涉及到专业、课程、教材、师资、设备、经费、组织、管理、思想工作领导等因素,而这些又会涉及到国家的人事、劳动、财务、工资、管理、计划、招生、分配等方面的政策和制度。这种情况,在学校的统一性、国家性比较突出的时候越加明显。现在我们的教育制度与社会劳动制度、人事制度、招工制度、户口制度等是联系的,所以这个情况在我国就比较明显。前面提到的片面追求升学率的问题、教育机会不平等的问题、现在讲得特别多的思想道德水准下降的问题,本身就既是教育问题,又是社会问题,更准确地说,表现出来的是教育问题,实质却是社会问题。要解决这些问题光靠教育改革是无济于事的。比如片面追求升学率问题,最严重的是农村,因为升学是农村青年改变农村户口、"跳农门"的最有效的措施,所以才有"千军万马争过独木桥"的现象。要想通过思想教育来解决这一问题是不现实的。存在决定意识,跳出农门发展的机会明显要大于在农村的发展机会,农村青年怎么可能不去拼搏呢?如果要解决这一问题,根本的还是要实行社会改革,发展农村经济,加快工业化、城市化、现代化的进程,为农村青年提供(包括在农村)可能的发展机会。在大城市,特别是高等学校比较集中的城市,不仅升学机会多,而且就业机会多,这一现象就好得多。教育机会均等的问题与此相类似。

再比如思想道德教育的问题,近几年来青年学生的思想观念、价值观念、生活意识发生了很大变化,有些是反映了现代社会的客观要求,有些则是对现代生活的歪曲理解,特别是社会责任感的下降,这是一切道德问题的核心,而这一问题是非常复杂的,决不仅仅是教育自身的问题,不仅仅是以"放松了教育"可以解释得了的。这与整个社会价值观的变化,与商品经济发育的不完全,与社会不良风气的蔓延,与权利与责任的脱节,都有关系。总之,说到底是一个社会问题。青少年可塑性大,这种问题便首先在青少年身上反映出来。如果我们仅仅把这个问题看做是教育问题,以为通过加强教育就可以改变这种状况,就把这个问题看得太简单了,也就把教育改革看得太容易了。当然,教育在这些问题上决不是无所作为的,决不能坐等社会改革的成功。事实上,一方面,教育是全社会比较有惰性的系统,另一方面,又是新思想、新精神的发源地,是改革的呼声最先响起的地方。因为学校、特别是高等学校是知识分子比较集中的地方,他们对社会、教育的问题更为敏感,分析得更为透彻,抛弃旧传统、拥抱新时代的进取精神更为强烈,所以教育改革可以成为社会改革的先导。但社会一旦发动起来以后,它的力量就会大得多,发展也会快得多,反过来又会大力推动教育改革。

四、是否有新的观点指导

第三次教育改革运动所以能席卷全球、持续地展开,一个重要的原因,就是从20世纪70年代初,就产生了一种全新的教育思想——终身教育思想。这一思想恰当地表达了70年代以来当代教育的新要求、新趋势。有人把终身教育理解为成人教育,或者社会教育,或者职后教育,这完全是没有把握终身教育的精髓。

最早系统地提出终身教育概念的是富尔。他在《学会生存》一书中把终身教育作为整个报告的第四点基本设想,认为"惟有全面的终身教育才能够培养完善的人,而这种需要正随着个人分裂日益严重的紧张状态而逐渐增加。我们再也不能刻苦地一劳永逸地获取知识了,而需要终身学习如何去建立一个不断演进的体系——'学会生存'"。① 那种想在早年一劳永逸地获得一套终身有用的知识或技术的想法已经过时了,现在已经到了寻求完全不同以往的教育体系的时候了。我们要学会生活,学会如何学习,这样便可以终身汲取知识;要学会自由地和批判地思考;学会热爱世界并使这个世界更有人情味;学会在创造过程中通过创造性工作促进发展。

郎格朗对此做了更具体的说明:"终身教育显然不是传统教育的简单延伸。它包含着对每个人生活的基本问题采取新的态度、新的观点和新的方法,首先表现在对人的生存意义的问题上。终身教育使我们能够理解和认识个人在其中显示出新的意义的整整一系列基本情况;它为影响着个人和社会命运的某些重大问题带来了新的答案。"②

终身教育首先是对学校和一般的制度化教育而提出的批评。传统的学校体制很难适应作为我们时代特征的日益飞速的变化,无力应付不断提出的新的教育需求。这些正在导致世界各国社会真正变革的原因很多。最主要的可能是科学发现、技术进步、通讯手段的迅速发展、人口激增以及政治与经济的动荡。这导致了人的需求的增加,职业种类的迅速增加和更新。这些都会导致教育问题。不断变化的世界要求实施

---

① 《学会生存·呈送报告》,第2页。
② 保尔·郎格朗:《终身教育引论》,第53页。

灵活的教育制度。教育必须保持不断地运动和不停顿地进行革新。终身教育正是要建立这样一种灵活多变的教育体制。

"终身教育是一项真正的教育计划。像任何同类计划一样，它面向的是未来：它设想培养一种新型的人；它是一种价值体系的传播者；它涉及一个社会的计划；它形成一种新的教育哲学……终身教育应保证每个人都充分表现自己的人格。因而，它是实现民主化的有力因素。"[1]所以与其说终身教育是一种制度，不如说是一种思想，它的基本目的，就是要使人人成为主动适应未来变化的人。

进入20世纪90年代以后，人们感到当前和未来人类所面临的挑战已远远超出了个人的范围，世界的贫富分化更为严重，战争、核威胁、生态失衡、人口爆炸、环境污染……在威胁着全人类。1989年年底在北京召开的"面向21世纪教育国际研讨会"提出了"学会关心"的口号，教育青年一代关心全球性问题，从关心个人的圈子里跳出来，形成"全球合作精神"。会议甚至提出在联合国的赞助下，建立通用的国际标准课程，尤其是要编出一整套通用的标准教科书。这是人类为了改善自身居住的环境，而进行联手合作的趋势在教育上的反映。

终身教育的思想影响了全世界的教育改革，许多国家订立了终身教育法，或者明确地把终身教育作为教育改革的指导思想之一。可见，提出一种反映时代特征又切合中国国情的新观点，对教育改革的深化是极为有益和十分必要的。我们现在教育改革的新的指导思想就是"面向现代化，面向未来，面向世界"，其核心是面向现代化。但就如同不能把终身

---

[1] 查尔斯·赫梅尔：《今日的教育是为了明日的世界》，第27页。

教育狭义地理解为成人教育一样,也不能把面向现代化狭义地理解为教学内容或教学手段的现代化。教育的现代化首先是人的现代化,是管理体制的现代化,是学校运转机制的现代化。在这个问题上,来不得半点的虚伪和骄傲。

五、准备是否充分

教育改革的成功与否,与是否有充分的思想准备和物质准备有很大的关系。匆匆忙忙推行的改革,很容易匆匆忙忙收场。1958年赫鲁晓夫推行的教育改革就有这个问题。从他改革的出发点来说,是希望促进教育与生产劳动的结合,加强学校与社会的联系,这是积极的。他的改革失败以后,这些问题仍然是困扰着苏联教育的问题。所以从某种意义上说,苏联70年代以后推行的改革,与1958年赫鲁晓夫的改革是有某种连续性的,是试图解决赫鲁晓夫当年想解决而未解决的问题。赫鲁晓夫当年的改革所以失败,一方面与他推行的决策错误有关,他几乎取消了高中直接升入大学,使得人才的培养出现了断档;另一方面也与他改革的匆忙有关,对问题尚缺乏仔细的调查和分析,对改革中将出现的问题缺乏必要的估计,所以当改革推开以后,产生了成堆的问题。赫鲁晓夫本人又容易朝令夕改,这就更加促成了改革的失败。

但苏联1984年的教育改革情况就不同了,在思想上做了比较充分的准备。1984年1月24日《真理报》刊登了新教育改革方案的《草案》,发动全民进行讨论。据有关方面统计,从《草案》公布到3月12日通过,这期间组织的各种讨论合计130万次,参加讨论的人数达1.2亿,其中有700万人发言。

各种报纸都辟有专栏,其中《教师报》最为热烈。苏联教育部成立了专门小组,负责审议讨论中提出的问题和建议。这样既广泛宣传和解释了教改的指导思想、目的、内容和过程,又集思广益,吸取了合理意见。

美国是一个分权制国家,教育权在州政府,联邦政府一般不对各地方教育部门发号施令。然而,20 世纪 80 年代的教育改革也打破了以往教育改革问题局限在教育内部讨论的做法,从联邦政府、州政府到每个家庭、专家学者、社会各界以至家庭妇女,都对这次教育改革给予了关心。1984 年 3 月 14 日~16 日,在旧金山召开了全国性教育改革讨论会,来自全国各州的学者、教师和官员达 800 人之多,这在美国教育界是罕见的。

我国这次的教育改革也大不同于以往自上而下的做法,而是有一个充分的酝酿过程。粉碎"四人帮"以后,我国教育发展的道路有三种选择,一是按照"凡是"派主张的,凡是毛主席说过的都要照办,凡是毛主席做过的都要继续执行,这样"文化大革命"的一整套做法就要保持;一是回复到"文化大革命"前的 17 年去,特别是恢复 60 年代初期教育"黄金时代"的做法;一是根据新形势、新特点进行新的改革。第一种主张通过"实践是检验真理的惟一标准"的大讨论,被否定了;第二种主张曾有所对峙和冲突。当时有文章指出:"同 17 年对着干",否定一切,是恶劣的形而上学;有人在反对否定一切的同时又走向肯定一切,以为只要恢复"文化大革命"前的一套就万事大吉了,还是没有摆脱形而上学。① 有人认为这是把 30

---

① 特约评论员:《补好真理标准讨论这一课,教育问题要来一次大讨论》,《教育研究》1979 年第 4 期。

年的是非曲直一锅煮以否定 17 年,又重新回到了"四人帮"炮制的全教会《纪要》的观点。① 对此,教育界展开了严肃的讨论,《教育研究》分 4 期连载了《进一步解放思想、搞好"教育科学研究"的座谈摘要》,开辟了"教育问题讨论"专栏。周扬在座谈中谈道:教育思想、教育研究,要实事求是,根据实际情况的发展研究问题。不要太注重口号,口号不是万能的。他说:我们党过去提出的口号无非是三种情况:一种是过去对,现在还对,还可以用;一种是当时就不对,现在当然不再用了;还有一种是过去是对的,也起了好的作用,但也起了副作用,口号不够完善、准确,今天需要以更完善、更准确的新口号来代替。他说:"在教育方面,教育为无产阶级政治服务,教育与生产劳动相结合这两个口号影响很大,很普遍。今后是否还要继续宣传这两个口号? 我个人觉得,比较起来与教育密切有关,还是毛主席讲的:培养德智体各方面都得到发展的,有社会主义觉悟的,有文化的劳动者更合适一些。"② 对周扬的发言"全国教育理论工作者热烈拥护,认为周扬同志讲出了教育理论工作者的心里话"③。宋振庭在"教育问题"的座谈中指出,30 年来,教育上有 4 个问题是老大难问题,没安排好:一是教育在国民经济中没有占到应有比重;二是大、中、小学的教育结构没有处理好;三是教育与政治的关系、红与专的关系没处理好;四是教师队伍、教育科学和思想教育的工作

---

① 陈实:《要继续肃清"两个估计"的流毒——评〈教育研究〉1979 年第 4 期特约评论员文章》,《教育研究》1980 年第 1 期。
② 《教育研究》1980 年第 4 期,第 4 页。
③ 《教育研究》1980 年第 5 期,第 53 页《编者按》。

没做好。① 通过这样的讨论,普遍意识到了教育改革的必要性和迫切性,否定了简单回到17年去的思路。关于教育改革的重点在理论上逐渐实现了从教育结构、教学方法、教材向教育思想、教育体制的转变,并最终促成了《中共中央关于教育体制改革的决定》的出台。《决定》使教育改革跨上了一个新台阶。但20世纪80年代后期,教育改革遇到了一些新问题。新问题的症结何在?看来还是要实事求是,解放思想,深入讨论,加深思想认识。这种讨论当然"必须以马克思列宁主义、毛泽东思想为指导,不能搞指导思想的多元化;必须坚持为人民服务、为社会主义服务的方向和'百花齐放、百家争鸣'的方针,繁荣和发展社会主义文化……"②

六、认识是否全面

教育改革是一个复杂的系统工程,从宏观到微观,从制度到方法,从教师到学生,涉及面很广泛。搞教育改革的人,从事教育改革理论研究的人,往往会自然地强调自己所从事的工作对象或研究对象的重要性。从总体上说,一个时期的教育改革也应该有一个中心,有一个重点。但中心不是一切,重点不是全部。况且中心、重点也是会转化的。比如,在比较多的人和政策强调教育体制改革的重要性的时候,有人就提出:"教学改革在整个教育改革中占有重要地位,并将成为整个教

---

① 《教育研究》1980年第4期,第17~18页。
② 江泽民:《在庆祝中国共产党成立70周年大会上的讲话》,《人民日报》1991年7月2日。

育改革的中心。"①其理由是,《中共中央关于教育体制改革的决定》指出现存的三个主要问题:一是领导权太集中,二是结构不合理,三是教育思想、教育内容、教育方法有问题,后两个问题都与教学改革有关。再者,教学,在一般情况下是教育工作的中心,从事教育工作不抓教学是"不务正业"。作者也不同意把教学改革或教学研究说成是"微观"问题,把教育体制的改革说成是"宏观"问题。目前教学改革恰恰就是要从宏观上进行研究,要放宽视野,突破仅仅从教育内部或学校内部看问题的局限,突破现行教学制度、课程设置、教学内容和教学方法的局限,突破过去多年不断进行教学改革的思考范围和活动范围的局限,站在时代和全局的高度,从整个社会和文化科学技术飞跃发展所提出的新要求出发,从我国社会主义现代化建设所提出的新要求出发,从总体上对教学改革进行全面研究。

有人支持这一观点,并且走得更远:认为20世纪的科学技术和整个社会生活都发生了前所未有的巨大变革,现代科学(包括社会科学)体系中的概念、理论同基础教育中的概念、理论,存在着越来越大的差异和冲突,就如同天文学已确立了"日心说",而学校却还在教"地心说"。他们认为"改革的核心是实现课程、教材结构、教学内容和方法的跨世纪更新换代"。②

这些观点是否确切,是否切中中国当前教育改革的要害,当然是可以讨论的。但这些观念对认为教育体制改革成功

---

① 江山野:《教育改革是一项大事》,《教育研究》1986年第2期。
② 桑新民:《90年代教育发展的趋势和提出的教育哲学课题》,第2届全国中青年教育理论研讨会论文(1990年)。

了,其他问题都可迎刃而解的观点,无疑是一个触动和警醒,这有益于从多种不同角度观察教育改革问题。

在教育改革中常常容易犯的另一个以偏概全的错误是,为了强调改革的必要性和迫切性,就把既成的、传统的东西否定得一无是处。比如有人强调新知识的不断出现、信息的不断更新,称之为"知识爆炸"、"信息爆炸"(使用这样的概念也无不可),似乎知识的传授已经没有价值了,一切要为"学会学习"准备,学会学习当然十分必要,有时确实比具体知识更重要,可是不联系具体的知识传授,怎么能学会学习呢?知识本身并不全是死的东西,知识蕴含着智力因素和学习方法。辩证唯物主义和历史唯物主义是知识,还是方法论呢?掌握爱因斯坦的狭义相对论能与3+2=5相提并论吗?当然,死的教学,也可以把活的方法论教成死的知识。总之,不能咎其一点不及其余,不能矫枉过正。

七、借鉴是否合理

"他山之石,可以攻玉",别国的经验和改革的战略完全可以借鉴过来,为本国的教育改革服务。特别是随着现代化的深化,世界各国在教育上面临的问题有越来越多的共同性,因此互相取长补短,就更为必要。在我国的当代教育史上,既有借鉴别国教育的经验和教训的历史,也有拒斥一切国家文化、闭关自守的历史;现在我们面对着改革开放的形势,外国的文化,包括教育的影响,一股脑儿地涌来。如何抉择?如何有所取舍?是一个不能回避的问题。处理得好可以使我们获得生机和活力,处理得不好,我们就会失去机会。

在借鉴外国的经验改革本国的教育方面,我们的邻居——日本,是比较成功的。日本近代以来的两次重大教育改革,都是仿照国外的模式进行的。一次是1868年明治维新时期,一次是1945年战败以后。第一次出于对科技兴国的深刻认识,建立了欧洲的教育学制,培养了大量技术人才和高级人才,同时普及了初等教育。日本是一个典型的东方国家,没有排斥西方的学制、教学内容,甚至同化了西方文字,但其最根本的一条,在于政府和国民对现代科学技术极端重要性的认识。他们怀着强烈的自卑感和危机意识,忍辱负重向外国求学。第二次是接受了美国的民主制和分权制,使他们的教育与他们的赶超型经济发展相协调,大学教育的普及率仅次于美国。20世纪70年代末开始的第三次教育改革就不同了,他们决心不再模仿别人,而必须拿出本国的成果,显示自己的特色。现在,他们的改革受到了每一个工业化国家的关注。日本这种从自我改造求生存、求适应,到自立、强盛影响别国的道路,是很耐人寻味的。

我们的另一个邻国——印度,过去长期是英国的殖民地,英语已经成了他们的官方语言。1944年,即印度独立前3年,印度中央教育顾问委员会发表了一份关于战后教育发展的报告,即《萨金特计划》,这是一份按照英国教育制度改组印度教育的计划。自那以后,印度各邦教育委员会公布了一系列教育计划。印度的现代教育,特别是高等教育发展很快,但他们的教育改革算不上成功。

土耳其是一个伊斯兰国家,教育几乎全都控制在宗教团体手里。从上个世纪末开始改革教育,实行教育的非宗教化。1923年土耳其宣布为共和国,完全模仿欧洲高等学校和欧洲学术性中学建立自己的学校制度,一直深受法国的影响,现在又被美国取而代之,完成了教育的西方化和世俗化。

20世纪60年代以后有更多的发展中国家简单模仿发达国家的教育模式,比如:偏重欧洲古典式的基础研究,忽视应用性;传统的理论知识与现代技术相脱节,人文学科和技术学科缺乏联系;教学组织形式沿用班级授课制,实施五段教学;课程内容中自然科学、本国历史、政治地理等内容较少,有些国家甚至进口教材;教育目标单一,教育形式强求统一,不考虑地区和城乡差别;注重考试,分数支配着国家整个教育体系的运转,与实际能力脱节;等等。结果,造成了教育的荒废,特别是基础教育的目标没有实现。

可见,借鉴他国并不在于以何种形式、何种程度进行,关键在于是否适当。

我国建国初就开始学习苏联,1952年逐渐推向高潮。教育在"必须彻底地系统地学习苏联的先进经验"的口号下,模仿甚至照抄苏联模式。其时,大量引进苏联的教学大纲、教科书,仅高校翻译出版的教材就有1 391种。邀请苏联专家讲学、参加学校管理,仿照苏联的学校管理模式办学,根据凯洛夫的教育理论指导我们的工作。向苏联学习使我们的教育很快走上了正轨,取得了很大成就;但由于把向苏联学习当作一项政治任务来完成,也存在许多明显的问题,主要是脱离实际,搞形式主义。当时有一篇短文,也许很形象地说明了问题:

有一个学校,全面推行课时计划①以后,为了"有计划"地

---

① 凯洛夫教育学主张分段教学法,即把每节课分成5部分,即:1分钟准备上课,5分钟复习旧知,30分钟讲授新知,5分钟复习新知,剩余几分钟布置作业。

掌握课堂教学时间,便采用了一种"新"的措施。这不是加强课前准备与授课计划,而是每节课到15分钟时就打铃一次,用以表示"提问完了";下课前5分钟再打一次铃,用以表示"布置作业"。为了使教学环节符合打铃时间,教师在课堂上"战战兢兢"。

还有一个学校,也是为了便于教师"掌握"课堂时间,每节课按5个教学过程打5次钟。教师的授课环节,符合打钟钟点的,才算教得"成功",才"符合"先进教学经验。

另有一个学校的某位教师,费尽"苦心","研究"出一种掌握课堂时间的"方法":上课拿一根燃着的香,香上刻着5分钟、10分钟的记号。把它装在玻璃管内,放在讲桌上。说这是"发明",取名叫"课时计"。据说还要推广起来。

……①

"文革"期间,我们出于"反帝"、"反修"的政治立场,断绝了几乎与一切外国的文化往来,自我封闭。改革开放的窗口一旦启开,各种教育思想、教育流派、教改措施纷至沓来。一时间确也有点眼花缭乱,盲目攀比。但既无人严加制止,也无人大力提倡,人们很快学会了选择、分析,很快与自己的国情联系起来。对国外教育改革经验的借鉴,正在从好奇走向思考,从盲目走向选择,从个别走向一般,从局部走向系统。

国内外借鉴他国教改经验的成败历史昭示我们:封闭自守是绝对不行的,用行政命令不加选择地照搬外国模式也是不行的;借鉴国外教改经验不宜带有过于浓厚的政治色彩、意识形态色彩;借鉴不一定借鉴一个国家,一种经验,不同地区、

---

① 何吕施:《反对形式主义》,《人民教育》1954年5月号。

不同学校可以根据自己的情况和教育主张自我选择,形成多种多样的格局。

八、是否调动了多方面的积极性

日本的香山健一认为,对于教育改革的一切提案,教育界的反应几乎都是一种固定的单一模式——抵触,其特点可以概括为:

① 热衷于添枝加叶地寻找新的改革方案所带来的、可能会出现的一切危险和问题点,其结果竟给人一种现状完美无瑕的错觉;

② 一味夸大伴随改革而出现的某些牺牲和过渡时期的一时混乱,制造人的恐惧心理;

③ 过分热衷于转嫁责任,不愿意以主人公的姿态承担责任和解决问题;

④ 在改革方案提出之前,似乎也主张各种弊端的根源皆在于制度,然而当提出制度改革时,却认为改革制度也无济于事,问题在于每个教师的觉悟。[①]

这种说法也许夸大了教育改革中的惰性,但教育改革时常有两头热(改革的组织者、社会舆论)、中间冷(教育界自身)的现象,也是事实。问题在于:教育改革未能充分调动与改革直接有关的几方面——改革的组织者、教师、学生(及家长)的积极性。

著名比较教育家埃德蒙·金(Edmund J. King)认为,改

---

① 《为了自由的教育改革》,第3页。

革的组织者、计划者的认识和兴趣是更多地强调可行性、维持和管理的问题;教师关心的主要是下列三方面:

关于 { 学生的需要 / 自己的需要 / 制度的需要 } 保证 { 学生的机会 / 自己的机会 / 制度的机会 } 对以 { 学生 / 自己 / 组织者 / 计划者 } 来说合适的方式加以发展

对于学生来说,他们关心的是:课程和职业是否有更多的选择机会,创造性发挥的可能性,"自我实现"的程度,积极做出"贡献"的可能性,流动性和沿着选择的路线"有效的可行性",等等。[1] 说白了,就是对他们有什么"实惠"。一场改革如果与他们无利益上的联系,而主要靠他们的支持和合作,要把改革推行下去,是难以想象的。即使出于一种责任感和使命感,积极参与和推动改革,若要持久也是很困难的。

现在的教育改革,考虑教育自身的利益很不够,教师、学生,甚至行政领导,对教育改革的意义认识并不十分清楚,所以也就不可能积极改革。不少人采取观望、等待的态度,不做改革的积极者、主动者,甚至成为教育改革要推动的对象。要改变这种情况,最根本的,是要使教育改革的社会利益与大多数教育者和受教育者的利益联系起来。如果一场改革,与改革依靠的主要对象没有直接的、利益上的联系,那么,这场改革的意义是值得怀疑的。

当然,改革不可能使每个人都获得利益,相反,有些人的利益还会被剥夺。比如靠着"大锅饭"不劳而获的人,靠着世

---

[1] 埃德蒙·金著,王承绪等译:《别国的学校和我们的学校——今日比较教育》第3章,人民教育出版社1989年版。

袭的权利的既得利益者,改革是不可能调动这些人的积极性的。剥夺他们的利益,本身就是对大多数人的积极性的调动,因为它体现了社会公正。所以,要调动大多数人的利益,根本的是两条,一是社会公正,二是给多数人带来利益。

第六章
教育改革的继承与创新

所谓教育改革,在某种意义上就是改变旧的教育传统;因此,教育改革也就难免会与教育传统发生冲突,尤其是历史悠久、传统深厚的民族更是如此。但是,改革并不是不承认传统,也不是彻底否定传统。对于历史传统的简单肯定或否定,都是形而上学的方法,也是最省事、最懒惰的方法。教育改革到底如何继承传统同时又有所创新?这是教育改革的理论必须回答的问题,也是改革实践中不太容易把握的问题。教育改革向什么方向发展?以何种形式进行?最终出现什么结果?受到这样三种基本因素相互作用的不同程度的影响:同别国文化的接触,传统的信念和制度,以及曾进行过的革新和实验的尝试。如果不处理好改革与传统的关系,改革是难以进行的。那么,何谓传统教育?传统教育面临的挑战是什么?教育的现代化与西方化是什么关系?如何实现传统教育的创造性转换?这些,都是需要认真回答的。

一、何谓传统教育

对传统教育有不同的理解,因此对传统教育也就有不同的评价和态度。我们认为,这种情况是应该避免的:不是对传统教育不可以有不同的评价和态度,而是不应因为使用着同样的概念,但含义不同而造成思想分歧的假象。所以有必要对"传统教育"进行明确的界定和判别。

(一) 传统教育乃是活着的教育

有许多人曾经试图给传统教育确定一个时间界限,比如认为传统教育是指赫尔巴特时期的教育,或者是指凯洛夫时期的教育,等等。总之,传统教育即过去的教育。其实,倘若能够明确传统教育是某个时期以前的教育,换句话说,对现在来说是已经"死"了的教育,讨论它就没有什么特别的意义了。而且,这将会导致一个危机:将过去和现在断裂开,因为这样,现在的教育就失去了依托。所以,传统教育不是死了的教育,而是活着的教育,是包含着现在并将影响未来的教育。传统教育是与未来的现代化教育相对而言的。它正在起着影响作用,是具有再生能力的教育。传统教育的内容、体制、形式、方法等还在并且将持续地有所保留、传递和运用着。正因为它是活着的,所以才仍有积极的作用,同时,也会阻碍现代与未来教育的发展。也因为如此,才需要进行改革。

(二) 传统教育是一个历史范畴

传统教育的形成是一个历史过程,如果说"活着的"强调的是传统教育动态性的话,那么,"历史的"则是强调传统教育的整体性。固然,追寻传统教育的形成,可以上溯到先秦、中古、近代的本国传统,可以使人联想到德国、日本、美国等外国模式的渗透,至于苏联模式和我国解放区教育的巨大影响就更不待言了。我们所说的"传统教育",就是这四股水源汇合而成的河流,形成了现在的、特定的我国教育。然而,现在若是想要孤立地分析某种因素的影响,想要一清二楚地分析各种因素的优劣是困难的。因为这四种因素是在一个整体效应中相互依存、相互作用,从而形成这一整体的独特功能的;单独抽出某一因素,孤立地分析它的作用,可能会造成失实,就如同一只手离开了身体就不再是原来的手,就失去了原来的功能一样。多因素、多因果的整体效应是现代系统论的一个基本观点。由此推论下去,我们也就很难简单地说哪一种因素起的积极作用更大,哪一种因素起的消极作用更大。实际上,它们在合流的时候已经经过了接受、排斥、改造的认同(identify)过程。比如说,苏联的模式离开了中国古代的传统,离开了西方模式影响的特定背景,离开了我国解放区教育的地位,就不可能产生它曾经产生过和仍在产生着的作用。这并不是使问题复杂化,而是这样更符合事物发展的本来面貌。可以避免单一因果论或片面夸大一点不及其余的简单化错误。

(三)传统教育是传统文化大系统中的一个子系统

如果说前面两点强调的是它的动态性和整体性的话,那么这一点则是强调它的社会性。现在有很多的学科,都从不同的角度来探讨中国传统文化的结构、功能、意义、中西文化之异同、如何实现传统文化的转换等问题。哲学、史学、美学、文学、社会学、人类学等学科最为热烈。这既是现代化进程的要求,是改革、开放的特定形势提出的任务,也是学科研究"自我意识"成熟的标志。因为大家感到,孤立地研究某一社会现象的发展,而不顾及整个文化背景,不顾及它的土壤、气候条件,是无法深入下去的。教育也是这样。就德国而言,可以说,不是赫尔巴特产生了德国的教育,而是德国的教育产生了赫尔巴特。文化背景对一种教育思潮、教育思想的影响,不仅是潜移默化的,有时还是十分明显的。比如卢梭的自然主义、达尔文的进化论对杜威实用主义的影响,比如"五四"运动对我国教育的影响,两次世界大战对欧美教育的影响。这种影响看上去是充满偶然性的,然而无数的偶然性却显示了一种必然性:教育这个子系统随着文化这个大系统的波动而震荡。因此,当我们对传统教育进行审视和反思时,不应忘记把它放置到一定的社会关系、社会氛围、社会结构中去考察,不应忘记特定的时代特征。这可以使我们看到传统教育与传统文化的有机联系,不至于简单地评判传统教育的好坏优劣。

(四)传统教育的辩证统一性

在讨论传统教育的价值时,不时会出现这样两种观点、两种态度的对垒:一种是肯定的观点、留恋的态度;一种是否定的观点、抛弃的态度。双方似乎都有足够的论据和可资佐证的事实。其实,传统教育的特性是一个对立统一体,它既然是一个历史范畴,就必然和一切历史事物一样,包含了生长和衰亡、积极和消极两个侧面。有些无论是过去、现在、将来其主要作用都是积极的,如愤启悱发、因材施教;有些是在过去和现在主要起积极作用,将来则逐步丧失其积极作用的,如集体授课制;有些是形成时主要起积极作用,现在已基本失去积极作用的,如单方面的灌输。作为有计划、有意识的教育活动,试图将提炼、压缩过的知识迅速地传递下去,是有它的开创之功的,毕竟优于眼前经验的耳传口授。另一方面,任何文明、科学的思想和活动都是在落后的、迷信的思想和活动的基础上发展起来的,而且,传统教育也不是一成不变的,它的内容和形式可以被赋予新的含义,事实上它也是不断被赋予新的含义的。所以,弄清楚传统教育的具体内容和形式的来龙去脉,有助于我们客观地判断它的历史价值;更重要的是,有助于我们判定它的现代价值以及它在未来教育中可能发挥的作用;有助于我们处理好革新和继承的矛盾。

二、传统教育的生命力及其所面临的挑战

有一位美国来华访问的学者说,美国的教育改革推行了80年,经过杜威势如破竹的教育改革运动,真正改掉的只有15%,保留下来的仍占85%。这一比例不知道他是怎样得出的,但他对教育改革艰巨性的感叹是显而易见的。然而,感叹之余,难道不值得引起我们的深思么?这是否与对传统教育的生命力估计不足有关呢?传统教育不会也不可能随着社会新的要求的出现,很快被陈列进历史的博物馆。其一,教育的变革具有缓慢性、滞后性,它一般不像政治、经济那样,可以在短期内出现剧烈变化,也不像科学技术那样,可以出现明显的飞跃。教育是以传授知识和技能,以形成一定的观念态度为主要任务的,这就不能一蹴而就,而必须经过必要的积累过程,具有相对的稳定性;教育又是以人为对象的,由于人的复杂性,由于研究人的科学如生理学、心理学、教育学发展的缓慢性,决定了教育难以出现突进。其二,教育具有巨大的惯性机制。一种观点、一种思想、一种行为方式一旦形成,它就会

形成一种习惯,一种定势,具有稳定性,在新形势下,可能就成了惰性和保守性,这种习惯形成的时间越长,惯性就越大,再生能力就越强,"遗传"就越稳固。就如同树木嫁接一样,嫁接的母本越古老,变异的程度就越小,母本的复制能力就越强。教育尤其如此。因为教育是不可逆的,教育的成果不允许像工业产品那样冒失败的风险,不可能重新生产。所以,人们对于教育的改革持有特别谨慎的态度,宁可沿用已有的经验,而不愿在人的培养上冒风险。其三,也是最重要的,传统教育中包含着合理性。也就是说传统教育的形成具有必然性,它不是哪位圣贤心血来潮的产物,也不是某个集团主观强为的(违背规律强而为之的也有,但都失败了,如中国"文革"中的"教育革命",日本明治维新以后推行7年义务教育,后不得不降低到3年),而是在相应的历史要求下应运而生的,是与特定的社会水平相适应的,它在总体上与一个时代的政治、经济、文化是一致的。

然而,传统教育的合理性是相对的,它又要不断被新的必然性所代替。社会对教育的要求,也不仅仅是保持原有社会状态的功能,不仅仅是维持被动的、渐进的功能,特别是在社会发展加速、社会震荡猛烈的时候,往往旧教育很快变化,新教育发展迅猛异常。我国春秋战国之际的"天子失宫,学在四夷"与私学大兴,清末科举的迅速瓦解与西洋学堂的引进;欧洲教育史上班级授课制的风行,宗教学校的衰落与世俗学校的崛起,都是这种情况。否则,如果不顺应时势要求进行重大变革,社会就会落后、衰败,甚至覆亡。古希腊时期斯巴达只重体育,放弃智育,导致沦亡,便是极好的说明。

现在,我们的社会又处于一个发展迅速、变化激烈的时期。迅速发展的社会不允许传统教育按部就班地缓慢渐进，需要它从思想到方法、从内容到形式、从结构到体制都进行较大的调节，实行较大的甚至是根本的变革。一方面，我国的改革是处在发达国家新技术革命逐步深入的形势下展开的，这对我国来说，既是挑战也是机会。大力进行教育改革，培养新型人才，是抓住这一机会的关键。同时，国内外形势的变化，给教育提出了许多新问题，迫使教育迎头赶上，进行一次大变革。另一方面，随着社会的发展，教育的目标、教育的价值观也要发生变化。现在我们培养的人，既要坚持正确的政治方向，在变幻不定的国际风云面前有坚定的信念，又要为21世纪的经济起飞做好准备，具备现代科技知识和心理素质，包括知识、智能的掌握，意志、情感、性格整个身心的发展。这对传统教育来说，确实是一个严峻的挑战。对传统教育到底怎么看，特别是对传统教育中的古代遗产怎么看，采取什么样的基本思想倾向，是非常重要的，它决定着教育改革到底能迈出多大的步伐。

顾明远认为，受我国封建社会自然经济的影响而形成的封闭式的教育思想大致表现在以下几个方面：狭隘的教育价值观——学校教育为统治阶级服务，培养统治人才，这是古代教育的共同特征，教育与生产劳动相脱离；因循守旧的人才观——在封建社会，自然经济占统治地位，这种封闭式的经济活动，只要求受教育者恪守传统的知识和技艺，守住祖宗家业，而不重视启迪受教育者去开辟新的知识领域，鼓励他们的创造精神；轻视实践、轻视技术的观念——在我国漫长的封建社会里，学校教育制度和人才选拔制度是紧密结合在一起的。学习是为了做官，要做官就要参加科举考试。学生们寒窗苦读,不接触社会,不接触生产,鄙视一切技艺性的职业和劳动;僵化的教学模式的影响——清末废科举以后,学校制度几经变迁,先是延用美国学制,后以苏联学校制度为模式,培养了很多人才,但也有很大的缺点,就是强求一律,方法呆板,教师主宰一切,学生缺乏主动性。①

有人以价值观为核心,分析了传统教育的特征,指出:我国传统的教育功能——价值观的特点是把政治、伦理、教育融为一体,强调以教育德、以德治国。这就导致了教育职能的"窄化",排斥教育的生产性。在学校教育"制度化"过程中,政治对教育的过度钳制,形成了严整的一统化模式;学校制度与科举制度结合,突出了教育将人才"分配"到社会政治结构中去的职能;以人伦为中心的传统文化特征,积淀出独特的人才标准。这一切都强化了传统的教育功能——价值观。这是与我国的社会主义现代化不相适应的。作者认为,我们不能无视我国悠久的历史传统,但是,正如恩格斯所说的:"在发展的过程中,以前一切现实的东西都会成为不现实的,都会丧失自己的必然性、自己存在的权利、自己的合理性;一种新的、富有生命力的现实的东西就会起来代替正在衰亡的现实的东西。"②

1986年在北京召开的国际教育改革理论学术研讨会上,对教育传统的意见截然分成两种,一种是强调继承,认为中国古代文明在历史上长期处于世界前列,有极其丰富的民族文化遗产,建设具有中国特色的社会主义教育,离不开对传统教

---

① 顾明远:《论教育的传统与变革》,《中国社会科学》1987年第4期。
② 严先元:《历史的反思与教育观念的现代化——论我国传统的教育功能——价值观》,《教育研究》1986年第10期。

育思想进行研究和批判继承。孔子教育思想就有许多内容至今仍有一定的理论价值和实践意义。例如其"学而优则仕"的主张可以为今天的毕业分配制度与干部政策所借鉴,而孔子德育思想的许多积极因素可以改造吸收,成为社会主义道德的一个思想来源,"这不仅可以丰富我们的社会主义道德,而且可以使我们的道德具有易于为中华民族成员所接受的鲜明的民族特色"①。

另一种是强调批判,认为我国的传统教育思想,无疑有很多瑰丽的珍宝,对此我们当然不能采取虚无主义的态度。但是,作为一个有2000多年封建历史的国家,其教育思想,作为封闭政治与封闭经济在观念形态上的反映,本身带有深刻的历史印记。例如,孔子的"因材施教"的个别化教学思想一直被压在封建制度把教育办成一体化的道德教化过程的思想之下,忠君、服从、灌输以及死记硬背等一直是教育的主流,以致吞没了大多数知识分子的自我意识和自我选择能力……②

1990年12月26日《文汇报》披露了老一辈马克思主义者李一氓生前给蔡尚思教授的一封论孔子学说的信,体现了这位老共产党人对一些思想混乱的严重关切和忧虑,体现了其历史唯物主义的深刻洞察力和在理论问题上的党性原则:
……
  我只感觉到孔子学说经过汉、唐、宋、明、清的系统化,成了封建制度的完整教义,所以他本人也居然爵晋文宣之王了。即或有一个五四运动,也并没有能够否定掉它的官方哲学的地位……

---

①② 《国际教育改革理论学术讨论会综述》,《教育研究》1987年第2期。

我们都是经过五四运动以后的人,一般来说,也是接受过马克思主义教诲的人,看见孔子哲学仍然具有官方哲学的味道,横行天下,真使人瞠目以对。简单地说,马克思主义和孔子教义,无论如何都是两个对立的体系,而不是可以调和的体系(折中主义),或者并行不悖的体系(二元论)。我们无法把马克思主义的地位轻易地让给孔子,因为我们的世界观无法接受一个唯心主义的哲学体系。可是现在我们连这个简单的藩篱都撤销了,弄得人们不大清楚如何去分辨马克思主义和儒家学说,如何去看待社会主义和封建制度。

……

但事情更奇怪的是:现在泛滥的孔子学说——一个非常封建的学说,不仅企图证明它会促进资本主义的发展,而且更进一步,企图证明它还会促进社会主义的建设。作为马克思主义者,作为社会主义者,我们决不相信这种说法能够成为社会发展的历史证明。

……①

我们认为,李一氓对传统文化的核心——儒家文化的分析和态度,在原则上也是适用于对传统教育的分析和态度的。如果为了反对历史虚无主义,而对儒家教育缺少思想上的否定态度,那将是历史的错误。

三、教育的现代化不等于教育的西方化

改革传统教育,面向现代化,是教育发展的必由之路。但

---

① 《文汇报》1990年12月26日。

教育的现代化并不是教育的西方化。提出这一问题,是出于这样几个原因:第一,西方文化中心主义者认为,欧美文化是世界的高水位文化,西方发达国家所走过的道路,也正是发展中国家要走的道路。西方教育,从总体发展水平来说,比较发达,因而也暗示发展中国家应按照他们的模式发展自己的教育;第二,工业化、现代化的进程是从西方开始的,而且至今仍然领现代化之先,他们的教育发展进程,根据教育经济学家的研究,确认为其经济的增长做出了很大的贡献,为迅速提高民族文化水平,缩小各阶层的人在受教育机会和文化水平上的差异做出了贡献。发展中国家如果要迅速发展自己国家的经济,就必须学习他们的经验,走西方的道路;第三,许多国家,包括中国,在打破了与世界隔绝的屏障,兴办起现代教育之后,基本上是照搬欧美教育制度,放弃了自己的教育传统。中国1905年废科举、兴学堂,先是通过日本仪型德国的教育体制,尔后模仿美国。尤其是高等教育,解放前基本上是美国模式。解放以后,我们有一段时间仪型苏联,其实苏联的教育体制也基本上是西欧模式的变化。后来我们也试图走自己的教育道路,实行教育改革,结果不如人意。所有这些都容易使人得出一个结论:要实现教育的现代化,就必须接受西方教育模式,实行西方化。

然而,这个结论的得出是简单和轻率的。无论是从理论上,还是从实践上说,这个命题都是需要好好讨论的。

先看第一点。西方文化中心主义实际上是一种文化沙文主义,西方文化的高水位说其实也是一面之辞。西方学者对西方文化的批评也不乏人在。英国著名史学家汤因比的"文化流动"说本身就否定了西方文化永远领先的说法,虽然他写洋洋巨著《历史研究》的目的是要畅扬西方文化的优越性。他认为,世界的文化是流动的,在一个时期内某些文化比较发达,过一段时候,这些文化如果缺少自我更新能力,就会被新兴的文化取而代之。人类文明史的早期,是中国文化、印度文化、埃及文化、古巴比伦文化各领风骚,继而是古希腊、罗马文化的崛起,现在是大西洋地区处于文化先进地位。所以他认为现在大西洋文化是世界文化的中心。西方文化继承了古代希腊、罗马和希伯来文化的精神,具体说就是古希腊的理性精神、古罗马的征服精神和希伯来的超越意识,它强调的是人和自然、人和人、人和上帝的对立,强调人的理智和情感、人的外显行为和内心世界的对立,强调自我和他人的对立。这对于培养科学意识和探索精神,培养功效意识和法制观念是积极的,这为他们科学技术的迅速发展和有序的商品经济的发展创造了极好的条件,这也正是现代化起源于西方的原因。但是,它往往容易造成紧张、异化的感觉,缺少东方的温情。生产力、科学技术高度发展的同时,对人的情感、自由的剥夺也随之产生。西方学者称它为"现代化的异化"。也正因为这样,西方才复现了对东方文化的兴趣,试图到东方文化中来寻找缓解剂,寻找慰藉。儒家文化复兴说的学者甚至认为儒家文化会再度崛起,并取代西方文化,出现一个太平洋文化的21世纪。这种看法虽然也太偏执,对西方文化的生命力和东方文化的致命弱点缺少洞察力,但东西方文化的交汇、相互吸取,未必不是发展的方向。现代化发展的历史提醒人们,现代化的发展不是一定要保留一些、取消一些,让世界变得单一和枯燥;相反,而是要让世界变得更加丰富多样,互相依赖、互相吸取。正如奈比斯特所言:"在日常生活当中,随着愈来愈互相依赖的全球经济的发展,我们认为语言和文化复兴即将来临。简而言之,瑞典人会更瑞典化,中国人会更中国化,而法国人也会更法国化。"①

不过,各民族的文化特点、文化传统不会自然而然地、不作任何变更地保留。汤因比提出了一个"挑战-应答"的著名模式,即是说,文化本身是惰性的,当外界出现了变化时,对固有的文化来说就是一种挑战,这种文化就必须对这种变化做出应答。如果拒绝应变,社会就会消亡,古代巴比伦文化、玛雅文化、古罗马文化都经历了这样的遭遇。所以说,新技术革命既是一次挑战,也是一次机会。接受挑战,抓住机会,就能迎头赶上;回避挑战,放弃机会,就会逐渐消亡。

再看第二点。工业化、现代化的进程是从西方开始的,但工业化、现代化并不等于只有西方化。现代化的过程可以有多个生长点、多种模式,西方化只不过是生长点之一,是一种模式。西方现代化的生长点、模式,并不是可以简单移植和套用的。非洲和拉丁美洲已经有了不少这方面的教训,教育上的事例也不少。另一方面,亚洲四小龙迅速发展的奇迹,也提供了相反的例证,香港、台湾、新加坡、南朝鲜都有着深厚的儒家文化的渊源,而且更重要的是,这些国家和地区并不认为传统的文化严重阻碍了他们的现代化进程,他们既不强调要保存"国粹",以至于成为现代化的累赘,也不强调为了实现现代化要肃清传统文化的影响,说明儒家文化与现代化在有些方面是可以并行不悖甚至互补的。这实际上也是现代化本身的

---

① 约翰·奈比斯特著,梅艳译:《大趋势:改变我们生活的十个新方向》,中国社会科学出版社1984年版,第75页。

特点和要求。现代化是多元的,现代化呼唤多元化,呼唤民族特色。这就如同小汽车是现代化的一个重要标志,而小汽车有成千上万种型号、式样、色彩、功能,多元化才是现代化的本质和生命力之所在。单一、强求统一恰恰是现代化的大敌。所以有这样一种说法,最民族的才是最世界的。现代化发展的一个重要任务正是要同标准化、非个性化作斗争。这也是符合人的价值要求的。现代化最终的目的,是为了人,为了人的幸福,如果现代化是要把世界变成军营,把人都变成机器人,它的生产效益再高,又有什么意义呢?如果要实现工业化和现代化,就要抛弃本民族的传统和特点,都变成西方的摹本,这样的现代化并不是真正的现代化。其实,在工业化、现代化实现较早的国家,已经注意并开始改变由于工业化的要求造成的雷同、单一的倾向,从服装、住舍到汽车、厂房,都在向"人性化"方向发展,即向舒服、多样、富有个性的方向发展。

再看第三点。许多国家,包括中国,曾经模仿、因袭过西方的教育模式,但这也不能构成发展中国家照抄照搬西方教育的理由。解放前我们基本上模仿美国学制,大学教育采用学分制,进行的是通才教育;基础教育是根据美国的"六三三制",于1922年颁布了我们的学制。通才教育有通才教育的好处,社会适应性比较强,但不够专;"六三三制"比较符合儿童身心发展的自然阶段,但在我国要求偏高,能完成六年制初等教育也不容易,所以解放后我们改成了"四二"二步制及后来的"五四制",现在相当多的省市又恢复了"六三三"制。把解放前的学制一定看成是资产阶级的,似无必要,也无根据,但也不是完美无缺,完全符合我国国情。卡扎朱亚斯与马西亚拉斯合著的《教育的传统与变革》一书,分析了外来教育与本国传统相融性的三种情况。第一种情况,是二次大战以后盟国把美国的教育惯例和目标强加给战后的日本和德国,改变了原来学校的组织和行政、课程、教学方法,等等。这种改革从总体上已经被接受了。但它也存在着严重的社会和个人冲突,特别是在青年一代。而且,更重要的是,这是一种无法仿效的特例。第二种情况,是英国在许多殖民地国家试图施加宗主国的影响。例如,在坦噶尼喀,这是一个非洲的小国,早先受德国控制,1920年以后才由英国托管。英国尝试在低年级使用方言(斯瓦希里语),在低年级学校传授职业科目和实用科目,但整个教育模式,特别是高中水平的教育,基本上是典型的英国式。这没有引起激烈的反抗,而在阿散蒂联邦,则适得其反,引起了严重的政治矛盾和社会动乱。第三种情况是,出于迅速发展本国经济的急切愿望,不少亚洲、非洲和拉丁美洲国家,接受了要发展经济需要优先发展教育的理论,按照西方的教育投资比例和教育结构发展本国教育,比如印度、斯里兰卡、巴西等国就是这样的情况。结果都没有实现预期的结果,相反倒带来了不少社会问题。许多发展中国家模仿西方教育模式的结果都证明,在一个有自己的文化传统和主权独立的国家,简单地仪型他国,往往是要失败的。

　　前面我们曾提到过,在学习西方对本国教育进行深刻改革比较成功的例子时,往往提到土耳其。在接受现代教育的早期,土耳其仿效了欧洲(多半是法国)的教育制度和惯例,与此同时,力求保持伊斯兰文化,在某些情况下,外国式的学校仅仅同传统的小学和高等神学院并列,就是说,在小学阶段,外国式的学校只是学校制度的一种,并不威胁更不试图取代原有的传统,另外一些情况则是试图把东方和西方的思想和习俗交织为一体。从结果看,它没有激烈地破坏政治的和社会的平衡,倒是成功地培养了不少杰出人才和大批技术人才,为社会的现代化奠定了基础。

可见,现代化并不等于西方化,虽然西方化是现代化的途径之一。我们并不把西方化看做是绝对不可行的选择,在某些地方也许是可行的,但把它作为一种倡导,把现代化等同于西方化,显然是没有根据的。特别是在一个历史悠久的大国,更是难以想象的。

四、教育改革与传统教育的创造性转换

传统教育仍然具有生命,同时它又面临着史无前例的严峻挑战。虽然在不同的国情下教育走向现代化可以有多种途径,有多个生长点,但传统教育只有实现创造性的转换,才能重新获得生机。创造性的转换有两种基本情况,一种是吸收、接纳新思想、新内容、新形式,丰富已有的思想、内容和形式,但不改变自身的结构;一种是改变自身结构,将自己有生命力的思想、内容和形式融入新的结构、新的体系。为此,我们要弄清楚传统教育与现代化教育的一般差别和根本分歧。

杜威在倡导"进步主义"教育、抨击传统教育的时候,每每提出以下几个对立,标明进步教育与传统教育的根本区别:表现个性、培养个性与崇尚灌输;提倡自由活动与强调外部纪律;从经验中学习与从教科书和教师那里学习;学习与直接目的有关的技能技巧与孤立的技能技巧训练;尽量利用现实生活中的各种机会与或多或少为遥远的未来做准备;熟悉变动中的世界与熟悉固定不变的目标和教材等。尽管后来永恒主

义、要素主义不断对杜威的理论主张提出非难,指责它不应以实用的技能否认永恒的真理,不应以不断的变化否定相对的真理,不应以学生个性的发展否认教师的指导等,但进步主义教育对美国甚至世界所产生的永久的革命性影响还是难以否认的,事实上,它在很大程度上影响了人们的思维方式,促使人们对教育的功能进行重新认识。到了晚年,杜威在《经验与教育》一文中回答这些批评的时候,也中肯地指出:传统教育与进步教育的分歧并非非此即彼,这些抽象的原则只是在应用的结果中才变得具体。也就是说,立足改革是一个出发点,但怎样才能处理好实用与永恒、绝对与相对、理论与实践的关系,还有许多具体的问题。现在我们正实行着从传统教育向未来的现代化教育的转变,回顾这段历史,可以使我们得到一个重要启示:传统教育与现代化教育的根本分歧并不在具体的内容、方法、形式上,而是在观念和思维方式上。观念的转变、思维方式的转变、出发点的转变才是根本的转变。实现这种转变是实现具体内容、方法、形式、结构等转变的前提,也是具体的改革分析、取舍、改造、扬弃得以成功的保证。所谓对传统教育的创造性转换,首先要有创造,然后才有转换。当然,并不是有所创造就一定有所转换,这就是一个具体的、操作性的问题了。

那么,传统教育与未来的现代化教育在观念、在思维方法上根本分歧在哪里呢?我们感到,关键是对教育功能的认识不同。传统教育的价值在于其"象征性",即一部分人有资格受到教育,以及受到什么样的教育,一部分(大部分)人不能受到教育,教育的价值在于为受教育者提供了"资格";而现代教育的价值在于其"功效性",即教育实际上给社会和个人带来了什么好处,什么实际的可以物化的收益。而这种差别是由于现代社会与传统社会之特征的差别造成的。试比较现代社会与传统社会的特征(见表6-1):

表6-1 现代社会与传统社会特征比较

	现代社会	传统社会
1. 生产过程	·工业化,自动化	·人力化,运作原始
2. 生产形式	·技术密集	·人力密集
3. 人力结构	·高度分化,专门化	·单一化
4. 经济结构	·行业结构复杂,种类繁多	·行业结构简单,种类不多
5. 社会流动	·开放式 ·社会流动较大 ·以能力获升迁 ·竞争式流动	·封闭式 ·社会流动很小 ·以归属获升迁 ·保荐式流动
6. 教育价值	·功用性价值	·象征性价值
7. 社会形式	·绩效社会 ·法治社会	·世袭社会 ·人治社会
8. 行为模式	·理性的 ·平等观 ·专业性 ·成就取决倾向	·情感的 ·等级观 ·博雅性 ·天赋取决倾向

显然,我们处于从传统社会向现代社会(即农业社会向工业化社会)的过渡时期,自然就存在这些差别以及矛盾冲突。这种矛盾冲突,必然要形成观念的、思维方法的矛盾冲突,同时也就提出了从旧观念、旧的思维方法,向新观念、新的思维方法转变的任务。具体说,体现为下列的主要观念冲突:

一是主动适应与被动调节的冲突 皮亚杰的发生认识论论证了人的智慧的本质就是适应。适应具有两个机能因素——同化和顺化,同化即以自己的结构整合外界的刺激,顺化即当外界的刺激不易同化时,就改变自身的结构。现在哲学界已普遍认为,这一理论不仅具有心理学意义,而且具有哲学意义。就教育而言,如果要使教育成为一个活的有机体,不断适应社会要求的改变,就必须具有同化和顺化两种功能。传统教育多半只强调自身的同化功能,而很少考虑需要主动适应社会变化,进行改革自身结构的顺化活动。一种内容、一种体制、一种方法都是在特定的背景上产生的,都是为了实现某一目标而运转的。如果背景、目标已经发生了变化,那么为其服务的体制、形式等等就必须随之应变。如果既已形成就不再改变,就没有改变的意识,最多只是做小修小补,做些被动调节。不是主动应变,就会被淘汰。

人类进入工业化以后,社会生活以农业社会无可比拟的速度不断地发展和变革,这已成为现代社会的本质特征。教育不顺应这种变化,不是不断地准备和实行变革,而是试图抱残守缺,以不变应万变的小农经济观念应付多变的事实,这是不可能走向现代化的。

二是开放与封闭的冲突 是把学校变成与社会隔离的"内环境",还是把学校变成与社会紧密联系的小环境;是把学生培养成不谙事理、不懂社会的"纯洁"书生,还是把学生培养成谙熟事理、了解社会的新型社会成员,体现了两种不同的办学思想。传统教育总是致力于把学校办成一个封闭的系统,这在国家、行业、部门之间相互隔离的情况下是行得通的,可现代社会的种种界限已被打破,时空观念在变化,世界在变小,中国在变大,因为任何一个国家与他国的联系都更方便、更直接、更迅速。现代信息社会的强大冲击,使得自我封闭的努力已经捉襟见肘,难以维系了。现代系统论也从理论上证明,开放的系统才更富有生命力,才具有更强的自我调节功能。现代社会本身就是一个巨大的开放系统,任何封闭系统在这其中最终都要窒息枯萎。"问渠哪得清如许,为有源头活水来",要适应,就必须开放。

三是多样与单一的冲突 多元化是历史发展的本来面貌,也是人类认识深化的必然要求。只有多样,才有比较,才有竞争,才有改革;多样性也是认识深化的条件,只有多样,有纷争、有交锋,才见真理的光辉。在自然科学领域,人们先总是试图用一种模式来规定事物,后来事实往往使这种努力归于失败。比如关于光的性质,争论了几百年,人们只是希望确定它的惟一属性。后来人们才明白,光既有粒子性,又具有波动性。波粒二象性昭示人们,微观世界在本质上就具有统计特征,对它们的描述需要用二元甚至多元的互补原则。从人的认识能力来看,它总是有局限性的,不可能一下子穷极真理。对一种事物的认识可以从不同的角度得出不同的结果。正是不同的结果,导致了人类认识的不断深化和不断完善。因此,多样性总是优于单一性、统一性,多样性中包含了即使是最好的单一性的优点,避免了它的缺点:退化和僵化。社会生活、教育现象比自然世界更复杂、更丰富、更多样。因此,如果我们试图以一种模式,哪怕是最好的模式,去规定和限制它,结果只能是限制它的发展。而传统教育往往致力于整齐划一、一个培养目标、一个大纲、一个标准答案、一个评定标准、一个思维模式⋯⋯这与创造精神的培养、创造能力的培养,显然是背道而驰的。单一性的结果只能是个人意志支配或简单的少数服从多数,这无疑会扼杀创造性。

只有多样性才是培养创造性的温床,只有在倡导多样性的气氛中,才能勃发起强烈的创造动机,才能使创造潜力充分发挥出来。而开放是多样性的条件,多样性又能保证开放更富有成效,更好地取舍、抉择。

四是超前与滞后的冲突 托夫勒的《第三次浪潮》虽然有不少哗众取宠之言,但他对于未来性的分析还是很耐人寻味的。他说,人类在由渔猎时代进入农业时代的第一次文明浪潮中,生活了几千年,而由农业时代向工业时代过渡的第二次文明浪潮,只花了几百年时间,当前由工业时代向信息时代转化的第三次文明浪潮,几十年就完成了。所以农业时代总是注重过去的经验,工业时代主要是注重现实,而信息时代则要求面向未来。现代社会需要不断以未来对现在进行弹性调节,需要确定变革和发展的观念,随时准备接受新事物。对教育来说,就是要随时准备接受新的教育观念,建立新的教育结构,采取新的管理措施,新的教学方法,在教学内容中不断反映新的知识和理论,教师不断进修提高,达到新的水平。对这一点,杜威也未曾想到,他还把"或多或少地为遥远的未来做准备"看做是古典教育的遗风,主张着眼于当前有用的教育。可见世界发展的速度是很快的,人们的观念变化是很快的。尽管我们尚未进入信息社会,但我们已处在信息化的时代。要想缩短差距、跨进未来,就必须打破言必称旧制、行必仿古人的思维方式,建立开拓和创新的勇气和信心。

五是个性化与标准化的冲突 传统教育是在它自身的背景下产生的。标准产品、标准工序、标准规范、标准思想……是那个背景的特征,所以它就必然产生了对教育的标准的要求,标准的教学程序、标准的学校概念、标准的行为模式、标准的师生关系,甚至广播操也不顾及学生高矮、强弱、性别、体质、气质的差异,要求标准的动作。它的结果就是标准化和程式化,缺少了灵活性和可变性,忽视了个性。同时它就保护了惰性和保守性。而在社会节奏不断加快,职业的流动和更新日趋普遍的形势下,需要的却是灵活性和适应性,不仅是智慧、知识、能力的适应,而且是自信心、情感意志品质的适应,是人格的适应。这就需要有更加丰富的个性,要求学校教育个性化,以保持整个教育活动更多的独立和自由。我国改革的事实雄辩地证明,自主独立有利于搞活经济,有利于调动和发挥各方面的积极性。以最富于个性色彩的人为对象的教育怎么能瞠乎其后?个性化的发展目标,个性化的培养手段,个性化的教学风格,个性化的领导艺术,个性化的言谈举止,个性化的学习方法……才符合百花争艳的现代化社会特征。提倡个性并不是反对共性,恰恰相反,只有充分发展的个性,才有丰富的共性。共性寓于个性之中,个性的贫乏也会导致共性的贫乏。

主动适应、开放、多样、超前与个性化,是相互依存、互为基础、有机联系的,它们是未来的现代化教育的新功能的具体体现,是在观念上、在思维方式上区别于传统教育的总体特征和总体意识。这些特征和意识是抽象的,但它们的内容却是非常具体和丰富的,它们在具体的教育活动中,可以起到思想指导的作用。

传统教育是历史的积淀,同时又是现实的存在。它既在继续完成着它积极的历史使命,又阻碍着现代化教育的发展。在一个改革大潮迭起、人才标准更新的时代里,后者的作用会更加突出。但简单地抛弃传统或安逸地承接传统教育都是不可取的,也是行不通的。只有依照新的时代精神,首先在思想上、观念上变革,并逐渐实行方法的改革,才能促成传统教育的创造性转换。

第七章

教育改革目标论

国外学者常常把"目标"和"目的"加以区别,目标永远属于理想世界,是一种不断发展的、对未来的希望,人类对于目标的实现,是一种永恒的追求,只能无限逼近,不能完全实现。比如"罗马俱乐部"考虑目标问题的小组认为,教育必须为实现如下价值而努力:

1. 自治:最大限度地提高个人和各种团体的认识、知识和技能,以便他们能尽最大可能管理个人和集体的生活。

2. 平等:使所有公民能受到同等的基础教育,以便他们能参加文化和经济生活。

3. 生存:允许每一个民族世世代代继承和丰富自己的文化遗产,但是,也要用教育引导它们彼此了解和在世界范围内认识到人类的共同命运。[①]

目的则属于教育政策的范畴,旨在找出解决社会所遇到的问题的具体方法。本书中目的和目标一般是互换使用,不加分别的。《辞海》中解释"目标"的含义即"目的"。这种文化现象可能也是造成我们目标经常不够具体的原因之一。现在

[①] Prospects: quarterly review of education (Paris, Unesco), Vol. Ⅵ No. 1/1976: A turning point in literacy.

经常把教育改革目标分成宏观、中观、微观三个层次,这大大有助于目标的具体化。

美国教育学者麦克多纳尔德(J. B. Macdonald)指出,不管是哪个层次的教育目标,它们的共同功能是:通过明示教育活动的目标,提示达到目标的最优化内容和方法,并且成为评价教育(教学)活动结果的一种标准。他把教育目标的功能归纳为下列5项:

1. 明确教育进展的方向;
2. 选择理想的学习经验;
3. 界定教育计划的范围;
4. 提示教育计划的要点;
5. 作为评价的重要基础。

教育改革,不能不考虑教育改革的目标。确定教育目标的过程也就是寻找教育改革方向的过程。由于教育改革成为世界性的潮流,所以考虑教育改革目标已成为世界关心的问题。20世纪70年代,联合国教科文组织曾两度召开"教育哲学和目的"讨论会(1975年6月日内瓦;1976年6月巴黎)。1976年初,在拉各斯召开了教科文组织非洲成员国教育部长会议,在会议宣言中规定了"教育过程的目标、作用和宗旨"如下:

在现行教育制度中必须进行的广泛改革,且不说根本性变革,正在变为当务之急……在大多数情况下,这种革新具有革命的性质。按照革新的含义,教育不仅应该负有向青年一代传递价值准则和知识的使命,而且也应该能动地造就具有充分自觉意识的公民和未来的生产工人;它应该改变个人和集团的思维方式和态度,以便促进社会变革,为朝着进步、正义和自由的方向变化提供动力。①

从上文中可以分析出5项基本目标：教育青年形成符合国情和文明取向的价值准则，形成为了本民族的利益而奋斗的精神，增强人们彼此的了解和团结，普及科学技术知识，提供一种新的教育形式，以便在学校和工作之间建立紧密的联系。

苏共中央和苏联最高苏维埃1984年颁布的《苏联普通学校和职业学校改革的基本方针》，是苏联80年代教育改革最重要的文件。这一文件确定的普通学校和职业学校改革的目标是：

——提高教养和教育质量；保证做到每门科目的讲授具有较高的科学水平，科学基础知识得到牢固掌握，思想政治、劳动和品德教育、审美能力发展和身体发育都得到改善……

——彻底改善普通学校的劳动教育、教学和职业定向工作……

——增强学生对学习质量、遵守学习和劳动纪律的责任心，在发展学生集体的自治制度的基础上提高他们的社会积极性；

——提高教师和生产教学技师的社会威望以及他们的理论和实践训练水平，充分满足国民教育系统对师资的需求……

——加强各类学校、学前和校外教育机关的物质技术基础；

——完善普通学校、职业学校和国民教育管理部门的

---

① 《今日的教育是为了明日的世界》，第11页。

结构。①

日本临教审在讨论教育改革方案的时候,一开始就确立了教育改革的如下基本目标:

1. 展望 21 世纪教育的基本思想;
2. 铲除学历社会的弊端并建立终生教育的结构体系;
3. 提高高等教育的质量并发挥其特性;
4. 充实中、小学教育;
5. 提高师资水平;
6. 实现教育的国际化;
7. 实现教育的信息化;
8. 重新评估教育行政和教育财政。②

从上面几种关于教育改革目标的情况来看,虽然不同的国家目标的内容、重点有所不同,但大致上都涉及到这样几个方面:数量、质量、结构、制度或体制。

上海市从 1986 年 6 月到 1988 年 8 月,经过全市 80 多个有关部门和单位 200 多名研究人员的共同努力,完成了《上海市教育发展战略研究报告》,这份报告确定的上海教育发展和改革的目标是:

第一,形成与上海经济科技实力和社会政治文化需求相适应的教育规模;
——数量目标

第二,建立高水平的学校,培养高质量的人才和劳动者;
——质量目标

第三,建立结构合理、功能完善、制度灵活、纵横相通、管

---

① 《发达国家教育改革的动向和趋势》,第 93 页。
② 同上,第 168~173 页。

理体制健全、开放多元的社会主义现代化教育体制。①

——结构、体制目标

目标的不同除了反映国情和文化的差异,也反映制定目标的理论观点和思想出发点的不同。考虑教育改革的目标,不能不讨论这些理论问题。

一、数量目标

上海教育发展战略研究数量目标课题组的研究人员认为,传统的教育规划方法虽然也有不少可取之处,但总体上缺乏对教育发展规律及其外部条件全面的、客观的认识,在考虑目标和解决问题时,较少考虑或完全不考虑因素协调和目标控制。在规划过程中,决策者的心理偏好往往起较大作用,而心理偏好在很大程度上依赖于良好的愿望②和长期工作中所形成的经验(经验是规划的重要手段之一,如特尔斐法③就包含有经验因素,但经验总是有局限性的,容易犯以偏概全的错误)。这种规划方法在组织形式上属于封闭管理,信息反馈通常通过执行系统自身运行,其结果往往是:

(一)碰到的问题都是迫在眉睫要解决的,执行者又忙于

---

① 《上海教育发展战略研究报告》,华东师大出版社1989年版,第1页。
② 1958年《中共中央国务院关于教育工作的指示》提出:"我们将以15年左右的时间来普及高等教育,然后再以15年左右的时间来从事提高的工作。"
③ 特尔斐法采用函调的方式,由预测组织者向所聘请的专家们函寄调查表,专家们分别对调查表中的问题提出自己的预测,寄还预测组织者,预测组织者将专家们回答的意见综合、整理、归纳并作统计分析后,再匿名反馈给各专家,再次征询意见。经过几轮反复函调,形成比较一致的专家意见,预测组织者即可据此整理出较为可靠的预测方案。

日常事务,深入分析研究少,许多反馈意见肤浅直观,随意性强。这容易造成头痛医头、脚痛医脚的弊病;

(二) 由于决策的执行与反馈常集于一身,容易自觉或不自觉地根据偏好做出决定,较难客观地发现问题;

(三) 由于决策常由上级部门做出,反馈时易报喜不报忧或少报忧,甚至出现假象。如果执行者的正确意见得不到正常渠道的反馈,则容易使规划或管理系统陷入混乱。

因此,那种"拍脑袋"的决策方法带来的影响是消极的,人们普遍认识到它的危害性,也充分认识到凭借科学技术对教育进行预测规划的重要性。[①]

确定教育发展数量目标的一条基本思路是:根据社会发展的需要,确定人才需要状况和培养目标,制定教育规划和实施规划的措施。教育社会学家帕内斯(Parnes)曾在1962年提出这样的论断,一定规模的教育发展可以实现特定的经济增长的目标。这一论断极大地影响了世界范围内特别是发展中国家教育计划的制定,把人才需求预测看成是建立教育发展计划的基础。据联合国1968年的统计,在73个国家中就有60个国家是这样做的。

人才需求预测——人才培养——经济增长目标的实现这一模式,是建立在这样两个假设基础上的:① 各类专门人才的数量与国民生产总值之间存在着固定的比例关系,即专门人才的数量与经济增长成正比;② 学校培养人才的科类和高、中、初级的层次结构与社会劳动就业的职业结构有着固定的比例关

---

① 参见陈家华、彭得胜:《2000年上海教育发展数量目标研究》,载《上海教育发展战略研究报告》。

系,如研究生、本科生、专科生等,他们的知识水平与工作职业相对应。总的说来,按照人才需求确定教育规划的思路是比较可行的,人才的数量和质量是联结社会需求和教育目标的明确指标。但这一方法并不是万无一失的。就人才数量与国民生产总值的关系而言,视二者为一种简单的正比例关系,是对科技发展不断改变着对人才状况的要求估计不足。科学技术的不断进步,不但不断地改变着经济结构、产业结构和产品结构,也同样地改变着人才需求结构。如果今天大学生、专科生和中专生的人数、比例符合当前经济要求的话,不等于经济翻一番,就是现有人才数量和比例翻一番;今天人才的缺额或剩余,不等于还是明天的缺额或剩余。这一点,现在已经被普遍注意到了,因此在进行人才预测时,已很少用这种简单增长的方法。现在更多的是参照国外同类国民生产总值与人才结构的状况来推测我们的需求。这有一定的合理性。其效度决定于所选的参照国是否和我国的基本条件相似。参照国选错了,必然导致总体上的失败。有些发展中国家按照发达国家的模式指导本国的教育发展,没有取得预期成果,其教训是深刻的。

就学校结构与职业结构而言,也是要有所变化的,因为职业对文化素质的要求是不断提高的。今天的本科生能满足高中师资水平的要求,10年以后不等于还是这样的要求。再者,劳动力有很大的替代性,简单的劳动可以由从事复杂劳动的人所替代。这种替代性可以缓解矛盾,也可以掩盖矛盾。我国中级技术人员一直缺乏,他们的工作由高级工程技术人员替代,就是这种情况。为了弥补这种局限,我们往往还采取另外两种人才预测的方法。一是由各单位申报实数,这是第一、第二个五年计划时使用的方法,有一定的科学性,能保证重点。但预测的信度不高,因为各具体单位没有长远规划,很难预测5~10年后的情况。一是专家咨询法,征求各类专家对本专业未来人才需要的意见,这有一定的可取性,但专家本人亦受现实条件的限制,不可能十分具体地估计,这自然要影响到预测的精确度。

大规模的人才需求预测和教育规划工作,在我国已经搞过4次(1956、1959、1983、1984),第四次预测规划已经考虑到上述因素,是比较全面、相对具体和富有成效的。但它的可靠性和对教育实际工作的指导性仍然是有疑问的。这次预测规划提交了一份《2000年中国的教育》的报告。依据对我国的经济发展的估计:"到2000年,为充分满足需要,全国共需专门人才4 900万人,为现有的3.5倍,其中大学本科以上毕业生1 200万人,为现有的5.5倍。""考虑到实际可能,1983年~2000年至少需要累计培养各级专门人才3 400万人,才能满足基本需要。其中,研究生77万人,大学本科生约870万人,大学专科生785万人,中专生1 690万人。"这是三个方案中的最低方案。事实上,建国40年我国共培养了本、专科生619.2万人,研究生15.4万人。其中,1983~1988年普通高校的各类毕业生超常平均年增长率达到13.3%,大大超过经济增长速度和历年平均增长速度。但就是以这样的速度要在17年内达到培养1 732万本科、专科人才的目标也是不可能的。这就暴露出人才预测与教育规划中的另一个方法论问题,即怎样解决规划要求与物质条件、培养能力相分离的矛盾,也就是要找到期望与可能的最佳结合点。正是这种供需矛盾,提出了改革的要求,要求用改革的眼光来看发展的问题。这样才能克服规划是规划、工作是工作的"两张皮"现象。

要找到这种结合点最重要也是最困难的,是能否准确地预测和把握经济发展的速度。而要准确地把握经济发展的长期趋势几乎是不可能的。所以,在考虑教育发展和改革的数量目标时,宜以短期目标,比如5年左右为主,而避免长期的数量化规划,特别是避免非常精确的长远规划。在处理期望与可能的关系时,不是根据期望来规划要多少钱,培养多少人,而是根据在一定的时间内可能有多少钱,有什么样的物质条件,再来确定人才培养方案,安排轻重缓急。再则,中央、教委制定的全国教育发展战略并不能直接代替地方的具体规划和发展方向,地方有权利也有责任制定更具体的、独自的教育目标和规划。

二、质量目标

"在任何一个国家,对教育质量的关注,往往是同教育改革,特别是同组织结构的改革,联系在一起的。"[1]这是著名国际教育活动家和《国际教育百科全书》主编托斯坦·胡森(Torsten Husén)的经验之谈。如果说第一次世界性的教育改革是以加强学校与社会、学生与生活的联系为特征的话,那么,五六十年代以来的教育改革一直是以提高教育质量为核心的。

人们对于教育质量的关注,首先来自于国际间的竞争。1957年苏联率先发射成功第一颗人造地球卫星,显示了苏联

---

[1] 托斯坦·胡森:《论教育质量》,《华东师范大学学报(教科版)》1987年第3期。

的综合科技能力、特别是科技人才的强大力量,而科技人才的培养是教育的功劳。美国把苏联使学生获得科学技术的高水平,看成是人造卫星上天的主要原因。反过来他们就认为,美国航天科技落后一步,是美国教育的责任。

人们对于教育质量的关注的第二个原因,胡森认为是由于高度工业化国家在萧条时期每年用在每个学生身上的教育开支仍然不断上升,在一些国家里,每年花在每个学生身上的费用,以不变价值来计算,在最近20年里翻了一番,人们当然就会关心:"学生的能力是否也翻了一番?"或者说,"学生的幸福和良好举止是否也翻了一番?"

这种对教育质量的关心,导致了教育评价活动的广泛兴起。如何评价本国的教育质量?一个很自然的办法,就是进行国际间的比较,进行跨国调查。国际教育成就协会就是在这样的背景下成立的。要进行跨国性的测量和调查,就要制定一个统一的标准,收集同一性质的数据和资料,采用统一的处理办法,由此推进统一的标准化试题的研究工作。这种相对统一的标准化工作,又反过来促进了各国对教育质量的重视。1983年美国高质量教育委员会发出了"国家处在危险之中,教育改革势在必行"的呼吁,其主要依据就是通过国际间的成绩测量比较而发出的。

但是教育质量的目标是什么呢?显然,教育质量绝不仅仅是成绩。仅就学习而言,早在50年代末就有了布卢姆的教育目标分类研究。布卢姆认为,教育中应当达到的全部目标,可以分为3个领域——认知领域、情意领域和动作技能领域。他并且揭示了在各自的领域内达到最终目标的过程中应当顺次达到的目标系列(详见表7-1):

表7-1 认识、情意、动作技能领域的目标分类

〔认知领域〕	〔情意领域〕	〔动作技能领域〕

1.00 知识
  1.10 关于特定事物的知识
    1.11 关于专门术语的知识
    1.12 关于特定事实的知识
  1.20 处理特定事物的方法及手段的知识
    1.21 关于常规的知识
    1.22 关于趋势和顺序的知识
    1.23 关于分类和范畴的知识
    1.24 关于标准的知识
    1.25 关于方法论的知识
  1.30 某一学科领域中普遍原理与抽象概念知识
    1.31 关于原理与概括的知识
    1.32 关于理论与结构的知识
  智力及智力技能
	1.0 接受(注意)
	  1.1 发现
	  1.2 积极地接受
	  1.3 受控制或有选择地注意
		1.00 反射动作
		  1.10 分节反射
		  1.20 节间反射
		  1.30 节上反射

2.00 理解
  2.10 转化
  2.20 解释
  2.30 推断
	2.0 反应
	  2.1 按指令默从
	  2.2 积极地反应
	  2.3 满意地反应
		2.00 基本—基础动作
		  2.10 位移动作
		  2.20 非位移动作
		  2.30 操作动作

3.00 应用
  3.10 规则的应用
  3.20 方法的应用
  3.30 概念的应用
	3.0 价值判断
	  3.1 领会一种价值
	  3.2 选择一种价值
	  3.3 确信一种价值
		3.00 知觉能力
		  3.10 动觉辨别
		  3.20 视觉辨别
		  3.30 听觉辨别
		  3.40 触觉辨别
		  3.50 协调能力

4.00 分析
  4.10 要素的分析
  4.20 关系的分析
  4.30 结构原理的分析
	4.0 价值的体系化
	  4.1 价值的概念化
	  4.2 价值体系的组织
		4.00 体能
		  4.10 耐力
		  4.20 力量
		  4.30 韧性
		  4.40 敏捷性

(续　表)

（认知领域）	（情意领域）	（动作技能领域）
5.00 综合 　5.10 归纳个人所要表达的见解 　5.20 拟订计划或实施规划 　5.30 引出一套抽象关系	5.0 一个价值或价值复合体的个性 　5.1 赋予价值观 　5.2 赋予世界观	5.00 技巧动作 　5.10 简单适应技能 　5.20 复合适应技能 　5.30 复杂适应技能
6.00 评价 　6.10 根据内在证据逻辑地评价 　6.20 根据外部标准逻辑地评价		6.00 有意沟通 　6.10 表情动作 　6.20 解释动作

（详见 B. S. 布卢姆等编：《教育目标分类学》第一～三分册，华东师范大学出版社1986年、1989年版。）

在布卢姆的质量目标中，实际上包含了知识、能力、体能、技巧和我们现在称之为"非认知因素"（主要是兴趣、动机、情感、意志、性格等心理素质）的内容。胡森说："人们期望学校给学生带来的变化，不仅仅局限在认知领域。人们期望学校有助于学生形成某些行为和态度，使学生能恰当地欣赏民族文化，行为受道德的和审美的价值观指导，从而成为负责的、合作的、参与的和独立的公民。"①这话一点也不假。质量目标反映着一个国家政治经济、伦理道德和文化传统的综合要求。毛泽东在《关于正确处理人民内部矛盾的问题》一文中指出："我们的教育方针，应该使受教育者在德育、智育、体育几方面都得到发展，成为有社会主义觉悟的有文化的劳动者。"

---

① 《论教育质量》。

邓小平指出的"有理想、有道德、有文化、有纪律"的教育目标，都是质量目标。虽然国外不一定以政府文件、法令或准法令的形式确定质量目标，但民间或受政府委托的团体，也是经常就教育的质量目标进行讨论的。世界各国近年来对教育质量越来越重视更不待言。比如，《日本临时教育审议会审议经过概要（之三）》就提出了面向21世纪的教育目标：

（1）培养宽广的胸怀与丰富的创造能力

△ 宽广的胸怀指在德、智、体协调发展的过程中追求真、善、美；

△ 丰富的创造能力指艺术、科学和技术各个领域的创造性能力。

（2）培养自主、自律精神

△ 自主、自律精神具体是说，在形成稳定的自我性格时，要具有自主地思考判断问题的能力和尽职尽责、严于律己、积极主动等精神；

△ 在确立自主、自律精神的同时，要培养助人为乐的品质、宽容心和指导他人的能力。

（3）培养在国际事务中能干的日本人

△ 要在和平共处、国际协调这种相互依存的关系中生存下去，培养能深刻理解多种异国文化，具有国际性人际交流能力的，即能充分沟通彼此思想的能力的国际型人才是非常重要的；

△ 在广泛的国际交流中，应当首先培养作为日本人的自觉意识。①

西方国家很少对教育质量做出全面规定，这与他们价值观

---

① 《发达国家教育改革的动向和趋势》（第1集），第190～191页。

的多元化有关;但对教育质量的规定往往比较具体、切实,而且还经常数量化。英国《1988年教育改革法》洋洋20万言,涉及面很广,但核心的问题就是建立"国家课程",确定数学、英语、科学为"核心学科",历史、地理、技术、音乐、艺术、体育和外语为"基础课程",并规定了达到这些课程要求的标准和措施;法国1989年4月公布了《法国教育指导法案》,对教育质量有一个基本要求:"小学、初中、高中和高等院校均负责传播并使学生获得知识和学习方法。学校教育的内容、方法应与国家和欧洲以及世界的经济、技术、社会和文化的发展相适应。"①在《附加报告》中将要求更加具体化,规定在未来5年期间:

——将无职业资格的离校青年的人数减少一半;

——使65%的学生达到学士水平;

——至少使不能被学生和家长接受的定向决定的数目减少一半。②

《美国处于危险之中,教育改革势在必行》的报告,最后的建议也同样强调在4年的中学里必须学习下面的课程:

1. 4年英语

2. 3年数学

3. 3年科学

4. 3年社会方面的课程

5. 半年计算机科学

并指出这5门课程是"现代课程的核心"(比1959年的《国防教育法》增加了后两门课程),加上美术、表演艺术和外

---

① 《发达国家教育改革的动向和趋势》(第3集),第155页。
② 同上,第167页。

语等,构成了美国文化的思想和精神。

加强对现代教育质量的重视,这是东西方共同的。东方的整体精神是从宏观入手,以宏观指导微观,西方的分析精神是从微观入手,以微观显示宏观。

东西方对教育质量的高度重视,都有这样一个基础,即公开承认或默认现在的教育质量下降了!国外这方面的文献、信息已经很多,不去说它了;我国的教育质量也同样受到人们的责难,引起人们的担忧。"基础教育在很大程度上受到'片面追求升学率'的影响,着眼于培养高一级学校的预备生,忽视为社会各方面输送合格的劳动者。据对市内3个区3个县抽样调查,在1 000多名1984届中学毕业生中,严格说来直接就业的学生有相当部分是不合格的毕业生,不仅缺乏劳动技能和运用知识的能力,而且有的还缺乏基本的写作、计算和口头表达能力,引起用人单位的不满。高等学校培养人才往往从学校自身条件和发展需要出发,而不是从社会需要出发……导致多数学生动手能力难以适应基层第一线的需要。成人教育、职业技术教育……还较普遍地受到普通学校教育办学模式的影响,不利于通过多种途径和形式培养能适应多方面需要的合格人才。"[①]

在一次教育问题研讨会上,与会者一致认为,10年来我国教育事业取得了很大发展,改革也取得了一定成就,但也存在着不少危机和失误,第一条就是"学生厌学弃学状况严重,学生素质下降"[②]。

---

① 《上海教育发展战略研究报告》,第7页。
② 杨德广:《分析教育危机,探索教育出路——"中国教育的危机及出路"研讨会综述》,《高教信息与探索》第11期,1989年6月。

如果教育质量下降是一种普遍的现象,是一种世界性的现象,我们就感到很需要认真思考一下了:到底怎样衡量现在的教育质量? 是不是有这样一种可能,我们一方面把质量的概念和从前传统的学校的质量目标、内容、方法联系在一起,另一方面,又把一系列的标准看成是一成不变的。因此,只要偏离了传统的课程和目标,就被看成是对质量和标准的威胁? 所以,接下来的一个更具有挑战性的问题就是,对不同的地方、不同的人来说,以一成不变的、绝对的标准来看待教育质量,在千差万别的当今世界是否有意义? 我们在考虑质量目标的时候,恐怕首先需要考虑的是:教育是为了谁? 是为了什么目的以及在什么条件下进行的?

当然,如果一国的教育质量、学生水平,与其他国家比起来明显倒退了,那是不能以质量标准的绝对化来搪塞的。

人们反映教育质量下降的另一个原因,恐怕也是更主要的原因,并不是比起以前下降了,而是比起社会的发展、生活的要求落后了。教育没有能够迅速找到帮助学生形成现代社会所需要的应变能力的方法,而传统的教育只对于传统的社会是基本上相适应的。面对未来复杂多变的世界,一位名叫柯林·博尔的学者1988年向经济合作与发展组织提交的一篇论文中,提出的未来的人应该掌握3本"教育护照"的观点,对我们考虑质量目标倒是不无启发的。3本护照一本是学术性的,一本是职业性的,第三本是证明一个人的事业心和开拓能力的。过去最多只重视了前两本,甚至只重视第一本,而忽视了人的事业心和开拓能力。如果一个人缺乏这方面的素质,学术和职业方面的潜力就不能发挥,甚至变得没有意义。当学术失去了它的象征价值以后,如果不能转化为有效的技能和生活本领,当然就没有意义了。所谓"高分低能"从本质上说就是这个问题。不过"第三本护照"恐怕还不仅是事业心和开拓能力,还应该包括或者首先应该形成一种广泛的适应性和自我更新的能力。

三、结 构 目 标

英国学者巴巴德波勒斯(Georges Papadopoulos)在回顾近代发达国家教育改革的经验时说:"调整教育目标以适应数量上的新压力及新的社会需要,主要的途径是进行教育结构的改革。事实上,20世纪60年代和70年代初教育改革就主要体现在结构的变革上。"①从我们国家的情况来看,80年代的教育改革也是从结构改革开始的。

1978年以后,教育理论界重新恢复了刘少奇主张的"两种教育制度"的观点,认为它的提出是符合历史要求的,与我国经济和教育的发展是适应的。② 这既有政治的背景,也与教育中严重的结构失调,特别是中等教育结构失调有关。

自从批判了"两种教育制度",把它看成是资产阶级的"双轨制"以后,就大力裁减了职业中学和高等学校,教育只剩下了一种形式,即单一的普通教育。在"文化大革命"的10年中,职业中学、半工半读学校被取消了,普通中学膨胀

---

① 他这里的"结构"包含了我们通常说的结构和制度的双重含义。《世界教育展望》(Ⅱ),教育科学出版社1983年版,第106页。
② 参见陈陶雷:《论两种教育制度的必然性》,《人民教育》1979年第12期;中央教科所:《坚持"两种教育制度"的正确方向,使教育结构适应国民经济的发展》,《教育研究丛刊》1980年第2期。

了8倍多,试比较一下1965年和1975年的教育统计数字(见表7-2):

表7-2

	1965年	1975年
小　学	168.1(万所)	109.33(万所)
中　专	0.126 5	0.221 3
普通中学	1.810 2	12.350 5
职业中学	6.162 6	0
大　学 毕业人数	58.8(万人)	(1971～1975年合计) 21.5(万人)

(资料来源:根据《中华人民共和国教育大事记》整理)

这样,就造成了以下问题:第一,中学毕业生由于只受到普通文化知识的学习,工农业生产中急需的技术人才得不到满足;第二,从学生方面来说,由于学校所学知识工作后派不上用场,而工作中所需要的知识技能又没有学到,从而降低了学习积极性;第三,学校培养的人才社会用不上,社会需要的人才学校没培养,这既是教育上最大的浪费,又是严重的"失职";第四,由于一哄而起,大办戴帽中学,超员招生,教育质量得不到保证,造成了学历与学力的严重背离;第五,由于普通中学的毕业生缺少就业的能力,大大增加了高考的压力,出现了"千军万马争过独木桥"的局面。以1965年为例,普通中学在校生是933.8万人,其中高中生只有130.8万人。中等专业学校在校生是54.7万人,农业中学及其他职业中学在校生是443.3万人。中专、农中和其他职业中学的在校生相当于普通中学在校生的53.33%,是高中在校生的3.8倍。而1977年普通高中在校生竟达1 800万人,是1965年的13.76倍。为了扭转这一局面,必须改革中等教育结构,兴办职业高中,压缩普通高中的比例。1985年《中共中央关于教育体制改革的决定》提出:"力争在5年左右,使大多数地区的各类高中阶段的职业技术学校招生数相当于普通高中的招生数,扭转目前中等教育结构不合理的状况。"

中等教育结构改革的本质,在于为受教育者提供更多的自我选择的机会。接受怎样的中等教育?什么时候受教育?如何解决升学与就业两种选择的矛盾?这是世界中等教育结构改革都试图解决的问题。被美国人引以为自豪的中等教育结构,从形成后的300年来,一直沿着这一方向发展。虽几经反复,但总体上是实现着这样的变化:由贵族性学校成为大众性学校;由传授古典的学校成为注重实用的学校;由升学准备学校成为兼重就业准备和升学准备的学校;由大学附庸成为自成阶段的学校;由结构单一成为结构多型的学校;由经历巨大结构变革进入在结构上小规模调整的学校。[①]

近年来中等教育结构改革的方向是把结构的多元化与"回归教育"(即就业以后可以再回到学校受教育)联系起来,打通中等教育与职业教育、高等教育的联系。这已经和高等教育的结构联系在一起。在这方面,最典型的是瑞典正在研究的回归教育的几种模式(见图7-1):

---

① 参见滕大春:《美国中等教育结构改革的历史经验》,《教育研究》1980年第6期。

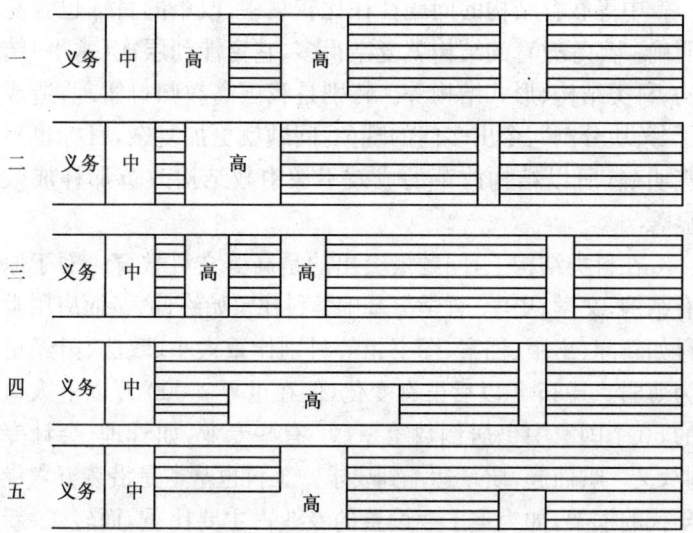

图 7-1 瑞典正在研究的回归教育的几种可能模式

义务=义务教育　　　　　空白处表示学习，
中=中等教育　　　　　　阴影处表示工作。
高=高等教育

模式一：高等教育紧接着中等教育的第二阶段进行。高等教育分两阶段进行，中间隔一个职业活动时期。在职业岗位上工作几年以后，本模式可提供一次短期学习，在这期间，可以进行复习，也可以学习高深的课程。

模式二：从中等教育直接过渡到职业活动，接着，不间断地接受高等教育。进修课程往后才进行。

模式三：在中等教育之后和在高等教育几个阶段之间为职业活动时期，以后再进修或学习更高深的课程。

模式四：非全日制的高等教育。这是在中等教育之后从事职业活动一个时期后进行的。

模式五：紧接着中等教育之后，在参加工作的同时，就开始接受非全日制的高等教育。

资料来源：《今日的教育是为了明日的世界》，第44页，另参看该书第96~97页关于希腊、德国的中教结构改革。

中等教育结构的问题往往比较集中,改革的目标也容易明确。高等教育的结构就复杂得多,它牵涉到层次(水平)结构、科类结构、形式结构等。特别是我国高教归口管理,造成了"条块分割"、令出多门的现象,问题就更加复杂,目标也不甚明确,所以结构改革的成效不像中教结构改革那样成效显著。

在科类结构上,问题最突出的是高等文科教育。囿于原有结构,文学、史学、哲学等基础学科比重始终偏大,而应用学科如新闻、出版、档案、图书馆等科别比重太小,政法、财经更为薄弱。1985 年以后虽有变化,但在世界 1 000 万以上人口的 50 个国家中仍居倒数第一。[①] 有些专业,如管理、会计专业,又一哄而起,质量达不到要求。工科也基本是沿袭五六十年代的框架,如为重工业设置的专业占主要比重,而轻工、新型工业需要的专业人才却得不到足够的培养。

在层次结构上,我国一直存在专科与本科比例不合理的情况,在 1949~1981 年的 33 年中,有一半以上的年份,专科在校人数占大学生总数的比重不到 10%。这种状况直接导致了社会用人部门所需要的各种不同层次、不同规格的人才比例失调,相当一部分本科生被当作专科生使用。一般认为,中专生和本科生之比为 4:1,专科生的比例等于或略高于本科生的比例,这样比较经济、适用。1984 年以后,我国普通高校本科与专科在校生的比例提高到 100:39,1986 年提高到 100:56,专科生严重不足的现象有所改善。遗憾的是,在结

---

① 参见郝克明、汪永铨主编:《中国高等教育结构研究》,人民教育出版社 1987 年版,第 18 页。

构调整向合理方向发展的时候,由于人事、工资制度使然,出现了盲目追求高学历、中专升专科、专科升本科的热潮。"七五"期间本科、专科毕业生比"六五"期间增长73.8%,而中专毕业生在这期间只增长了31%。同时,专科的特色越来越丧失,使用的教材、大纲和教学环节,越来越向本科靠拢。所以,专科生的比例虽有提高,社会需要的有特色的、应用性强的专科生却不见增多。

在形式结构上,最突出的问题是办学形式单一。不仅普通高校形式相似,夜大、电大、职工大学等成人高校也向普通高校看齐,显不出自己的特色。

高等教育结构改革的实质在于,根据人才需求,培养社会所需要的人。现在的问题在于,我们的培养计划是指令性的,而计划又是根据现有结构订的,脱离了社会需求,形成了一个独立运转的系统。所以,高教结构的改革,关键在于与社会、与市场直接挂钩,这就要依靠体制改革了。

教育结构的变革,既要反映经济和社会结构变化的要求,又要符合教育自身发展的均衡性要求。中国的经济结构、社会结构正处在一个重要的变化时期,即由少量现代工业和城市人口与大量手工工具操作的传统农业和农村人口并存,以及与此相联系的技术结构、社会结构、地域结构,向基本实现工业化和生产的商品化、社会化、现代化过渡。有人称这种过渡为从稳定的二元结构向现代结构过渡。[1] 在这种结构的转

---

[1] 郝克明、谈松华、张力、金扣干:《对21世纪我国教育事业发展若干问题的初步探讨》,载《中国教育发展的宏观背景、现状及展望》,中国卓越出版公司1990年版。

换过程中,可以确信,由于中国各地域发展的极不平衡,将呈现多种格局。这就要求,首先要处理好层次结构,即处理好初等、中等、高等教育的合理比例。美国学者拉斯卡(J. A. Laska)认为,发展中国家教育层次发展的最佳顺序一般是:第一阶段是有限数量的高等教育,第二阶段是初等教育的普遍完成,第三阶段是第二阶段的逻辑发展,即提高修业年限,谋求在学人数的增加,实际上是普及中等教育。拉斯卡的这一观点反映了发达国家教育发展的经验,得到了普遍认可。我国大致处于第二个阶段,即拥有有限的高等教育,应当优先考虑扎扎实实发展初等教育,当然这不是说,我国的高等教育已经很不错,无需再发展。实际上我国高等教育比起国际水平来,特别是面对新技术革命的形势,还是比较落后的,但我们的初等教育发展更落后,更急需发展。在初等教育发展得比较好的地区,可以把重点放在改善中等教育(包括职业教育)上。

其次是要安排好类别结构,即普通教育、职业教育、技术教育协调发展。改变普通教育的单一模式,已经不再停留在思想认识上,而是已经成为现实。全国已实现了普教与职教1∶1的比例。现在的问题是,无论是普教还是职教,内部都要深化改革,改变普教只为升学服务、职教变相降低质量的现象,加强普职渗透,使普通教育职业化和职业教育普通化,即普教中要增加职教的内容,职教要达到普教基础。在一些发达地区,要发展高中后技术教育,即高等技术教育。

再次是形式结构,即制度化教育、非制度化教育和社会教育的互相补充渗透。现代社会已经改变了在学校里一朝受教可以一劳永逸的历史,而是要终身受教。这就要求教育的形式灵活多样。作为以学校为主的制度化教育仍然要保持它的严谨性和学术性,同时也要增加弹性,创造符合现代社会要求的新的形式;而以职后教育为主的非制度化教育,要根本改变以追求文凭为宗旨的现状,而根据实际需要因地制宜、因时制宜、因人制宜。至于社会教育,应"削弱"其教育性,增强娱乐性、观赏性,寓教于乐。

再次,是安排好区域结构,即发达地区、中等发达地区、不发达地区的梯度推进。我国幅员辽阔,贫富差别很大。我们既不能强迫不发达地区达到发达地区的水平,也不能用降低发达地区水平的方法来拉平地域差距。过去我们统一规格、统一目标、统一标准、统一要求,结果是根本不能实现的。我们要允许和鼓励发达地区继续迅速发展,达到国际先进水平,同时又要重点帮助不发达地区赶上来,鼓励也好、帮助也好,最根本的是使它们形成符合本地区社会、经济水平的教育结构,形成内部动力。

四、体制目标

体制改革是当代教育改革的关键,而教育制度的改革,主要是领导制度、管理制度、人事制度、劳动工资制度、拨款制度、招生分配制度的改革。体制的改革所以成为教育改革的关键,是因为教学改革、结构改革、课程改革,最终的问题都会反映到体制上来。更重要的是,当前教育面临的最主要的问题不通过体制改革是无法解决的。这些问题是:

(一)动力不足——学校(领导)、教师缺少办学积极性;

(二)活力不强——缺少灵活性,缺少对多变社会的适

应性;

(三)效益不高——没有能够充分利用现有资源,发挥最大效益,特别是教育与社会脱节。

这些问题也是长期缠绕着我国经济发展的问题。1984年《中共中央关于经济体制改革的决定》指出:"现行经济体制的种种弊端,恰恰表现为企业缺乏应有的活力。所以,增强企业的活力,特别是增强全民所有制的大、中型企业的活力,是以城市为重点的整个经济体制改革的中心环节。"在明确了改革的中心环节以后,自然就抓住了解决这个问题的关键,即解决好两个方面的关系问题:一方面确立国家和全民所有制企业之间的正确关系——政企分开,所有权与经营权分开,扩大企业自主权;另一方面确立职工和企业之间的正确关系,保证劳动者在企业中的主人翁地位——使他们的劳动与自身的利益紧密联系,以调动他们的积极性和创造性。

教育体制的改革其主要问题也是教育部门缺乏活力。造成这一问题的原因主要是政府部门对学校,主要是对高等学校统得过死。虽然采取了基础教育由地方负责、扩大高校办学自主权、实行校长负责制等重要措施,但与经济改革相比,教育体制改革的总体目标和具体目标都显得不够清晰,尤其是缺乏一种切中时弊、抓住本质的开拓性和建设性的改革办法。因此在简政放权、扩大办学自主权等问题上,就显得标准模糊,可上可下,可紧可松。有人认为,造成这种状况的重要原因之一,是没有对"文革"前的 17 年教育模式进行广泛的讨论和深刻的反思。① 作者认为,总的说来,17 年教育模式是

---

① 徐海鹰:《对教育改革的现实思考》,《教育研究》1988 年第 8 期。

和单一的产品经济、计划经济及其领导管理体制相适应的。教育形成了与此相应的4个特点：一是统一，教学计划、教学大纲、教学内容、培养规格、招生考试等方面，都是全国统一规定，各校统一执行；二是集权，这表现在管理体制上，教学怎么搞，学校怎么办，决定权集中在教育行政部门手里，而作为办学实体的学校却无法决定自己的命运；三是封闭，这表现在教育与生活隔离，教育与社会脱节，从专业设置、培养目标、教学内容到教学评估，教育内部自成一体，缺少与社会沟通和调节的机制；四是呆板，这不仅表现在教育内容和方法上，也表现在教育体系上，学生只能按着小学——中学——大学这样的既定路线拾级而上，各类教育之间缺乏横向沟通和交叉，学生发展和选择的天地十分狭窄。① 现在我们实现了从计划经济向有计划的商品经济的转轨，实行国家指导市场、市场引导企业的政策，面对活跃多变的市场，旧有的教育模式当然是难以维系了。

党的十三届七中全会审议和通过了《中共中央关于制定国民经济和社会发展十年规划和"八五"计划的建议》，随后人大通过了这一计划，经济改革将进一步深化。如果说前一轮的改革较多地偏重于放权让利和物质刺激，那么新一轮的改革则应把重点转到经济体制的转换上来。企业改革要逐步实现四个"分离"，即政府所承担的政权管理者职能与财产所有者职能分离；政府职能与企业职能分离；所有权与经营权分离；"终极所有权"与"法人所有权"分离，也就是企业最终的所

---

① 参见谈松华、徐海鹰：《中国教育模式改革初探》，《文汇报》1986年12月16日。

有权属于国家,企业作为法人实体,代表它的"终极所有者"实行自主。从一定意义上说,经济改革可以说是一种市场取向的改革,改革的成果就是我国经济在市场取向上的进步。①这对本来就捉襟见肘的教育来说,不啻是更大的压力和更严峻的挑战。

我们认为,明确教育体制改革的目标,根本的就是要明确中央及地方各级教育主管部门、学校行政和个人(校长、学生、教师、家长)的权利与义务。明确了权利,人们就知道了他可以做和不可以做的职责范围,这样就不会无所适从或越俎代庖;明确了义务,人们就明确了他必须完成的职责范围,这样,他就不会推诿扯皮。国外的许多教育法的重要内容,就是明确各级教育部门和个人的权利与义务。权利和义务是相辅相成的。如果剥夺了某一级行政或某一种人的权利,那他就完全没有了义务和责任;如果赋予了某一级行政或某一种人以全权,那么,他就负担了全部的义务和责任。明确了权利和义务,人们就有了工作的主动性和积极性,就有了活力而又有条不紊;权利包含着利益的内容,个人利益的扩大,当然必须与给社会带来的利益的扩大成正比,所以它也会带来效益。现在的所谓统得过死、关系不顺等等,从本质上讲,就是某些部门、某些人拥有了他不应有的权利,因为他不能很好地履行其义务和责任。李国豪曾经说,同济大学物理系招收研究生时,有位考生5门功课中4门成绩都在80分以上,只有1门成绩比较差,系领导、指导老师都认为这是一个有培养前途的学

---

① 参见周锦尉:《90年代深化改革的理论思考——著名经济学家刘国光访谈录》,《文汇报》1991年1月26日。

生。校领导讨论了两次,表示同意接受。但市招办一再表示不同意,最后还要学校打报告,报他们批。① 招办掌握着批与不批的权利,可是他们凭什么断定这名学生的实际水平呢?另一方面,某些部门、某些人没有拥有他应有的权利,而要他负责任,履行义务,结果自然是无人负责。邓旭初曾经说:"有人说,大学办不好,该打校长、书记的屁股。其实打不着。目前事无巨细,惟上面的意旨是从,校长、书记没有多少自主权,屁股从何打起?"② 因此权利和义务是不能分离的,一旦分离,就没有了动力,没有了活力,没有了效益。钱在森、徐子煜的《管理体制与教育活力》③一文,对此有同样的见解。

他们认为,建国 30 多年来,教育管理体制与经济体制相适应、相配套,是"大一统"行政集权式的体系和制度。作为教育细胞的学校,则处于教育行政系统这个"金字塔"的底层。行政集权型的管理体制,事实上是对学校办学权力和利益的剥夺,而对权力和利益的剥夺,就意味着对责任的剥夺,从而成为对功能的剥夺,反映在实际工作中,就是对学校独立性和创造力的剥夺;行政集权型管理体制自食其果的,就是行政部门日益事务化,官僚主义日趋严重,虽知情而无法自拔,反映在实际工作中,就是在决策和管理上的无力。于是,整个教育从上到下丧失了发展的活力。

那么,以什么管理体制来替代行政集权型教育体制呢?作者认为应"以学校为办学实体的多元调节体制"取而代之,

---

①② 《上海 4 位大学负责人呼吁:给高等学校一点自主权》,《人民日报》1979 年 12 月 6 日。
③ 见《上海教育科研》1989 年第 2 期。

目的在于使学校成为自主的办学实体,教育体制的运转以学校为轴心,从而形成有利于学校发展的机制,激发教育的活力。多元调节体制的具体规定是:第一,确立学校办学的自主地位,即在法律范围内行使财政权、人事权和事业权;第二,确立教育行政的宏观调控和为教育事业发展服务的职能,学校接受上级部门的评估和督导;第三,确立教育的市场调节机制,教育和社会直接相沟通;第四,确立以社会参与为内容的社会调节体制,学校接受家长、社会的监督。

增强教育的活力和效益是世界教育体制改革的共同目标,"非集中化"(也就是权力下放)、"多元化"和增强实用性,是教育体制改革的基本原则和方向。

一般说来,教育体制改革本身不是目的,而是手段,是为了保证教育更有活力,更能满足社会发展的需要和促进人自身的发展。但教育体制改革本身也有目的和意义,即促进自组织水平的提高,也就是形成自我更新、自我新陈代谢的能力,形成自组织调节从而跟上社会结构变化速度的机制,而不至于等到形成了僵化的体制再动大手术。一个健全的体制应该在不断变动的社会中,不断地对自己进行小规模调整,而不是等待巨大的变革。

第八章
教育改革模式论

模式是一个弹性相当大的概念,小而言之,一种教学方式就可以称为"教学模式",美国的一位教育学家写了一本论教学模式的书,总结出了50多种教学模式;大而言之,可以指一个国家、甚至一个文化类型中教育的基本特征、基本风格。我们这里讨论的主要是后一种意义上的模式。

现在讨论教育改革模式的文献,对"教育模式"的改革和"教育改革的模式"并不是严格界定的。从严格意义上讲,这两者是有区别的。教育模式主要是指一国教育长期形成的特征、风格,教育改革的模式主要是指教育改革以何种形式展开。当众多的教育改革形成了某些有共同特征的形式时,人们就可以把它概括为一种模式了。但是教育模式与教育改革的模式相混同,也不是没有原因的。因为教育模式是教育改革的依据,相同、相似的教育模式,其改革的方向、遇到的问题有很大的相似性。所以讨论教育改革的模式,无法回避教育模式本身。

一、教育模式演进论

教育模式演进论认为,教育模式主要是社会经济与科学技术水平的反映,教育模式与社会发展阶段是相适应的。随着社会的不断"演进",教育模式也随之发生变化,跟着演进。"演进"论把近代社会的发展分为三个阶段,即前工业时代、工业化时代、后工业时代(亦称信息时代)。与此相应,教育也分为3种模式,可以概括为象征性教育模式、竞争性教育模式和服务性教育模式。

象征性教育模式　这是前工业时代的教育模式,今天有些不发达国家尚处于或部分处于这一阶段,其时的教育大门只向少数人敞开,只有贵族阶层、地主、富人的子弟有受教育的机会,学校教育是教育的惟一形式,正规的、制度化的教育是这个时期教育的特征。这个时期的教育并不向学生传授实际的生活本领和实用技术,这些东西当时被认为是不登大雅之堂的。学生接受教育的目的,并不在于从学校学到什么具体东西,受到教育本身就是一种目的,是一种有权受教育的象征。

在这种教育中,师生关系如同师徒关系,是一种教师讲授、学生接受的单向关系,教师所教授的"学问"只不过是一种欣赏的对象、磨练"理智"的工具,或者是上层人士社交场合附庸风雅、炫耀地位的东西。比如说,学习拉丁文、习诵古诗等等。

这种对"学问"的研究的重视与和实际生活的脱离、对生产技术的鄙视是同时并存的。它们进行的是"纯"科学的教学,是抽象的阳春白雪,主要是一种精神陶冶,这被看成是特权阶层的特权,是被引以为自豪的区别于下里巴人的圣洁领地,如果教授了具体的生活技能,就是玷污了这块领地。这种教育并不要训练人会做任何事情。因为当时谋求社会高位、在官场的竞争中真正有用的,是所谓的修养:或者是满腹的经纶、沉稳的四方步,或者是古典语言的知识、熟练地引用文艺作品的本领、傲慢的态度和上层阶级慢慢吞吞说话的样子。

这些特征一直到二次大战爆发前的许多地方还存有痕迹,虽然没有当初那么典型,那么矫揉造作了,比如英国的"公学"(它们都是私立的)、法国的国立中学、德国的文科中学。美国20世纪初的中学改革就是冲着这个来的。当时为什么杜威大受欢迎,道理也就在此。当时的教育就是这样一种时髦的追求,通过这种教育,受教育者习成了一种特殊的语言习惯、一种特殊的行为方式、一种共同的价值观念,只有在这个圈子里才是通用的,彼此看了"熟悉"、"顺眼",而在这个圈子以外的人和普通人则越来越难以与之交往。接受教育成为受教育者的介绍信,成为进入特权阶层的通行证。它有效地隔离了普通百姓进入特权阶层的可能性。对此英国小说家狄更斯的作品里有生动的描述和辛辣的讽刺。人们把这种模式下的学校称为"修道院学校"或"堡垒学校"。

这种形式的教育与当时的社会状况是相适应的。因为社会生产的经验主要是靠师徒传递而无需在学校中进行,社会各阶层等级森严,而学校正好复制了这种社会系统。

竞争性教育模式 这是与工业化时代相对应的。它反映了工业革命以后工商业生活的特点。工业革命以后,资产阶级崛起,他们要求教育面向生活,培养"新人",即使受教育者能够有效地管理现代工商业和成为熟练的技术工人。现代大工业的革命性使得现代生活充满了竞争。达尔文"物竞天择"、"适者生存"的进化论,被资产阶级拿来作为自己的生存哲学。赫胥黎把进化论推广到社会领域,提出了社会进化论;斯宾塞强调了实用知识的价值,并且描绘了一个包括逻辑学、算术、几何学、力学、物理学、化学、天文学、地质学、生物学、社会学以及生理学、心理学、艺术活动的实用知识图谱。

适应于这种社会结构和社会观念的剧烈转变,教育也实现了相应的转变,竞争走进了学校。学校通过设立奖学金制度进行择优,因而勤奋和追求奖赏成为最受推崇的美德。奖学金成为很好的学习导向,它指向实际能力、实用知识,实业学科、实业学校应运而生。社会需要什么人才,就可以通过增设奖学金引导人才培养。

竞争性教育模式适应于工商业技术的要求,走向了"标准化",坚持了"法律和秩序"。虽然它也培养独创性,但它首先要忠实于"自由企业社会",美国的"机关职员"和日本的薪水阶级就是这种模式下的典型产物。虽然这个时期的教育为了适应工业或帝国发展的需要,扩大了招生,与社会生活有了广泛的联系,但它主要是"设计"受教育者适应社会,而个人的满足被放在次要地位。

各种各样标准化的考试和心理测量运动广泛兴起,学生陷入标准化的网络之中。通过这种标准的筛选,对人进行优胜劣汰,一部分人在竞争中"胜利"了,一部分人则在竞争中"失败"了。

19世纪末20世纪初,在中等教育阶段,职业技术教育发展起来,中学后的技术、商业和职业训练的规模也日益扩大。虽然最初接受这种训练的人,在职位声望和收入方面远远低于有特权的学术性学校所培养的人,但是不久,高等技术教育也发展起来,达到了与古老的大学同等的地位。然而,随着科学技术和生产水平的进一步发展,职业教育的声望已有下降趋势。缺少人文主义价值(包括人文学科、人文知识)的教育,已使人们感到严重的缺憾。

　　服务性教育模式　这种教育模式是后工业化时代的产物,可以说是更高层次上对第一种教育模式的复归。它让精神陶冶再次成为教育的主题,恢复共同的人性或文化,使人至少在某种程度的伙伴关系上始终保持共教共学。第一个阶段的教育是少数人的垄断品,而这个时期教育已大众化并走向普及化、义务化。这样一种根本的转变,使第一个阶段教育的象征性不复存在,而变成服务性——为所有人服务了。

　　师生关系也完全不是师徒式的单向关系,而是朋友式的平等关系。单一价值转变为多元价值。第一阶段的教育,教师的价值代表了社会的价值观,所以自然也就是学生的学习标准。教师不仅在"学问"上是导师,在价值观上也是导师。而现代社会本身已无统一的价值观,教师的价值观无法强加给学生,持何种价值观是各人自己的事。教师惟一优于学生的,就是知识较多,他的责任主要是传授知识,这基本上就是一种服务关系了。在现代社会,服务是一种广泛现象,我在这里为别人服务,在那里接受别人的服务,服务完全是一种工作关系,是一种普遍的社会关系。在人格上大家都是平等的。

　　后工业时代比起前工业时代的社会生活,其深度和广度是无法比拟的,社会的节奏、知识更新的速度也是无法比拟的。永久的、一成不变的事物没有了,可以适用于一切事物的标准、经验也没有了,所以教育必须进行广泛的能力训练、广阔深刻的知识传授、坚强应变的性格陶冶。教育本身也不固定为一种形式、一种格局,不再坚持一种标准,广泛的多元化是社会的总体特征。在这一点上,服务性教育模式与竞争性教育模式产生了巨大差别。第二阶段的教育并不是完全限制个人的兴趣,但那里一切都是预先包装、预先做广告和受到控制的。个人可以自我选择的范围就如同在商场买东西一样,可以选择的范围已经决定了。思想的自由也是在给定的思想内的自由;而第三个阶段个人的选择是没有限制的,你可以在超级市场选购,也可以去定做。在第二阶段,个人的道德行为有一个团体的标准,所以私下放荡不羁的人在公开场合却是道貌岸然的谦谦君子;而在第三阶段非常规的行为不仅是正常的,而且是正确的,因为它丰富了人类的经验。

有人把第二阶段称为"印刷文化"阶段,因为人们获得文化的途径是书籍、报刊、杂志,这种文化的获得形式本身就是单向的,带有灌输的色彩;而第三阶段已进入了电子时代的"瞬间知觉",一切现象、一切结果都是短暂的。对前者来说,稳定是正常的,对后者来说,多变是正常的。

由于不同时期的教育模式反映了不同阶段社会的巨大差别,所以也就形成了相应的教育改革模式。在竞争性教育模式下的改革,基本的目的是为了促进国家的繁荣昌盛而造就人才,有利于国家之间的竞争。因此,都很注意使全体国民具有共同的教育价值观,保证教育的统一性,并根据国家和社会分工的需要去培养各行各业、各种规格的人才。不管改革的内容和形式在表面上有什么不同,在工业化社会的 200 多年中,教育改革的一个共同特征是,在国家管理下,扩充和扩大以学校教育为中心的教育制度;如果从受教育者(儿童)这个角度来说,那就是扩大教育的机会均等。遵循这种教育模式,各国所推行的教育改革普遍遇到这样一些课题:对包括学前教育和各种补偿教育在内的义务教育予以实质的保证;扩大中等、高等教育的机会,使高等教育多样化;全面提高包含青少年职业准备教育、师范教育在内的教育质量。

服务性教育模式在目前水平上,多少带有浪漫主义的色彩,但朝着这个目标的改革动向已初见端倪,它明显地显示出新的改革方向。这种新方向是从《学会生存》一书提倡的改革方案开始的,是以终身教育为主线的。主张未来的教育应根据学习者的需要,提供一种灵活性的开放的教育体系的思路。它要求对传统的学校使命进行修正,对学校教育的内容和方法进行变革,并且在学校以外提供多种多样的学习机会,形成一个"学习化的社会"。在教育个性化和人格化的目标下,把初等教育和中等教育作为终身教育的基础,学习的课程趋向于个别化、多样化。从纵的方面说,教育贯穿于人一生;从横的方面说,教育不仅限于学校内部,还形成了家庭、学校、社会相贯通的网络。当然,这种教育是在电脑的辅助下和"合作"、对话的原则下进行的。欧洲文化财团1970～1972年发表的《2000年欧洲的计划——21世纪的人类教育》、经济合作开放组织(OECD)1973年制定的《利加林特计划》、罗马俱乐部提出的应战—创造的教育计划,以及伊里奇的"学校消亡论",都可以纳入这一范畴。毫无疑问,如同以前的改革计划有错误的和失败的一样,在这些以及其他的有关计划中,也不可能完全避免错误和失败。

我国目前正处于工业化的发展阶段,所以,教育改革以改革教育制度,以利于扩大受教育的范围、提高受教育的水平、提高教育质量为主,就是很自然的了。但我们又处于信息社会的冲击之下,部分发达地区已呼吸到信息社会的空气,所以,这些地区体现终身教育的宗旨,向"学习化社会"发展,把教育的个性化、人格化和国际化作为教育改革的原则之一,这也是十分必要的。总之,在我们这样一个差异悬殊的国家进行教育改革,一刀切无论如何是不行的。我们处于第二阶段(工业化竞争阶段),可同时又面对着第三阶段(信息化社会、服务性教育)的影响,这是发达国家发展过程中所没有遇到的,是新情况,自然就有新问题。也可以说我们又一次面临着建国初期无现成的经验可以援用,需要从头来起,重新探索的境况。正是在这样的情况下,才需要对教育改革特别重视,对教育改革理论的研究特别加强。

二、教育模式二分论

教育模式的二分论,是根据市场经济和计划经济不同的经济形态,把相应的教育分成两大类型或两大模式,姑且称之为"计划模式"和"自由模式"。

计划经济最有代表性的国家是苏联。在计划经济的体制下,生产、流通、分配,都是根据计划进行的,理想的计划经济是没有市场,没有商品,产品根据计划进行生产和调拨。计划是根据各计划部门对各种生产资料和消费品情况的了解和预测而产生的。如果这种计划确实准确地估计和预测了生产和人民生活的需要,各生产部门又能圆满地保质保量地完成计划的话,那当然是高效、经济和互益的,可以避免市场经济的盲目性、浪费和尔虞我诈。在这样的经济形态下,人才的培养和分配也是按计划进行的,所以学校从招生到分配都是按国家计划进行。这样,学校的设置,各层次教育结构的确定,专业、课程的设计,甚至教材、教学大纲、教学计划的制定也都是国家统一规定的。总之,"计划模式"的基本特征是:第一,计划教育,即教育的要素(包括教育投资、教育管理、师资调配、招生分配、专业课程教材制定,等等)组合,都完全通过计划而得以实现,整个教育活动都被纳入计划的范畴,受到计划的干预和控制;第二,单一教育。"计划模式"必然是所有教育活动都能纳入计划的教育。不能纳入或难以纳入计划的教育必然受到排斥,所以"计划模式"基本上是单一的学校教育,以学校教育的尺度来规范教育、衡量教育、发展教育,教育的场所、对象、时间、标准以及教育体系和教育制度等等,基本上局限于学校教育的范畴之内,整个教育的价值追求为学校教育的价值尺度所左右,升学、学历和文凭成为整个教育的自觉的价值目标。

市场经济不是由计划而是由市场来调节生产、流通、消费过程,商品根据市场需求进行生产和流通。商品价值的实现是通过自由竞争。谁能洞察市场的需要,谁能有较高的生产率,谁就能获得最大利润。人才,也是市场里的一种商品,人才的培养必须根据市场的需要不断进行调节。这样,培养人才的学校也就必须根据市场需求进行调节。培养目标的确定,人才的比例结构与学校结构、专业、课程的设计等等,都不存在不变的计划,而是根据市场走向来决定。由此也就决定着"自由模式"下的教育基本特征是:第一,自由性。办什么学校,开什么专业,招多少学生,授什么课程,用什么教材,等等,国家没有统一的计划规定,由教育单位(自治州、学区、学校)自己决定,或者由教师自己确定,或者由学生自己确定。总之,决定影响的面有多大,决定权就有多大。第二,多样性。市场本身是多样的,自由办学的结果必然强化了这种多样性。无论是个人(学生、教师、校长),还是一级机构,都可以有多种选择。美国可以看做是市场经济下教育的"自由模式"的代表。

当然,"计划模式"也不是没有自由、没有自主性,完全没有自主性是不行的,也是不可能的;同样,"自由模式"也不是没有计划,完全没有计划是不行的,也是不可能的。这里仅是就其基本原则、主导倾向而言。这种原则、这种差别,在高等教育中更为明显。

比如,以英美为代表的高等教育的培养目标,是通才(博雅)教育。美国高等教育从招生到毕业分配,都不是由政府制定计划,而是面向劳动市场,毕业生自谋职业,由市场调节。在这种情况下,专业性太强会造成就业困难,而通才教育可以保证毕业生有较强的适应性。苏联由于从招生到分配都是按计划进行的,虽然这种计划不一定很科学、很精细,但总的来说,供求之间是由计划安排的。毕业生去向明确,可以按照计划进行专业训练,所以苏联从30年代开始工业化以后,就是专业教育的模式。当时建设需要各种专业人才,通才教育不能满足工业建设的迫切需要,因而大力发展专业教育。尽管随着科学技术的发展,通才教育加强了专业性,专业教育拓宽了专业基础,但仍然保持着通才与专才的特色。

我国解放前采用的是英美模式,解放后批判了通才教育,采用苏联模式。近年来我国实行改革开放以后,渐感专业设置太狭窄、太死板了,不能适应商品经济、外向经济条件下人才培养的需求。这正好说明了经济形态与教育模式的关系。

当然,一个国家的教育模式,也不仅仅受其经济形态的影响。在计划经济与市场经济以及由此形成的计划教育模式和自由教育模式之间,有着明显的分界,计划模式与自由模式各自形成相应的系统,各自有自己的特征和运行机制。但在模式内部也是千差万别的。正如英国教育家阿什比所说:"任何类型的大学都是遗传与环境的产物。"①也就是说,教育是一国文化的整体体现,同样是市场经济的一种经济形态。英国高等教育采取两种高等教育制度,实行多种形式办学,一种是"自治"的大学,另一种是公立的多科技术学院和教育学院,由地方教育行政部门管理。寄宿制是英国大学的主要特征之一,无论是历史悠久的牛津、剑桥,还是20世纪60年代的新大学都实行寄宿制。导师制是英国大学的又一特色。新生到校,指定专门的导师,对学生不仅在学习上进行辅导,而且负责品德的教育和生活上的指导。牛曼在《论大学教育》一书中,对寄宿制和导师制有如下的精彩评论:"如果我必须就两所大学作出抉择:一所所谓大学,不供寄宿,也没有导师监督,给若干门课程考试及格的任何人授予学位;另一所大学没有一个教授,也不进行考试,仅仅把很多年轻人集合在一起3～4年,然后让他们离去,据说像牛津大学60多年来所做的那样……我毫不迟疑,宁愿要那不干什么大事的大学,而不要那逼它的成员熟悉世界上每一门科学的大学。"②如果这位牛曼先生到美国去读书,看来是没有一所大学能被他选中了;同样,如果把寄宿制和导师制搬到美国大学,恐怕一天也办不下去。

法国也是市场经济发达的国家,可法国高等教育直接由

---

① 阿什比:《科技发达时代的大学教育》,人民教育出版社1983年版。
② 转引自《高等教育的发展与改革》(外国教育丛书),人民教育出版社1983年版,第7～8页。

中央控制和管理,相对于其他同类国家来说,其计划性、强制性要严重得多。法国高等教育实行分阶段淘汰制,淘汰率很高。不过近20年来,法国中央的教育权力大大下放给了地方和高校,高校的自治权有了很大的扩张。特别是1968年"五月风暴"①以后,法国高等教育在权力下放、形式多样、自由化、民主化方面做了重大改革。

德国高等教育一方面沿袭近代大学与高等专门学校并行、教学和科研结合的原则,同时试行综合大学的新体制。威廉·冯·洪堡对德国高等教育模式的形成有很大影响。他1810年建立柏林大学,提出"学术自由"和"教学和研究相统一"的办学方针。大学可以自由支配政府拨给的经费,而且校长也由大学教授会选出一名正教授担任,不再由政府直接任命。教师享有学术自由的权利,可以自由开设各种课程,允许各学派自由竞争。学生也有较大的自由权利,自由选修各种课程和科研课题。这对美国、也对中国近代高等教育的发展产生过很大影响。

"计划模式"与"自由模式"都与相应的政治、经济、文化一致,一种模式适应于一种类型的政治、经济形态和文化背景,所以很难说哪一种模式是好的,哪一种模式是不好的。一个

---

① 60年代末,发达国家相继发生了震荡社会的学潮和工潮,尤以1968年五六月间法国的学潮最为震撼世界。1968年3月,法国巴黎大学农泰尔学院的学生抗议当局逮捕反越战学生,政府镇压,学潮扩大。继而爆发了全国性的学潮和全国工人的罢工,逼迫当局做出重大让步,包括改组内阁,废除许多大学的规章限制,比如男女生隔离,扩大学生的自治权,承认学生团体的地位,学生在学校管理的权力中占重要比例等。

国家是一个完整的有机体,这个国家的每个方面都是这个有机体的组成部分,是相互配合、彼此协调的。如果任意抽出一个方面,孤立地作出评价,或作为学习的榜样,就很容易产生片面性。不过,由于现代生产和现代科学技术发展的要求,由于各个国家相互往来的增加、文化交流的频繁,两种模式间的差距正在缩小。100多年前马克思恩格斯在《共产党宣言》中就已经深刻指出:"过去那种地方的和民族的闭关自守和自给自足状态已经消逝,现在代之而起的已经是各民族在各方面相互来往和相互依赖了。物质的生产如此,精神的生产也是如此,各民族的精神活动的成果已经成为大家共同享受的东西。"随着现代科学技术的共同发展,交往、通讯手段的日益先进,世界的面貌在走向多元化的同时,又高度综合形成了共同的科学的规范,形成了相似的管理观念和方法,而生产结构、社会结构、家庭结构日益趋同的同时,教育结构也日益向一个方向发展。纵观苏联、美国、日本等国的教育改革,不难发现,各国都在延长义务教育年限,普及完全中学,扩大和发展高等教育,大力发展职业教育;在管理上,教育集权国家如苏联、法国,纷纷下放权力,减少计划性,增加弹性;而地方自治、高校自治的国家,则强调了中央集权,比如通过拨款来调整高教结构和办学方向;在专业、课程设置上,一方面增加了选修项目,拓宽基础,也就是强调通才教育;另一方面,又强调了专业基础知识的重要性,特别是加强了自然科学、数学和外语及部分社会科学的份额或深度。在更高的层次上又进行了一次新的综合和分化。

鉴于这种情况,我国的教育主要是"计划模式"的特色,面对科学技术的发展和对外开放、对内搞活的经济政策,教育培养人才的任务需要增强适应性和灵活性,需要更多地吸取"自由模式"的有效成分,这是毫无疑问的。

当然,"计划模式"与"自由模式"的区别,并不仅仅是教育制度(所有制、管理制度、拨款制度、招生分配制度、教学制度等)的差别,也有意识形态的差别。我们不应在强调共同性的时候,忽视了我国的国情,特别是社会主义的制度、中国共产党的领导、共产主义的道德。另外,我们的教育有我们的历史,有今天的一系列新情况,这些都是要加以审慎研究的。

三、教育模式钟摆论

教育是倡导民间办学,多种形式并举,还是强调国家统一办学?是依靠知识分子办学,还是怀疑甚至排斥知识分子办学?是强调理论(间接)知识的学习,以学校为中心,还是强调实践(直接)知识的学习,以社会为课堂?是强调升学教育,还是强调就业准备?是主张教育的稳步发展,还是主张教育发展的跃进?在中国,还经常有一个突出的问题,是着眼于"红"的教育,还是着眼于"专"的教育?总之,是主张重学术的正规教育,还是主张轻学术的非正规教育,这是世界教育经常左右摇摆的两极。在中国,当代教育的这种两极摇摆更富有戏剧性。有人把重学术的正规教育称做"学术模式",把轻学术的非正规教育称做"革命模式",把这两种模式的摇摆、震荡,称为"钟摆现象"。

教育的学术模式的中心目的,是倡导学术的学习,这一学习是在学校进行的;教育的所有活动都意味着与学校的联系。对绝大多数人来说,接受教育就是上学。学校的核心是班级,辅之以阅览室和实验室。学习即意味着获得知识,而获得知识是通过读书。所以,学术模式的核心组织是班级,主要教育方法是读书。

为了教和学活动的有效进行,知识被按照不同年级的水平组织起来,成为连贯的教材。从低年级升入高年级是通过考试或测评来决定的。为了保证教学质量,考试和淘汰是必不可少的。所以,教育的水平越高,淘汰也越多,竞争也越激烈。这样,分数和年级,证书和学位,就成为管理的重要手段。在强调获得知识是学校的基本功能的时候,非学术性的兴趣活动或课外活动,显然就被看做是额外的负担,被排除在课程之外。而测量和考试,分数和班级,则不适用于超出课程范围的活动。学术模式尽管在不同国家表现形式不尽相同,但它们的基本形式,是把教育和学校、学校教育、班级教学、读书等同起来。它的中心目的是获得知识。

"革命模式"削弱了学校的中心地位,认为学校只是许多教育机构中的一个,社会在教育中起着积极作用:"社会即教员"。在农村、工厂、街道都可以学习,特别是群众性的政治运动更有教育价值。为了使师生可以同样地参加社会运动,正常的学校活动可以暂停数日、数周甚至数月;班级被打散,学校和教室对于学和教来说,已经不是最重要的地方,甚至成为旧教育的罪过。

学术模式以学校为中心,革命模式以社会为中心;学术模式是知识定向,革命模式是行动定向;学术模式的设计者是学者,革命模式的设计者则可能有激进派、政治家或"革命战士"。

有人以中国为例,把1966~1976年的教育,看做是革命模式的典型,1976年以后,回复了学术模式,并概括了两种模式的基本特征:

两种模式的特征[1]

	革命模式(1966~1976年)	学术模式(1976年以来)
国家目标	强调的主要是革命和共产主义,也注意生产和发展。	强调的主要是发展和现代化,也注意政治和意识形态。
培养目标	热情的革命者;坚定的理论战士和活动分子。红比专重要。土专家、赤脚专业人员。	经过培训的、具有技能和技术的人,献身于无产阶级事业和思想的受过训练的专家和学者。
学校	正规、非正规和不正规教育的结合,开门办学,工作-学习学校,在初等、中等、高等教育之间没有明确界限,为大众的学校。	学校是教育制度的核心,全日制学习是主体。阶梯教育即并列的、相互衔接学校的升级教育。为培养知识分子英才设立重点中小学和大学。
课程	校内外经验的一致性和持续性,行动和书本知识一样重要(或更重要)。政治思想教育是中心课程。生产、政治所需的知识和技巧,为当前服务的实际教育。	校内学习和课外活动有别。各级水平的基础学习和理论知识学习。重视高等学习的必要条件。教育为当前也为将来的需要服务。
方法	社会即教员,学习在农场、工厂、街道和练兵场进行。参加生产和政治工作是学习的主要方法。	教室、图书馆和实验室是集中学习的地方。书本学习是基础。考试是促进学习的重要措施。
学习过程	特定的学习是为满足生产和政治的实际需要。升级建立在政治和生产成绩的基础上。	系统地学习经过组织的主题材料。为了进一步学习打好基础和为将来的需要做准备,有些知识和技能必须学习。升级根据学术标准。
领导	共产党领导,工农兵教师和学校管理人员。知识分子的地位下降了。	在党领导下发挥专业教师、教育专家的积极作用。
思想指导	毛主义。刻板地按语录、引文、指示办事,严格地执行党的路线,狭窄的思想。	灵活地理解毛的思想。根据现时条件解释他的教导。思想从僵硬的教条中解放出来。

---

[1] 参见 Theodore Hsi-en Chen: Chinese Education Since 1949, Copyright C 1981 Pergamon Press Inc。

以往,我们理解社会主义的任务,主要有两个主题,一个是革命的主题(取得社会主义和共产主义的胜利),一个是发展的主题(现代化和国家建设)。当革命的主题占压倒优势的时候,培养红色接班人就成为教育的首要任务,整个教育的模式就显示出革命的特征;当发展的主题突出的时候,培养有文化、有知识的下一代就成为教育的主要任务,整个教育的模式就呈现出学术的特征。根据红与专的二分法,学术模式强调专的同时接受红,革命模式则把政治思想放在首位,当然也不排斥专。由于革命和建设在当代中国历史上是经常对立和转换的,教育受政治经济的制约,因此教育的发展呈现出左右摇摆的现象就毫不足怪了。

教育模式间的相互转换震荡,在当代中国历史上有4个回合:1949~1957年;1958~1960年;1961~1966年;1966~1976年。1976年以来是一次新的持久的反弹,它正面临着重新选择模式并改造它们的任务。

解放以后,我们的主要任务是发展经济,加之在摧毁国民党旧的教育机器之后,我们还没有可以取代它的现成的整套教育思想和实施方案,于是,苏联教育模式就自然成了我们最好的参照系。从建国到1957年,我国教育基本上是沿用了学术模式。

学术模式从20世纪初以来一直不断受到批评,它的致命弱点在于它刻板的因循守旧的制度和与实际生活的脱节。它限制了课程的范围,限制了学生的生活,整个教育活动成了攀爬教育阶梯的、追求指定目标的竞争过程。1958年,这种批判的声音,在中国大地震响了,毛泽东给这种模式以猛烈的抨击。随着教育革命的展开,逐渐形成了教育的革命模式,当

"文化大革命"中教育革命达到顶峰时,革命模式也发展到了极点。所以称它为革命的模式,不仅因为它的目的是为革命服务,而且它的方法也显示了对学术模式的最基本的否定。

在中国,革命模式的教育活动并没有或尚未形成确定的形式,它的课程安排是非常松散和随机的。政治和实践的需要决定课程内容的选择。特定的活动取代了系统的学习。教育活动很少强调必要的物质条件、人的素质条件、经费投资等,非学术性活动占了支配地位。正规的学校层次也被打乱,学校只注意初级和中级的分别,高等教育没有明确的入学标准,有时和中等教育的水平平行发展。

学术模式与革命模式的来回摇摆、交替,并不是中国所特有的现象,这种情况在美国表现得也很突出。美国丹妮·里威奇(Diane Ravitch)教授把这一现象称为"钟摆现象"。20世纪初,美国基本上是沿袭欧洲传统的学术模式,但20年代以后,进步主义的教育运动席卷了全国并波及到世界上的许多国家。进步主义的教育反对学校中心、教师中心、教材中心,主张儿童中心、社会为课堂,主张"做中学",主张以活动为教学的主要形式。

二次大战以后,科学技术的发展一日千里,"卫星事件"使美国朝野震动,人们一下子把目光投到教育上来,认为这是进步主义教育偏废基础性、系统性、理论性的恶果。于是,颁布了《国防教育法》,确立了以培养高科技人才为目标的教学新体系。加强了数学、自然科学、外语"新三艺"的课程借以加强系统理论知识的传授,并把发展能力提到了前所未有的高度。教育的钟摆荡回到学术模式一边。

但到了60年代以后,美国社会矛盾加剧,种族运动、反战运动、妇女运动、青年运动,此伏彼起,美国社会动荡不安。人们又把这些问题归罪于学校,认为社会的弊端丛生,是因为学校只强调学术标准和学生的行为标准,而没有使学生形成承担社会责任的能力,于是进步主义教育卷土重来。他们认为,提高学校办学的自主权和自发性,改革脱离社会政治、生活实际的课程结构,是解决社会危机的根本办法。此后,开放教育大为盛行,年级界限也被取消,传统的学习课程被"独立学习"、"学生设计课程"等所取代。教育的钟摆又荡回到革命模式一边。

70年代以后,美国学校的教育质量每况愈下,许多学术课程浅薄,学术标准下降,分数贬值,管理混乱,学校纪律松散。美国教育界惊呼,现在学校的质量水平已比"卫星危机"之前的水平还要低。而科学技术的发展却迅猛异常,以航天、生物、海洋、能源、计算机等学科为领头科学的技术革命正在发生。美国人惊呼:教育处于危机之中!这样,70年代末,特别是80年代以后,美国开始了"回复基础"运动,"学术性课程"比例又相应加重,教育又向规范化发展。可以说,教育的钟摆又荡回到了学术模式。

从美国教育的4次钟摆现象可以看出,每当美国国内社会矛盾加剧,政治、经济出现危机,需要依靠教育来缓和矛盾、摆脱困境时,教育的钟摆便荡向革命模式一边。当美国在国际竞争中遇到了科学技术迅猛发展的挑战,希望尽快造就人才、发展尖端科学、充实国家实力时,教育的钟摆便荡向学术模式一边。美国教育发展的历史也表明,这两极之间摆动的幅度越来越小,两种模式之间不断相互吸取对方的优点,有逐渐融合的趋势。

在苏联,教育也经历了4次大的摆动。首先,是20世纪20年代对旧教育的改革,批判"九分无用一分被歪曲了的东西",摸索建设社会主义新教育。这一时期明显受到进步主义教育的影响,过分强调了活动和兴趣教学,教育活动明显表现出革命模式的特征。由于学校未能保持应有的质量,不能适应经济建设的需要,30年代后,苏联教育进行了全面的整顿,重点放在建立统一的学校教育体系,提高教学质量上,恢复了传统的教育制度和方法,传授知识成为学校的主要任务,因此呈现出学术模式的特征。但在知识水平提高的同时,忽视了劳动和操作训练,普通教育发展过快,毕业生对社会不熟悉,能力与社会需要脱节。1958年以后,赫鲁晓夫在推行社会全面改革的同时,也力图革除教育上的积弊,强调教育与生产劳动相结合,教育与社会生活相联系,号召破除不可动摇的传统教育规范,把教育向革命模式推进了一程。但这一改革也随着赫鲁晓夫的下台而偃旗息鼓。然而,赫鲁晓夫提出的问题并没有因此解决。1984年后苏联持续开展了教育改革活动,仍然试图寻找到教育与生产劳动、教育与社会结合的最佳结合点。这同样显示了融合两种模式的优势的趋势。

不难看出,革命模式也好,学术模式也好,都有其合理性,都反映了社会对教育某一方面的需要。由于教育自身的性质所决定,这两种模式都有难以克服的弱点,随着教育与社会联系的加深,随着人们对教育规律的认识和把握的深入,人们将在这两种模式之间开辟一条新的道路,形成一种综合模式,其前景是广阔的。在中国教育史上,这两种模式之间有所摇摆,也是不奇怪的。中国通过对这两种模式的融合,建立更符合国情和现代化要求的新模式,也是必然的。

但是,我们必须看到,中国建国50多年的历史虽然不长,在教育上的起伏震荡却是频繁而剧烈的。中国教育在两种模式间的转换,除了社会、教育自身的冲突以外,还有不同于他国的特点,这种特点使中国教育的模式震荡付出了特别沉重的代价。为了为以后的教育改革提供借鉴,以免重蹈覆辙,研究这种特点是很有意义的。

首先,国外教育模式的转换是由社会的客观进程,由社会的不同要求引起的,而中国的教育模式转换却往往有更浓的主观色彩,是由于对社会状况的不准确判断所引发的。建国之初,我们对国内主要矛盾的判断是,落后的生产力与人民日益增长的物质需要与精神需要的矛盾。根据这一判断,教育的主要任务自然被确定为培养促进生产力发展的现代人和提高人民的文化素质。但1957年以后,我们逐渐对国内形势的估计发生左的偏差,认为阶级斗争才是国内的主要矛盾:无产阶级和资产阶级之间的阶级斗争,各派政治力量之间的阶级斗争,无产阶级和资产阶级之间在意识形态方面的阶级斗争,是长期的,曲折的,有时甚至是很激烈的,无产阶级要按照自己的世界观改造世界,资产阶级也要按照自己的世界观改造世界,在这一方面,社会主义和资本主义之间谁战胜谁的问题还没有真正解决。因而认为:"我们现在思想战线上的一个重要任务,就是要开展对于修正主义的批判。"[①]所以1957年以后,阶级斗争逐渐成为学生的主课,展开了"拔白旗、插红旗"的运动。

参加阶级斗争的另一个重要内容是改造思想。这主要是

---

① 《毛泽东选集》第5卷,第418页。

由两条途径实现的,一是大学毛主席语录,一是参加生产劳动。在学校办工厂、在工厂办学校,与工农群众打成一片,接受工人、农民的教育。1958年学校师生参加大炼钢铁,学校盖起了小高炉。据1958年9月20个省市统计,有2.11万所各级各类学校共建小炼铁炉、炼钢炉8.6万座;大批学生下乡和贫下中农同学习、同劳动、同食宿,认为这就是实现了"人人劳动,人人学习"的共产主义教育制度。这两条途径都势必对学术模式的教学内容、教学形式、教学计划、教学组织产生巨大冲击。1960年以后,进行了整顿,虽然没有从理论上纠正"教育革命"在认识上的偏差,但实际上是向学术模式靠拢。1964年特别是1966年以后,阶级斗争的弦一下子绷得更紧了,阶级斗争"必须年年讲,月月讲,天天讲",于是阶级斗争和思想改造这两方面在学校从更广泛更深入的程度上展开了。"黄帅日记"、"张铁生的答卷"、"朝农经验",都是这个时期的产物。

教育成为阶级斗争的附庸,教育为经济服务的功能、教育的学术功能,几乎全部被抛弃。教育模式的转换,震荡不具有学术论争的性质,而纯是政治观点、意识形态的纷争使然。正因为如此,某一模式的推行是自上而下的,而不是出于教育界自身的要求。由于它的自上而下性,也就决定了它的一律性、统一性和运动的色彩,从而即使发现了所推行的模式严重不足,也缺少转换的灵活性,更缺少从相反的模式中吸取合理因素的自觉性。

第二个明显的特征是对知识分子、对教师的怀疑和排斥。知识分子在中国的命运是一个值得再三深思的问题,秦始皇焚书坑儒,汉高祖刘邦拿儒生的帽子当尿盆,元代称"七儒八丐九娼",暂且不去说它,可笑的是,作为知识分子的章太炎把当时社会分为16个等级,"一曰农人,二曰工人……","农人于道德为最高,其人劳身苦形,终岁勤动","而通人(高级知识分子)以上则多不道德者……","要之知识愈进,权位愈伸,则离于道德也愈远"①。李大钊等早期马克思主义者,也都曾竭力讴歌农村和农民,指陈城市和知识青年的诟病②。他们衡量一个人道德的高低,值得受尊敬程度的标准,重要的一方面,是看其从事体力劳动的多少。从这样的文化背景来看毛泽东的一些讲话就很好理解了:

拿未曾改造的知识分子和工人农民比较,就觉得知识分子不干净了。最干净的还是工人农民,尽管他们手是黑的,脚上有牛屎,还是比资产阶级和小资产阶级的知识分子都干净。③

总而言之,我这些材料(注:当时印了一批古今中外发明家的材料)要证明这一条:是不是卑贱者最聪明,高贵者最愚蠢,来剥夺那些翘尾巴的高级知识分子的资本。④

毛泽东曾提出过使受教育者在德、智、体几方面都得到发展的方针,但他后来讲得更多的是"又红又专",认为"红与专、政治与业务的关系,是两个对立物的统一","政治和经济的统

---

① 章太炎:《革命之道德》。
② 李大钊有这样感情浓重的句子:"在都市里漂泊的青年朋友们啊!你们要晓得都市上有许多罪恶,乡村里有许多幸福,都市里的生活,黑暗一方面多,乡村的生活,光明一方面多,都市上的生活,几乎是鬼的生活,乡村中的生活,全是人的生活,都市的空气污浊,乡村的空气清洁。……
"青年啊!走向农村去吧!日出而作,日入而息,耕田而食,凿井而饮。那些终年在田野工作的父老妇孺,都是你们的同心伴侣,那炊烟锄影鸡犬相闻的境界,才是你们安身立命的地方呵!"(《青年与农村》,1919年2月20~23日《晨报》)
③ 《毛泽东选集》,第808页。
④ 《毛主席论教育革命》,人民出版社1967年版,第14页。

一、政治和技术的统一,这是毫无疑义的,年年如此,永远如此"①。为什么"红"与"专"是一对对立物呢？这同教育与生产劳动、知识分子与劳动人民为什么是对立物一样,一直是缠绕在毛泽东头脑中的纽结。照理说,红与专并不构成对立关系,红的反面是不红,专的反面是不专。红可以专,也可以不专；反之,专可以红,也可以不红；它们没有必然联系。同样,从劳动的概念分析,知识分子也是劳动者,不过是以脑力劳动为主,是有知识的劳动者；劳动者(没有达到一定文化程度的体力劳动者)也可以成为知识分子。为什么在没有知识的时候是"高贵"的、"聪明"的,有了知识就"卑贱"了、"愚蠢"了呢？就需要改造了呢？这里的症结在于知识和知识的传播过程。这是一个耐人寻味的问题。

知识,它不仅是人的认识成果,而且凝聚着特定的文化特质和一定的价值倾向。我们且不谈社会科学知识,只讨论自然科学知识的这种性质。中国是一个伦理本位传统的国家,古代教育的内容主要是"四书""五经",讲求的是"格物致知、诚意正心"修身养性的功夫。一直到 1905 年废科举、兴学堂为止,知识这个概念在教育者的头脑中是没有的。而在西方,文艺复兴以后,知识的身价猛涨,到培根打起"知识就是力量"的大旗后,知识的概念已经深入人心。中国输入西方的知识却经历了一个从好奇——恐惧——无可奈何的特殊历程。时至清末,西方列强的坚船利炮打开了中国的大门后,尽管西方的科学技术仍被视为"奇技淫巧",可还是不得不接受"中学为体、西学为用"的口号。但真的能保持中国伦理之本,仅以西

---

① 《毛主席论教育革命》,第 11 页。

学为用吗？西方的科学技术并不是孤立的东西，它伴随着务实、功利、效率的价值观，启迪着怀疑、批判的理性精神，要求有实验、事实、数量化的科学方法和态度，而且，它必然带来竞争和知识面前人人平等的社会气氛。这就与中国的文化传统有了巨大的差异，人们对它的担忧也就完全可以理解了。我们在感情上鄙视它，不愿学，生怕它喧宾夺主，而理智又强迫我们学，否则亡国灭种的危险就在眼前。我们正是在这样的心态下接受西方知识的。随着现代科学技术的发展，知识越加专门化和综合化，各个技术领域的专家越有可能成为那个领域的权威和把持者。如果这些权威和统治者不是同心同德，那岂不是专了我们的政？

就知识的传播过程而言，教育就意味着与学校的联系。学校的细胞是班级，学生的主要任务是读书，这就势必造成学生不同程度的与社会生活的隔离。由于知识具有连续性和内在的逻辑性，有些知识的学习除了为掌握下一步的知识打基础外，几乎没有什么意义。这就不可避免地出现理论脱离实际的情况。

为了教学活动的有效进行，知识被按照不同年级的水平组织起来，成为连贯的教材。从低年级升入高年级是通过考试或测验来决定的。为了保证教学质量，考试和淘汰是必不可少的。所以，教学水平与淘汰率、与竞争激烈程度成正比。

在传授知识的过程中，虽然也鼓励创造性，但更强调的是打好基础。而且传授知识的过程中，学生的创造性、探索精神被教师忽视甚至扼杀是完全可能的。甚至学生的人格得不到足够的尊重也不乏其例。由于知识的传递具有这种集正反两面作用于一身的性质，所以在教育改革史上，有人主张宁可削弱知识的连续性和逻辑性，而注重与生活的联系和学生自身的发展；有人则强调了知识的系统性和连续性，而不惜以与生活的隔离为代价了；也有人把为社会服务，把满足社会当下的需要当作教育的主要目标。但是，我们把知识传播过程的正负面作用，看成了路线斗争，看成了红与专的对立，赋予了强烈的意识形态色彩，试图通过政治运动的形式解决问题，这是在别国很少发生的，当然也就失去了从相对的教育模式中吸取优势的可能性。

现在，我们已经确立了"教育为社会主义建设服务，社会主义建设依靠教育"的方针，因而从总体上采纳学术模式是顺其自然的。但这绝不是简单地回复到传统的模式中去。如果历史的变化不是螺旋式地前进而仅仅是简单地重复，那必将是历史的悲剧。这也正是教育之所以要改革的深层根源。今天的教育改革如何深化，如何发展，完全可以仁者见仁、智者见智，这是教育改革能顺利发展的条件。但是，通过对历史的回顾总结，有几点可以作为今天的教育改革的禁忌：

1. 不能一哄而起、大起大落，搞群众运动；
2. 不必整齐划一，不可强求一律，不能急于求成，不要急功近利；
3. 增强学校的自主性，保持教育的独立性；
4. 教改必须依靠教师、知识分子；
5. 在各教育模式间保持必要的张力，不要简单地、全盘地否定一种教育模式，而应审慎地从中吸取合理因素；
6. 破除红与专相对立的思维方法。

第九章
教育改革的主要悖论

悖论是一个逻辑学名词,它的本意是指,一命题B,如果承认B,可推得非B,反之,如果承认非B,又可推得B,称命题B为一悖论。这里并不是在严格意义上使用这一概念。现在社会科学中借用悖论这一概念,一般是指对一种现象、一种理论,因为视角不同、强调的重点不同,可以得出不同的结论,甚至相反的结论。康德曾经从哲学上讨论过两个互相排斥但同样是可论证的命题之间的矛盾,他称这种矛盾现象为"二律背反"。他列举了四组二律背反:(1)世界在时间上和空间上是有限的;世界在时间上和空间上是无限的。(2)世界上一切都是单一的、不可分割的;世界上一切都是复杂的、可分割的。(3)世界上存在着自由;世界上不存在着自由。(4)世界有始因;世界无始因。二律背反的提出,推进了思维辩证法的发展。我们来讨论教育改革中的悖论,也就是希望通过对教育理论中的一些相反论题的讨论,加深对教育规律的认识,为教育改革提供多支点、多视点的理论认识。

有人排列了教育理论中的一系列悖论现象,对我们开阔这方面的视野颇有意义。

教育本质、教育目的方面:
生活准备论——生活复现论;
教育服务论——教育先导论;

国家本位论——个人本位论；
等级主义——平等主义；
专才论——通才论；
教育是连续的——教育是非连续的；
教育无目的——教育有目的；
教育制度方面：
双轨制——单轨制；
中央集权制——地方分权制；
统一化——多样化；
学校组织方面：
惟学校论——非学校论；
封闭学校——开放学校；
正规学校——非正规学校；
教育内容、课程方面：
自然学科中心——人文学科中心；
学科中心——活动中心；
普通学科偏重——职业学科偏重；
间接经验偏重——直接经验偏重；
基础学科偏重——反基础学科偏重；
教学方法方面：
读书学习——生活（经验）学习；
教师中心——学生中心；
接受学习——发现学习；
努力至上——兴趣至上；
集体学习——能力分组学习；
集体原则——个性原则；

知识教育——形式教育；
纪律教育——自由主义；
合作观——竞争观。
……①

这里排列的一些悖论有些与我们所要表达的意思不尽相同，但大体是一致的。马骥雄在勾画美国从1918年以来70年的情况时认为，美国中等教育普及后，在目标上存在着准备"升学"与"就业"的两难；在内容上存在着兼顾"通"与"专"的两难；在政策上存在着采取"英才主义"与"平等主义"的两难。② 在中等教育没有普及的国家，这些两难问题往往在初等教育普及以后就会碰到。如何处理这些棘手的两难问题，确实是很值得重视的，在中国，下列一些关系更具有现实性和针对性。

一、服务论与依靠论

教育为政治、经济服务和政治、经济的发展依靠教育，是从相反的角度来讨论教育功能的。无论是从实践上还是从理论上，这两者的统一都不是没有问题的。

教育为无产阶级政治服务的方针，是1958年正式提出来的，原则上这是不错。古今中外，不为本阶级的政治利益服务的教育是不可能得到发展的。社会主义的教育事业当然要

---

① 参见崔相录：《教育理论中悖论的研究》，《教育研究与实验》1989年第4期。
② 参见《教育学文集·美国教育改革》选编说明。

为无产阶级政治服务。但是,社会主义的一切事业都离不开政治,仅从教育与政治的一般关系来讲是不够的,还必须具体地来讨论这一关系。

潘益大1980年对此即进行了一定的分析。① 他认为,要弄清这一关系,应首先明确"政治"的含义。过去对政治往往有两种理解。从广义上说,学校的政治任务就是为无产阶级培养革命事业的接班人,教育为政治服务,就是为培养接班人服务。从狭义上说,政治是指当时的阶级斗争、路线斗争,教育为政治服务,实际上就是为当时的阶级斗争和路线斗争服务。现在看来,无论从哪种意义上讲,都有缺陷和问题。教育要为培养革命接班人服务,这从整体上说是毫无疑义的。然而,在我们国家里,哪一样工作不要为培养接班人出力呢?一个具体的工作方针,并不反映这个领域本身所具有的鲜明的个性特征,而只是反映同其他领域相通的共性,显然不足以构成教育方针的主要内涵。至于规定教育必须永远为阶级斗争、路线斗争这些政治运动服务,那显然是错误的。无产阶级在夺取政权之前,教育要为夺取政权的革命战争服务,在夺取政权之后,特别是在社会主义三大改造完成之后,教育就应及时地转向为现代化建设服务。可是,长期以来,我们强调的教育必须为无产阶级政治服务恰好相反,它实际上成了大搞阶级斗争、大搞政治运动的代名词,这就不能不导致一系列严重的不良后果。事实上,1958年的大炼钢铁,1959年的反右倾、拔白旗,1962年以后"千万不要忘记阶级斗争",特别是"文化大革命"中把学校办成"无产阶级专政的工具"、培养"与走资

---

① 潘益大:《关于教育方针的探讨》,《文汇报》1980年11月4日。

派作斗争的战士",所有这一切,都使广大师生卷入了无穷无尽的阶级斗争、路线斗争的政治旋涡。

另一方面,教育必须为政治服务,常常容易引起轻视文化知识的误解。马克思主义的经典作家曾经揭示了教育与经济基础、政治的关系,这个原理在推动旧学校的改革和社会主义教育的建设中,起过积极的作用。但是,仅仅这样还不足以完整地反映教育的性质。从学校工作本身来说,教育为政治服务,有时是直接的,如政治课、思想教育课,但大量是间接的,是通过传授文化科学知识来实现的。教育的主要职能,是通过有组织有目的有计划的活动,传授人类积累起来的文化科学知识。教学活动是学校的基本的实践活动,因此学校应该以教学为中心,加强学生的政治思想教育决不能脱离教学活动另搞一套,而必须紧密结合各科教学来开展。所以,教育为无产阶级政治服务是必然的,问题是以什么形式、怎样为之服务。

如果说教育为政治服务的问题在于以何种形式、如何实现的话,那么,教育为经济服务的问题主要则在于如何相互创造条件。

建国伊始,在1949年12月23~31日召开的全国第一次教育工作会议上,就确定了我国今后教育工作的总方针:教育必须为国家建设服务,学校必须为工农开门。这一方针后来为"教育必须为无产阶级服务,教育必须与生产劳动相结合"的方针所取代。到了"文化大革命",这一方针的积极含义全都被歪曲和篡改了,教育陷入严重的混乱和危机。1978年,邓小平在《在全国科学大会开幕式上的讲话》中提出:"四个现代化,关键是科学技术的现代化","科学技术人才的培养,基础在教育",强调了教育在改变劳动力素质、发展生产力中的作用。党的十一届三中全会实现了工作重心的转移,更明确了发展生产力、搞社会主义经济建设必须依靠教育。1985年《中共中央关于教育体制改革的决定》更明确指出:"教育必须为社会主义建设服务,社会主义建设必须依靠教育。"从服务到依靠,这是一种根本性的发展,是对教育功能的一种全新的认识,这就是要把社会主义建立在科学技术和现代精神文明的基础上。

"依靠论"的提出,对教育与社会的关系提出了新问题。既然教育作为社会发展的依靠对象,那教育如何能完成这一使命呢?教育自身需要有怎样的发展,才能发挥它的这一功能呢?于是,第一次出现了"教育先行"的主张。《学会生存》把"教育先行"、"教育预见"和"社会拒绝使用学校的毕业生"称为当代教育的"三种新现象"。"教育在全世界的发展正倾向先于经济的发展,这在人类历史上大概还是第一次"。这固然有像日本这样的国家成功的经验,同时也因为"现在,教育在历史上第一次为一个尚未存在的社会培养着新人"[1]。

在以前,是不会有教育先行的想法的,因为教育是传授既成的知识、思想和规范的,社会的发展很缓慢,学校教育只要消极地跟着社会走就行。可是二次大战以后,由于科学技术的发展速度和社会结构的变动太快,学校必须有预见地超前培养,否则消极地跟也跟不上了。王逢贤具体讨论了"教育先行"的问题。

他认为,"教育先行作为宏观教育现象,包括对现实社会

---

[1] 参见该书第38～39页。

先行和对未来社会先行两个方面的内容。现代教育先行的概念,主要是指对未来社会先行而言的。杜威的'教育即生活'、当今各国实行的'回归教育'、'先培训后就业'等短期培训教育都属于教育对现实先行的现象……教育(对未来的)先行真正成为经济发展和社会进步的迫切需要,在第三次产业革命之后才成为世界教育发展的潮流。"[1]他从5个方面论证了这一趋势:首先,现代社会物质文明建设必须依靠教育,现代教育的发展必须为现代物质文明建设服务和依靠它所提供的物质条件;其次,现代物质文明的生产和消费需要人具有新的素质;现代精神文明的生产和消费也需要人具有新的素质;第三,现代科学技术发展的激增性,使知识更新期越来越短,可是培养人才的周期是比较长的,这就要求教育先行;第四,教育周期长、收效慢,是人所共知的,可是当今世界各国还是不惜花费较多的钱大力发展教育事业,是由于教育投资的效益具有潜在的长效应和增效应;第五,教育先行是由现代教育自身建设的先行性所客观决定的。教育是由教育思想、教育目标、教育体制、教育内容和方法、教育工作者和教育对象等许多要素构成的一种社会实体。教育为现代社会的今天和明天发展服务,教育内容各要素必须首先实现现代化。

所谓教育先行,实质性的内容在于两个方面:一是教育投资的增长速度应超过经济增长速度;二是教育为未来经济发展的需要培养人才,目标应当超前。其理由是:教育的周期长,人才培养要比使用提前10年左右;教育是一种复杂的

---

[1] 王逢贤:《现代教育先行论再探》,《东北师大学报(教育版)》1986年第3期。

社会现象,要造就现代化所需要的多层次、多水平、多类别的人才,需要一个长期的探索、总结过程。

教育先行的主张无疑是有道理的,其理由也是充分的,问题是强调经济对教育起决定作用的观点也是有根据的。经济发展的水平决定着教育发展的水平。对31个国家的调查表明,凡是经济增长快的国家,教育投资也增长得快。国民收入愈低,用于衣食住行的比例愈大,用于教育比例就愈小。对国内十几个县的调查也表明了同样的情况:凡是经济发展快的地区,教育的设备条件就好,教育的质量就比较高。持有这一观点的人认为,我们过去的教训不在于过分强调了经济制约教育,而在于过分强调了教育为政治服务。人们经常提到日本的教育在日本现代化过程中发挥了极大作用,但是这首先是因为日本经济的发展对教育提出了需要,并提供了条件。有人甚至警告,在经济不发达的情况下,不顾经济发展的条件和水平,过分强调教育的作用,盲目地发展教育,不仅不会促进经济的发展,反而会影响经济的发展。①

这种情况不仅是中国教育发展中碰到的实践问题和理论问题,实际上世界许多国家早在我们之前就碰到这一问题了。针对这一问题,"适度教育"的观点发展起来。适度教育与过度教育是相对的,适度教育的基本思想是:在一定的经济发展水平上,一定的教育水平可以促进经济的增长,而超过这个水平,再接受教育,就不能再对经济增长做出贡献。那样,在经费不足的情况下就是一种浪费。

这里,教育的服务性与依靠性的对立,便不再是出发点、

---

① 见《教育研究》1987年第2期,第73页。

方向性的对立,而仅仅是掌握程度的"度"的差异了,甚至取消了观点上的分歧,成为一种操作性的,要靠在实践中逐渐予以解决的问题了。

二、社会本位与个人本位

所谓社会本位与个人本位,就是在理解和处理个人与社会、个体与群体的关系时,是以社会为出发点,强调社会(国家)利益的至高无上性,还是以个体为出发点,强调个体利益的至高无上性。古代中国是以社会为本位的,把国家的意志解释为"天道",个人必须服从社会,当个人的需要和利益与社会的需要和利益发生冲突时,个人应无条件地做出让步和牺牲。维系社会本位的机制主要是等级制和宗法制,即所谓"君君、臣臣、父父、子子"。从孔子、孟子到董仲舒、朱熹,这些官方哲学的代表,为社会本位论提供了一整套理论依据。[①] 这中间虽然也有道家"非礼"的思想,有魏晋时期"崇个性、尚自然"的主张,有明清颜元、戴震的反礼教檄文,但总体说来,以中国为代表的东方世界是以社会(国家)为本位的。

西方从柏拉图到黑格尔,一直也主张国家利益至上,但总的说来,西方是以个人为本位的。个人本位强调以个体为出发点,突出个体的利益和权利、兴趣爱好、社会参与与自我实现。

个体本位以物质利益作为考虑问题的出发点,以能否获得个人利益为行为的首要准则,它不承认超越个体利益之上

---

① 参见本书第3章第3节。

的抽象利益。

中国是通过伦理道德来调节人和人、人和社会的关系的，西方则是通过法律来调节人和人、人和社会的关系的。

个人本位的一个必然结果就是利己主义的极端扩张，个人欲望的恶性膨胀，存在着侵犯集体和社会利益的必然性。为此，就必然要形成一种社会约束。这个基本约束或者叫做自然令律，就是：人人都有自我发展（扩张）的权利，人人都有尊重别人权利的义务（即不得侵犯他人利益）。所有社会成员都要求独立，都希望获得最大的利益，都谋求自己的发展，都反对别人的干涉，都捍卫自己的权益和自由，都希望在社会事务中实现自己的主张。于是，这就有了限定，要求对各人的权利范围进行区分，进行合作，谋求共利。如果唯利是图，以邻为壑，就必然引起别人的反对，受到惩罚。这种惩罚不是由一个人对另一个人实施的，而是通过法律。当人类形成社会以后，人们就认识到，维护个人的利益就不仅是个人的事，而是整个社会的主题。人们在分清了各自的权利范围、分清了个人利益和公共利益之后，就以法律的形式把它固定下来。人们以法律来维护自己所拥有的权利，社会以法律惩戒侵害个体和公共利益的行为。

以社会为本位的社会，需要解决的问题是，怎样保证个人合理的需要、利益、欲望等等得以实现，保证个人的自由发展；以个人为本位的社会，需要解决的问题则是，怎样引导人们关心社会、关心集体，在必要的时候，牺牲个人的利益以维护群体的利益。讨论这些关系，看看杜威的观点是很有趣的。

杜威常常被看做是个人本位的鼓吹者，他的教育思想主张儿童的自由发展，他所进行的教育实验和以后进步教育的实验,也被看成是个人本位教育的实验。可是杜威本人却不同意,而且认为,他的教育主张和教育实验是"社会中心"的。

杜威退休以后,写了一系列重要文章来总结他的理论和实践,《芝加哥实验的理论》(1936年)是其中重要的一篇。他认为,个人因素和社会因素是相协调的,过去流行的个人一切情感的、理智的和道德的能力的和谐发展的观点,虽然没有主张可以离开社会的条件和目的去完成这种发展,但是,也没有有意地提出社会价值的重要性。今天,特别在进步学校,往往强调个人的本能和能力倾向,因为它们可以用纯粹的心理学分析发现,至于和社会目的的协调,大都是被忽视的。杜威认为,这与对社会的不全面的理解有关系,似乎社会就仅仅是经济的社会,追求社会的目标,就是追求经济的成就。另一方面,把社会理解为僵死不变的,仿佛"社会的"一词只意味着使个人适应偶然在当时存在的特定社会安排的某一预先注定的地位。

实验学校把学校建成一个社会生活的缩影,杜威认为这是个人与社会协调的首要因素。只有当学校本身是一个小规模的合作化社会的时候,教育才能使儿童为将来的社会生活做准备。个人的发展要与社会的发展相一致,个人就必须不断自由地与别人在经验交往中紧密地生活在一块,并在共同分享的过程中得到幸福和成长。也就是在交往中学会合作、互利。所谓社会的利益,实际上就是人们的利益和心理得到共同发展。

而传统的学校仅仅是学习功课和获得某些技能的场所,把学生"分级",使个人准备去适合当前的社会安排和情况,使个人"适应"社会制度。杜威说,当前的社会安排和情况还没有稳定和健全到足以证明这样的程序是正确的。芝加哥的实验,就是要通过扩大学生的生活范围,使学生按照一种新的社会观念,去改造而不仅仅是适应社会。

所以杜威说,他的实验学校是把社会方面放在第一位的,有人以为他的学校是为了给个人完全的自由,它们是、而且必然是"儿童中心"的,在某种程度上,忽视或至少不重视社会关系和社会责任,其实完全不是那么回事。杜威说:"尽管没有成功,在意图上,实验学校是'社会中心'的。我们认为,心理发展的过程主要地是一个社会的过程,一个参与的过程;传统的心理学受到批评,因为它把心理发展看做是个人在与单纯事物的自然环境的接触中发生的。而正如刚才指出的,目的在于培养个人和别人共同生活和合作共事的能力。"①

杜威对个人与社会关系的认识应当说是相当深刻的。他认为,个人的发展与社会的发展是统一的,而不是对立的,个人的发展离不开社会的发展,社会的发展水平决定了个人的发展水平;但人不是消极地适应社会的发展水平,而是可以积极地改造社会,加快社会的发展,这样人的发展也才能随之发展。而教育在这其中可以起到十分积极的作用,可以通过培养学生较早地参与社会生活,培养个人和他人共同生活和合作共事的能力,来实现这一目的,但是,他自己也承认,尽管有此意图,但没有成功。

杜威的理论虽然有相当的深度,但他的教育理想并没有实现,根本原因在于,他把教育在社会进步中的作用看得

---

① 《芝加哥实验的理论》,《杜威教育论著选》,第321~322页。

太重了。决定社会发展的第一因素,是生产力的发展。马克思在论述人的发展时,就是从这一因素入手的。人在简单分化的生产水平上,必然是片面发展的,只有大工业以后,才使得人可能从简单的劳动和异化的劳动中解放出来,并成为社会革命的决定因素,因为大工业的本性就是革命的。

马克思对人的发展与社会发展的关系的论述是历史唯物主义的。人的发展无法超越历史的水平,就是人的思维,也是历史的产物。另一方面,人的发展又是社会发展的主要标志之一,个人的发展是集体发展的前提,集体的发展总是从一个个具体的个体发展开始的。虽然在同一历史时期、同一历史水平,人的发展会有天壤之别。这有自然因素,更是社会(包括教育)造成的。但教育如何把促进个人的发展与为社会服务结合起来,马克思并没有直接回答。

根据马克思主义的观点,(忽视社会目标的)个人本位和(忽视个人目标的)社会本位,都是错误的,在价值观上是片面的,在认识论上是形而上学的。有人以为可以脱离社会发展水平,纯粹从心理上谈个人的发展,与有人以为强调个人的发展会影响、阻碍社会的发展,都是一种片面的思维方法——把人与社会的发展隔离开来了。

杜威当初试图把个人发展与社会发展融合起来的努力,仍然是值得我们思考的。

三、英才教育与大众教育

发展教育是国家的需要,也是国家的责任。

封建时期的教育是为少数人服务的,是贵族教育。那时教育是一种特权,是一种象征,能不能受教育是区分不同等级的标志。国家只对少数特权阶层负教育的责任,对广大劳动人民不负教育的责任。那时,教育与生产劳动是脱离的,劳动者可以不受教育。所以,那个时候,英才教育与国家的教育责任是统一的。

资产阶级革命以后,建立了法律面前人人平等、人格平等的观念,从理论上说,人人都有接受教育的权利,国家对每个人都负有教育的责任。另一方面,教育也成为一种普遍的需要,现代化大生产需要工人、技术人员、工程师和管理人员都具有一定的文化水平。所以19世纪以后便陆续产生了有关义务教育的法律。

但是,教育要讲效益,要培养适应和胜任当下社会各项工作的人才,使他们最快地为社会提供服务。在经费、师资、校舍有限的情况下,教育有选择地对一部分人授教,比如办重点学校,英才教育,牺牲一部分人甚至大部分人的眼前利益,为少数人提供高等教育,为的是使他们更快地对社会做出贡献。这是教育的功利主义价值。胡森称:"英才教育是我们为经济增长和提高生活的物质水平将不得不支付的代价。"[1]在这方面,巴西的例子恐怕是非常典型的。

巴西经过长期的殖民统治和压迫,深感自己的文化落后,要追赶现代化的建设速度,特别缺少高级技术人才和管理人才,因此,特别重视发展本国的高等教育。20世纪70年代以后,巴西教育经费一半以上都投到了高等教育上。据统计,

---

[1] 《世界教育展望》(Ⅰ),第187页。

1970～1975年的短短5年里,大学生人数就由42.5万多人猛增到113.6万人,增加了差不多2倍,超过了初等教育发展速度5倍以上。80年代,巴西初等学校入学率还只有74%,高等教育入学率却占到了适龄人口的11%。1960年巴西学前教育和小学教育的经费占整个教育经费的33.5%,而到1976年却下降到15.1%,同一时期,中等教育经费所占比例由19.6%下降到14%,由于经费缺乏,1980年在2 507万学龄儿童中,只有1 843万人能入学。也就是说,差不多1/4的学龄儿童无处上学。入学率如此之低,对一个第八经济大国来说,是十分令人遗憾的。即使从教育的功利价值来说,教育也不能只培养当下有用的人才,它还要培养短期内产生不了效益的人才;尽管经费紧张,它还是必须首先保证所有适龄儿童受到一定的教育。这从社会发展的角度来说,也是符合社会的长远利益的,是有益于社会经济持续增长的。而且,并不仅止于此,因为这也是社会民主、平等的要求,是现代社会每个人的基本权利。这是教育的人文价值,是国家的责任。

出于这样的双重原因,早期的义务教育,已倾向于成为分阶段的大众教育。所有西欧国家义务教育年限已经从6年延长至8、9或10年,结束义务教育的年龄为14、15或16岁,而不再是12岁。因此,中等教育第一阶段成了大众教育,失去了"中学的"特点,不再与中等教育第二阶段一起具有6年为一期的"连续性"。中等教育的第一阶段因而趋向于成为基础教育的延续。日本在这方面的做法是较为典型的。

日本在1905年就已经基本上普及了初等教育,但大学生所占适龄人口的比例却很低,还不到1%。1976年,当巴西的高等教育经费占整个教育经费的比例高达55.9%的时候,日本高校的入学率虽已在30％以上,但所用经费只占日本教育经费总额的10.7％。日本对基础教育的重视历来是有传统的。二次大战后,宁可勒紧裤带,也要办好教育。

我国是一个经济不发达的国家,教育经费占国民生产值的比例一直是很低的,①不仅低于世界平均水平,甚至还低于非洲的一些不发达国家。在这样经费短缺的情况下,如何合理地使用经费,既较大地发挥教育的功利价值,又发挥其人文价值,确实是个颇为艰难的问题。

以要不要办重点中学为例,赞成者与反对者的态度都非常强烈。反对的人认为:办了重点就会忽视一般,造成重点与非重点之间的差距与矛盾,会助长片面追求升学率。重点校师资好、设备条件好、生源好、经费也较多,因而他们的教育质量好和升学率高都是应该的。非重点校有的师资条件极差,学生是别人录取后剩下来的,很难把教育质量提上去,严重地影响了教与学的积极性。再者,分重点与非重点,从小把学生分等级,会伤害学生的自尊心和自信心,不利于学生健康成长。

赞成的人认为:(1)世界上许多国家都非常重视英才教育。为了保证科学技术的进步,各国都设有重点学校,注意从小开始培养一批尖子人才。(2)青少年的发展存在着不平

---

① 据联合国教科文组织统计,教育经费占国民总产值(GNP)的比例,1985年全世界平均水平为5.7％,我国1987年为3.2％。如按人均教育经费与国外比较,近期美国全年人均教育经费为966美元,加拿大947美元,法国584美元,日本555美元,新加坡249美元,而中国1985年仅为8美元。改革10年来,我国教育经费虽然增长了2.6倍,但扣除物价上涨因素和人头费,实际用于教学的公用经费却下降了。1987年比1980年,中小学公用费分别从33.1％和22.1％下降为27.8％和16.7％,典型调查表明,中学每年每个学生平均仅5元,小学仅1元。

衡，尤其在初中阶段，是一个人成长的关键时期，应该为超前发展的孩子创设一个良好的环境和条件，促进他们的发展。(3)客观环境存在着差别，除了师资、设备，还有学校的风气和传统都有差别。就人、物方面而论，不办重点，把原重点校的师资、设备、经费平均分配下去，并不能大面积地提高非重点校的教学质量。(4)取消重点并不能解决片面追求升学率的问题……①

不管主张办重点校的理由有多充分，都无法否认一个事实，它是以剥夺非重点校学生的权益和机会为代价的。推而广之，英才教育就是以剥夺大众教育的权益和机会为代价的。

我们认为，在这个问题上，第一，既要承认差距，又要有所限制。由于历史水平的限制，在受教育的水平上的差距是客观的，要完全消除还没有这个条件。而且，就是在形式上取消了不平等，比如取消重点中学，大学入学率达到100%，仍然存在着事实上的不平等，因为各人的天赋、背景、条件仍然是有差异的。真正的、完全的平等就要求起点平等、过程平等和结果平等。而要达到结果平等，比如所有的人都达到同样的水平，在教育过程中，在形式上又是不能平等的。当然，这种形式上的不平等是为了最终缩小差距，而我们现在承认的不平等却是在扩大差距。我们处于这样的一个社会条件下，一方面生产力水平不高，另一方面又处于现代化高度发展的国际环境中，为了加快我国现代化的步伐，我们必须瞄准世界最先进的科学技术，培养一大批各行各业的专家、学者，这就要

---

① 参见《教育研究》1986年第11期，《"端正教育思想，明确培养目标"问题讨论综述》。

求国家办一批重点学校,承认重点学校和一般学校的差距,这在社会主义初级阶段是不可避免的。虽然在某种程度上,这是人为扩大差距,是不平等的,但这是达到平等的必要途径。平等的进程、差距的缩小,不能通过把高水平降低到低水平来实现,而是要通过逐步提高低水平的程度来实现。

但是,重点学校的重点发展不是无限制的,而应该制定一个最高标准,把差距限制在一定范围内;对于每个国民必须接受的基础教育,则必须确立一个最低标准,保证这一水平的实现。绝不能用牺牲最低受教育水准的办法来保证重点。否则,那就是"贵族教育"而不是"英才教育"了。

第二,基础教育要有统一标准,但不要强求一律。要从事实出发,以有益于个人、有益于社会为原则。以教育质量为例,提高教育质量,是教育发展的重要任务。但怎样理解教育的质量呢?看法不一定是一致的。是仅仅以掌握书本知识的多少来衡量,还是根据学生多方面的发展,根据学生掌握了多少为社会实际需要的知识来衡量教育质量呢?根据多方面的材料来看,中国学生的书本知识容量在世界上是名列前茅的,但在课余活动、动手操作能力、社会适应能力、个性发展程度上,则不能令人满意。事实上,现在许多书本知识按我国现阶段的生产水平在很长时间内是难以用到的,①我国的工业化还没有完成,70%以上的人口是农业人口,掌握这些知识还不是生产力发展的内在要求,我国的广大学生普遍负担过重,教

---

① 我们比较了我国中学生的数学教学大纲和苏联、美国、德国、韩国、我国台北的中学数学大纲发现,我国的数学教学大纲除了略低于苏联的水平外,比其他诸国和台北都要多和难。

师、家长、学生都处于紧张状态。这主要是来自书本知识的压力,它不仅花费了师生的大量精力和时间,而且导致了许多不良后果:

——大量学生学习兴趣降低,产生了畏惧和厌恶学习的情绪,长时间处于紧张焦虑状态对儿童的身心发展不利;

——挤掉了学生若干课余活动时间,妨碍了他们各种不同兴趣的自由发展;

——冲淡了工艺性的训练,对培养实际生活能力、操作技能不利;

——减少了学生自发的社会活动时间,限制了学生对社会的认识,影响了学生社会交往能力和社会情感的形成。

所以,我们认为在许多学校、许多地方,可以适当降低书本知识的水准,为学生多方面的发展提供更多的机会。

但不主张千篇一律,绝不等于放任自流,取消统一性。现代社会需要的书本、理论知识应经过认真讨论、审订以后,作为基础教育的明确规定。这样倒更能实现教育目标,不至于像现在有许多地方,虽然有要求,但无法实现,徒具形式而已。

四、重理论(知识)与重实际(能力)

《中国人民政治协商会议共同纲领》第46条规定:"中华人民共和国的教育方法为理论与实际一致。"这足以说明我们建国初在教育思想上对理论(知识)与实际(能力)的并重,以及对理论联系实际的重视。可是这一问题在以后的若干年中,却一直成为教育理论和教育实践中反复波折的问题。这固然有政治的因素,但这一问题也确实是一个两难问题。

作为传统教学理论的集中代表,赫尔巴特第一个试图按照心理活动的规律来分析教学过程中的认识特点。他着眼于系统地掌握知识,提出应根据受教育者心理活动的规律去规定教学的过程。他认为教学必须使教师在传授新教材时能在学生的心灵里唤起一系列已有的观念,这种在原有经验基础上去掌握新观念的过程谓之统觉,他认为教学过程就是要帮助统觉的形成。他把教学过程分为明了、联想、系统和方法4个阶段。后来杜威认为这种观念之间的运动不利于思维的发展,也不能形成真正有用的知识。他认为应根据儿童的兴趣去发现问题,然后寻找解决问题的方法和材料。他提出了教学过程的5个步骤:问题发生的情境;确定问题的性质;解决问题的假设;假设的推论;检验。

赫尔巴特与杜威在认识论上的对立以及由此形成的教学主张的差别是非常明显的。赫尔巴特是从知识、观念出发,归宿也是形成新的知识、观念;杜威则是从实际、从问题出发,归宿也是对实际问题的解决。可以这样说,一个是在学习理论和为了学习理论的过程中,适当联系实际,所联系的实际也是经过选择和简化的;一个则是在生活实际和为了解决生活实际问题的过程中学习理论,强调学习过程与生活过程的同一化。他们的实际结果是,一个对理论知识的学习效果明显,但脱离实际;一个与生活实际逼近,能调动学习者的主动性、积极性,但对形成系统的理论知识不利。

我国建国初在提倡理论联系实际的方法的同时,批判了教条主义("新区教师们的一个相当普遍的毛病")和经验主义("在老区长期工作过的同志"容易犯的毛病)。教条主义的主要表现是机械地搬用马列的语录,而不顾中国的历史和实际;经验主义的主要表现是"不习惯于系统的理论学习","在学校工作中轻视各种必要的规章制度","不习惯于正规的课堂教学","只求开会多,只想搞运动;认为生产劳动就是体育;不注重学校应以教学为主;在学校里实行极端民主等等"[①]。很明显,当初我们提倡理论联系实际的方法,有其特定的背景。它不仅有认识论的意义,还有党性的原则在里面。

1952年我们开展了学习苏联的运动,凯洛夫的教育学成为指导我国教育工作的思想。在对理论与实际的关系上,凯洛夫教育学强调的是教学过程中的认识活动与一般认识活动的特殊性,强调以学习间接知识、理论知识为主,强调以课堂教学为主,他把教学过程分为感知、理解、巩固、运用4个阶段。教学过程中的练习、实习、实验都是为了更好地理解和掌握理论。1958年以后,我们不点名地批判了这种教学理论,认为这是一种理论脱离实际的方法,并且和当时的"红专大辩论"联系起来,倡导教育与火热的社会生活结合,师生与工农结合,开展了"教学、生产、科研三结合"的教育革命,也就是学生不再专门学习基础课程,而是结合典型工程进行教学,工程结束了,学习也就完成了。60年代以后发现,这样的革命过分强调了联系实际,结果理论水平下降。针对这一情况,周扬指出:"我们要鼓励学生读活书,活读书。但在学校里面读书的时间应当多,因为毕业以后,到了实际工作中,读书的时间

---

① 钱俊瑞:《学习和贯彻毛主席的教育思想》,《人民教育》第3卷第3期(1951年7月),下同。

就要少了,接触活的知识的机会就更多了。"①从理论上说,这种回答可以说是苍白无力的。它并没有解决:理论和实际到底是什么关系?怎样才能构成完整的知识?人类对知识的掌握与教学过程中对知识的掌握有什么区别,各有什么特点?在教学过程中,理论与实际的结合怎样才得当?

"文化大革命"中,把"理论脱离实际"指责为"旧17年修正主义教育路线"的罪状,大力鼓吹理论联系实际,当时同济大学的"'五七'公社"和复旦大学的"'五七'文科试点班",被看做是理论联系实际的两个典型。② 其实际的做法,都是与生活(工程)的进程进行同步教学,打乱基础课——专业基础课——专业课的程序,"真刀真枪"地干。去掉政治色彩,与杜威的观点倒有默契之处,但显而易见的问题是:是生活(工程)结合教学,还是教学结合生活(工程)?或者问,是生活(工程)为教学服务,还是教学为生活(工程)服务?

在"教育革命"的"鼎盛"时期,《光明日报》1972年10月6日发表了周培源的文章《对综合大学理科教育革命的一些看法》。文章重申了理论联系实际的必要性,同时也指出,不能把理论联系实际仅仅理解为满足当前的需要;一部分学科是从生产斗争中直接产生、发展的,而有些重大发现和学科在某一阶段的发展,则主要是通过包括观察自然现象在内的科学实验而建立的,并不都是因为生产上的实际需要。比如经典力学向量子力学的发展,就基本上是自然科学的理论工作,显

---

① 周扬:《关于高等学校文科教材编选的意见(1961年4月12日)》,《教育研究》1980年第3期。
② 见《红旗》1971年第6期。

然属于科学内部矛盾的逻辑发展和抽象推演的范畴。总之，作者的意思在于，不能把理论联系实际简单化。理论联系实际本身是对的，但如果把它当成教条，就是形而上学，是脱离实际。

周培源的文章中隐含了一个问题，但没有明确表达出来，那就是：学习理论是不是必然脱离实际？理论是怎样产生的？理论是在实践的基础上产生的，理论是对大量的经验和实验的总结、概括、提炼和上升，它更具有一般性。结合实际是理论自身的要求；不结合实际，并不能真正理解和掌握理论，只能生吞活剥。要把理论内化为自己的认识和心智，必然要通过相应的实际操作过程。显然，联系实际是根据学习理论的要求来进行的，理论联系实际只是一种方法，一种手段。如果一定要把它形而上学化，成为一种事先设定的原则，就可能失去本意，而把理论联系实际本身当作目的。

现在，从思想上说，重视理论与实际的联系是没有问题的，真正的困难在于，理论怎样和实际联系，不同性质、不同内容的学科内容用于理论学习的时间和用于接触实际、实践操作的时间各占多少比较合适？如果能够为不同学科、不同内容的理论学习和实际操作提供一个大体的时间分配（比如百分比），那也许可以减少许多盲目性和摇摆性。这实际上是如何掌握一个"度"的数量化的问题。仅仅从道理上讲讲理论联系实际的重要性是容易的，到底怎样安排它们的比例关系和具体形式，才符合社会需要和学科自身的需要。这才是困难的和更有意义的。

在我们前面讨论的诸种关系中，恐怕都存在一个度的问题。教育为社会的政治、经济服务，服务到什么程度，以什么形式服务？过分强调了为某一方面服务，无论是为政治还是为经济都不行。社会的发展要依靠教育，依靠到什么程度？社会为教育提供怎样的条件？都有一个度的问题。社会本位也好，个人本位也好，都看到了教育的某一功能，这本来是相辅相成、互相促进的两方面，片面强调一方面，失却了度的掌握，将其对立起来势必要"两败俱伤"。英才教育与大众教育就更加明显。取消英才教育或完全不顾大众教育，都违背了历史进程的要求，但英才教育与大众教育的发展速度和比例到底怎样把握，就相当困难了。因此，照我们看来，这些矛盾，以及本章开头所排列出来的诸多矛盾，乍看似乎是一个问题的两极，其实，它们是相通的。人为地强调它们的对立，就会更加"势不两立"。只要注意去寻找它们的共通面，就可以彼此融合了。因此我们的理论研究，更需要的是对"度"的研究，寻求"适度"的位置。

第十章

教育改革与教育发展的关系

改革和发展是两个不同的概念。在通常意义上,所谓改革,着重是指结构、观念上的调整;所谓发展,着重是指数量上的增加和规模上的扩大。过去,这两个问题经常是模糊不清或是不加区别的。有时以发展的成绩佐证改革的成果,有时以改革的步骤代替发展的要求。但不加区别,就势必对发展的目标和改革的目标含混不清,继而就会影响到发展的结果和改革的结果含混不清。所以当教育发生问题的时候,到底是发展的速度、规模没有控制好,还是改革的方向、方法不对头,也就含糊不清了。为此,在理论上必须把改革和发展区别开来。但另一方面,这两者所以有含糊不清的情况,也正说明这两者有密不可分的联系。改革与发展固然应有各自的目标,但从总体上说,改革是为了更好地发展;发展亦需要改革并支持改革。数量发展到一定程度,打破了原有比例结构,也就成为改革了。

现在,我们强调改革与发展的一致性是十分必要的。我国教育面临的许多问题,或者说各级教育的主要问题,比如中等教育"普教职业化、职教普通化"的问题,高教培养目标与社会需要脱节的问题,成人教育缺少特色的问题,首先不是数量多寡的问题,而是结构不合理、办学形式单一化的问题。只有首先调整结构、改革管理体制、理顺学政关系,才能引导合理的数量发展。否则,只考虑在现有基础上发展数量,可能会解决一些问题,但许多实质性问题仍然不能解决,还可能产生新的问题,产生副作用。如果现有的结构、体制还勉强能够维持现状的话,随着未来的要求越来越逼近,越来越迫切,现有的矛盾将会更加突出和严重,教育将会更加不适应社会的需要。我们以往搞的教育规划以及世界许多国家搞的教育规划,对改革与发展的关系往往是不够重视的,改革成功的很少,这大概也是原因之一。所以,我们现在考虑教育发展、教育规划的时候,必须注意以改革开路,以改革带动发展,真正以战略思想——也就是改革的思想来统帅教育的发展。

一、外延扩张型战略

教育的发展包括外延和内涵两个方面,外延的扩展主要是通过发展数量、增加新校、扩大规模来实现,内涵的发展也包括数量的增长,但它是通过挖掘现有学校的潜力,提高现有学校的内部效率,扩大现有学校的招生数量来实现的。20世纪60年代以后,世界上的许多国家,特别是第三世界国家,都采取了外延扩张型的教育发展战略,呈现出教育的激增趋势。据联合国教科文组织的统计,1960～1980年全世界各级教育注册的学生总数(不包括中国、朝鲜和纳米比亚)从3.27亿上升到6.41亿,在这20年中教育扩大的规模相当于在此以前整个历史阶段扩大的规模(见图10-1)。

第三世界教育的这种迅猛增长,既与人口的迅猛增长有直接关系,也是第三世界采取外延扩张型的教育发展战略的

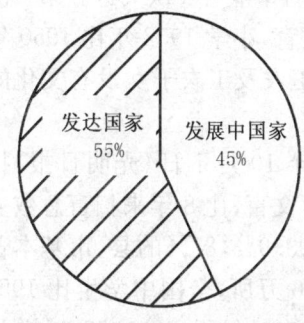
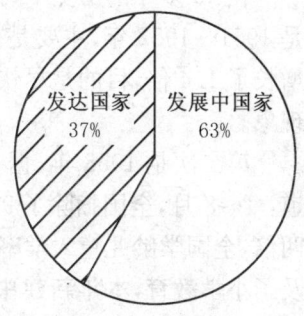

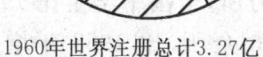

1960年世界注册总计3.27亿　　　1980年世界注册总计6.41亿

图10−1　世界各级教育注册在发达国家和发展中国家
　　　　（不包括中国等）分布情况，1960～1980年[①]

结果。

中国的情况亦复如此。以往，我们在反映我国的教育成就时，总是大力报道我国教育事业在数量上的发展。从数量上说，我国的教育事业确实取得了很大的成就。无论是学校数量、学校规模、入学率、在校人数、毕业生数、受教育年限等方面，发展都是巨大的。但是，如果考虑到毕业率与合格率的差距、学校的规模效益等，就需要进行进一步的分析。而且，衡量教育的成就，还要看它是否符合经济和社会发展水平的需要和可能。如果教育的发展与社会需要脱节，超出了经济发展的可能，这样的发展在质量上必然要打折扣，而且会给社会带来负担。

---

①　资料来源：《世界教育危机——八十年代的观点》，第80页。

在40多年的历史中,我国教育事业有4次突进。第一次是1951～1952年,主要是初级教育,小学1952年比1950年增长了1.4倍,目的是尽快改变工农及工农子女没有文化的现象。

第二次是1958年,据1958年10月1日《光明日报》报道:1～8月,全国扫除了9 000万文盲,比8年来扫盲总数多两倍,全国学龄儿童入学率已达93.9%,87%的县、市基本普及了小学教育,本年新建中学2.6万所,全国中学生比1957年增长47%,中专学校已达6 000余所,比1957年增长220%,本年新办高校860多所,在校生比1957年增加2/3,业余学校比1957年增长5.5倍,为的是贯彻多快好省的总路线,实行"人人读书、人人劳动"的"共产主义教育制度"。

第三次是1975～1976年,主要是中等教育的突进。高中和初中都分别比1974年增长近100%,为的是真正显示社会主义优越性,同时也有人口的压力。

第四次是1978年和1983～1985年,这次发展较大的是高教。1978年增设高校194所,招收新生40.15万,其中计划外扩大招生10.7万。在1977～1988年的11年间,我国高校数从404所增加到1 075所,在校学生数从62.5万增至206.6万。特别是1983～1985年的3年间,新建立学校达301所。这样的高增长,既是补偿"文化大革命"的长期欠损,满足人民接受高等教育的强烈愿望,也是出于对未来发展的强烈渴望。正如1983年教育部、国家计委给国务院的《关于加速发展高等教育的报告》中说的:"为了实现党的十二大提出的奋斗纲领,各条战线和各个地区都深感专业人才缺乏,迫切要求教育先行,为国家早出人才,多出人才。因此,加速发展高等教育事业,已成为刻不容缓的大事,必须采取有力措施,促使整个高等教育事业在近期(5年左右)就有计划按比例地有一个较大的发展,并为今后更大的发展打下基础。"[1]

这些愿望都是无可指责的,但实际结果是,每次大发展以后,都有一个跌入"低谷"的停滞、调整期,出现了4起4伏的周期性失谐波动现象。教育的大发展并没有为后来打好基础,反而给后来的教育发展造成了被动。就以最近的高教大发展来说,由于它造成了经费、校舍、设备的全面紧张,造成或加剧了结构上的不平衡,迫使90年代的一个长时期,高教实行零增长的政策。

教育上的每次突进以后,往往都引起不同程度理论上的反思,但不久又被激进的思想方法和情绪所取代。对1951~1952年的突进,1952年底就注意到了。《人民教育》1953年第1期发表社论《迎接国家经济建设,提高教育工作质量》,把提高质量放到了首位。社论说:"我们的教育工作者,必须克服过去某种程度的盲目性,要坚决地执行计划;在执行计划中,要特别注意研究的,就是怎样为国家培养合乎规格的建设人才,怎样提高教育工作的质量。"在这样的认识的基础上,比较快地纠正了突进现象。

从1956年开始,受到农业合作化运动迅猛发展的鼓舞,对教育事业发展的谨慎态度逐渐不满起来。《人民教育》1956年第1期的社论《为加速发展教育事业和提高教育质量而奋斗》指出:"从事业发展上看,各项教育发展的速度过于缓慢……因为当时有些干部没有把'盲目冒进'的含义和界线划

---

[1] 《关于教育改革的重要文献》,人民教育出版社1986年版,第409页。

清,结果挫伤了群众的积极性,在干部中产生了严重的消极退缩情绪。""造成这些缺点错误的根本原因,是各级教育部门特别是教育部的领导干部存在着严重的保守主义思想,对于革命形势认识不足,对于实现社会主义革命缺乏足够的思想准备,安于现状,对整个国民教育工作缺乏全面规划,强调客观困难多,发挥主观能动性和依靠群众力量不够,'稳步有余,前进不足'。"这以后,常常把稳步发展等同于保守主义,把革命等同于高速发展,因此,不少人就是思想上主张稳步发展,也不敢公开表示了。1957年进行过反冒进,也有人明确指出:"中小学发展的波浪式不是教育发展的规律,1957年的适当压缩不是保守,而是实事求是的措施。"①但1958年以后这些又被看成了"套在革命派头上的紧箍咒",教育的突进已经是势所必然了。

教育要大跃进,有一些理论问题和实际问题就要解决。第一个问题是:教育能不能像政治那样搞突击运动?教育有没有不可违背的客观规律?当时的认识是:"过去,文教部门比较容易强调文教工作是'百年大计',不能马上见效;而生产部门又容易单纯要求文教部门解决当前的问题,较少注意长远的需要。我们批判了这两种不全面的看法,实现了'大量普及、迅速提高'的方针……"②"要使教育界的思想大跃进,首先就要破除旧思想,立新思想,逐步打破各式各样的保守思想,从单纯业务观点、'权威学说'、国际标准等等束缚中解放出来!"③就是说,教育的跃进首先要有思想上的跃进,思想上

---

① 苏人:《中、小学教育发展问题的意见》,《人民教育》1957年5月号。
②③ 赵守一:《文教战线上的大跃进》,《红旗》1958年第8期。

的运动。

那么教育工作本身是否适宜搞运动呢?"半年来的事实证明:文化建设和思想工作不仅能大搞群众运动,而且必须大搞群众运动。凡是大搞群众运动、大干、多干、紧紧张张干的事情,困难就比较小,质量就容易保证;凡是小干、少干、慢慢腾腾干的事情,困难就比较大,质量就不易保证。"①要实现党的教育方针"不经过轰轰烈烈的群众运动,冲破旧习惯势力的束缚,破旧立新,是不可能的。有些人却在群众的革命运动面前进行非难,说什么'学校搞得乱哄哄,太没有秩序了'。这不过是资产阶级对群众运动惯常的歪曲。"②当时认为教育的发展只是一个态度问题,而不是科学问题,只是愿不愿、敢不敢的问题,而不存在能不能、适度不适度的问题。所以鼓励凭借热情一哄而上。

教育事业大跃进的第二个问题是:速度上去了,质量能否保证?这个问题在当时实际上是非常敏感的,也更受到"跃进思想"的抨击。按照以前的标准,培养出来的是"四体不勤,五谷不分"的"读书人",工人农民是不放心的。而现在"他们投身于生产劳动的洪炉,受到锻炼和陶冶,用自己的辛勤劳动,为社会创造了物质的和精神的财富,他们才切身体验到劳动创造社会这个真理,认识到劳动是最豪迈的事业,轻视体力劳动的观点是错误的……'磨破了手掌,改变了立场;晒黑了皮肤,炼红了思想'……被看做是自己的知识分子"③。这里,

---

① 《促进教育事业大跃进》,《人民教育》1958年第1期社论。
②③ 杨秀峰:《我国教育事业的大革命和大发展》,《人民日报》1959年10月8日。

否定了学术标准的质量观,一旦学术标准的质量观被认为还是不能抛弃的,这种忽视学术质量的发展当然就会被抑制和纠正。

教育事业大跃进碰到的第三个问题是经费问题。增加学校、增加班级便要增加校舍、师资、设备,就要增加经费。然而,不增加经费能不能增加教育呢? 当时认为是可以的。1964年6月2日《人民日报》发表了一篇中共阳原县委的文章《阳原县是怎样普及小学教育的》,并为此发表了社论《阳原县普及小学教育是教育战线上的一面红旗》,回答并倡导了不增加经费而增加教育的办法:"阳原县的自然条件、经济水平、文化状况,是真正的'一穷二白'。……现在,阳原县居然普及了小学教育,使学龄儿童入学率达到了90%左右。"他们的原则是少花钱多办事,"把原来国家在比较富庶地区举办的一部分学校转为由群众集体办,或者由国家和群众合办。把节余下来的教育经费用于发展山区、穷队的教育事业。"这显然是在搞平均主义,把较高的发展水平拉平到较低的发展水平上来。

再一个办法就是把本来由国家支付的教师工资,转为由队集体支付,根据队集体的经济收入决定他们工资收入的多少。1968年11月14日《人民日报》在头版头条发表了山东省嘉祥县马集公社马集小学教师侯振民、王庆余的来信《建议所有公办小学下放到大队来办》。信中"建议所有公办小学下放到大队来办,国家不再投资或减少投资小学教育经费,教师国家不再发工资,改为大队记工分"。这一建议曾经产生了很大影响。这样做表面上好像暂时解决了教育发展面临的经费矛盾,但却是变相的对教师的剥夺和增加农民的负担。在这样的基础上教育发展必然会产生一系列的问题,甚至最终取消教育。

1977年以后,我国的教育事业面临着前所未有的巨大压力。一方面,世界各国普及义务教育年限不断延长,高等教育迅速发展,国际上的科技竞争、人才竞争越演越烈;另一方面,我们的文盲、半文盲人数占世界文盲总数的1/4,也占我国人口的1/4。虽然中小学在数量上得到了很大发展,但名不副实,高等教育更是严重萎缩。这些,都急需教育有大发展,所以一时间舆论热烈,促成了我国教育发展的第四次突进。然而,历史上碰到的问题:速度与效益、数量与质量、愿望与可能的矛盾又重新凸现出来。当时某些地方通过对历史经验教训的总结,提出了一些中肯的意见,但并没有引起很好的重视。

浙江省教育发展的历史说明,建国后该省普通教育的发展没有遵循有计划地逐步发展的规律,而且往往"大起"和"大落"是连在一起的。突然的高速发展,在师资、校舍、设备和经费等各方面都造成了很大的困难。数量的突然膨胀,也加剧了办学的要求与办学的条件之间的严重脱节。按照"人有多大胆、地有多高产"的唯心主义来办教育,必然要受到惩罚。浙江为了满足中等教育的突进,抽调大批小学教师到中学任教,结果"挤"了小学挖了基础,中学教育质量也得不到保证,造成了"两败俱伤"①。

山东省的情况也说明了这样的问题。1958年以后山东省教育工作中的错误突出地表现在两方面,一是没有把教育事业放在整个国民经济建设中统一规划,二是教育内部重大

---

① 参见邵宗杰:《普通教育发展中的几个问题》,《教育研究》1980年第3期。

学、轻小学,大、中、小学比例失调,普教与职教严重失调。1977年以后,这种情况并没有得到很好的纠正,仍然是重数量,轻质量,追求高速度,不讲实效;重大学、中学,轻小学。1976年全省有高校19所,到1978年就发展到34所,在校学生数几乎翻了一番。相反,小学教育仍然没有得到应有的重视,经费没有增加,办学条件未曾改善。①

就是北京,教育的外延扩张型发展后果也是很严重的。对1974年以后进行普及高中的做法的调查表明也是只讲数量,不讲质量;只讲需求,不顾可能;不分城乡,一哄而起。它的严重后果是:妨碍了中小学的协调发展,影响了中小学教育质量的大面积提高;教师结构受到破坏,素质下降;办学条件得不到改善,重点学校"重点难重",中等教育结构单一,比例失调。②

二、发展要求改革

外延扩张型的教育发展,固然很大地满足了人们接受教育的要求,但也给经济带来了很大压力,在有些国家,实际上已超出了经济的承受能力;另一方面,可能如我国实行的那样,剥夺了教师最基本的待遇,加重了农民的负担。就教育内部而言,有三个问题是很明显的:一是质量下降,根本不能达到原有的标准,在有些时候,教育的增长本身似乎成了目的,学历成为一张文凭,而失去了内在的质量。

---

① 参见袁驼、范训诰、董操:《从中国的国情出发普及小学教育》,《教育研究》1981年第6期。
② 参见赖登锋、倪传荣:《关于北京市普及高中问题的调查》,《教育研究》1981年第6期。

二是教育结构的失调。由于发展重点畸轻畸重,使得经费、设施等等向某一方向倾斜,一部分畸形发展,一部分则患了"贫血症"。从世界许多国家的情况来看,自20世纪60年代教育的突进以后,普遍存在初等教育不扎实、中等教育单一化、高等教育偏科的现象。我国也存在这样的情况。

从发展中国家的情况来看,普遍都是高等教育投资的增长速度最快,所占教育经费的比例扩大,中等教育次之,初等教育最少。据统计,发展中国家初、中、高教育之间的相对费用结构为1∶4∶6,就增长速度看,1970～1977年,亚洲高等教育增长了14.7%,中等教育增长了5.1%,初等教育只增长了3.1%;非洲高等教育增长了12.6%,中等教育增长了6.3%,初等教育只增长了4.4%。

在我国,据统计1988年教育经费总计424亿元,大中小学在校生总数为2.2亿人,生均教育经费不足200元,而大学生的人均教育费用却是2 300元。1986年我国大、中、小学生人均教育事业费支出的比例为53.4∶2.8∶1,而1965年三者之间的比例是45.9∶4.5∶1。这就是说,经过20多年的发展,比例非但未曾缩小,反而扩大了。而发达国家的比例并没有这么大的差距。比如日本的三者之比是5.7∶1.46∶1,美国是4.36∶1.3∶1。① 在发展中国家(包括我国),初等教

---

① 这并不能得出我国高等教育经费高的结论。目前我国用于高教的经费占全部教育经费的20%,用于中等和初等教育的经费约占80%。高等教育中的师范教育是为基础教育服务的,如扣除师范教育的经费,高教经费则在15%以下,低于世界各国22%～25%的平均水平,也低于发展中国家22%～24%的平均水平(参见国家教委教育经费研讨小组:《寻求建立解决教育经费问题的新机制》,《教育经费与教师工资》,教育科学出版社1988年版)。关键是名额外增加初等教育的经费。

育本来就比较薄弱,经费投资本来就少,但在教育大发展的情况下,经费非但没有得到重点补充,反而相对减少了。这就使得初等教育的目标不能很好实现,出现了教育结构的金字塔塔基不扎实、不稳固的局面。这样怎么可能不影响二级和三级教育质量?造成这一现象的原因固然有客观原因,如初等教育规模庞大,人口增长迅速,增加的经费全都被急剧膨胀的人数"吃"掉了。但主观原因也是有的,似乎高等教育才能出人才,初等教育再补也是无底洞,见不到效果。其实,初等教育是国民教育的基础,决定国民的整体素质。这样的认识促成了我国"义务教育法"的诞生,同时也促进了教育经费来源的改革。教育要发展,国家经费又紧张,这就必然要求改变国家包揽的局面。但是如果把这种困难过多地转化为老百姓的负担也是不行的。这要求有进一步的改革措施,比如扩大私人办学的范围和程度。

中等教育的单一性也是一个普遍的问题。20世纪80年代我们一直着手解决由于"文化大革命"造成的这种情况。"文化大革命"中把高中分流的"双轨制"批判为资产阶级教育路线,取消了职业学校和半工半读、半农半读学校,这对毕业青年特别是农村青年的就业非常不利,一直到1986年,全国大约有160多万高中毕业生不能升入高校,700万初中毕业生不能升入高一级学校,这些人中90%以上是农村学生,要留在农村参加劳动。而这些人身无一技之长,刚毕业就成了转移不出去的剩余劳动力。①

这种情况并不是发展中国家独有的,在发达国家也存在

---

① 参见1987年6月18日《中国教育报》社论。

类似的问题。只是由于发达国家的基础教育时间较长,这个问题暴露也就晚一些,一般是在高中毕业以后。比如在德国,为了降低失业率,从20世纪60年代就开始进行教育结构调整,通过三次分流,以期为更多的毕业生提供更现实的选择机会。第一次大的分流发生在第4学年小学毕业或最迟第6学年定向阶段结束时,学生们根据自己的学习成绩、特长、爱好、学校和家长意见,分别进入完全中学(Ⅰ)、实科中学和国民中学。第二次分流发生在第9或10学年。完全中学(Ⅰ)的大部分毕业生进入完全中学(Ⅱ),但也有约1/3的人转而接受职业教育。第三次分流发生在第12或13学年。完全中学(Ⅱ)毕业生中的2/3将进入大学或高等专科学校,另外1/3的人将进入双元制或其他类型的职业学校接受培训①(详见图10-2)。尽管如此,数量与质量不符、教育结构不合理的状况也不能根本解决。90年代德国在坚持三次学生分流体制的同时,决意加强社会,包括教育和劳动就业部门对学生选择职业的咨询和指导,减少盲目性。

在其他一些国家,如美国、瑞典正在兴起"综合学校",加拿大正兴起"合作教育",目的都是增加学校和就业部门的直接联系,彻底改变中等教育单一性的局面,并且把中等教育和就业后的在职教育沟通起来。

发展教育总是对高教寄予特别大的期望,投资也最多,因此,它的问题也就特别引人注目。高等教育发展过猛,占用教育经费的比例太多,挤占了初、中等教育经费,并且太

---

① 参见马大地:《概论联邦德国至2000年的教育发展战略》,会议交流材料(1990年5月)。

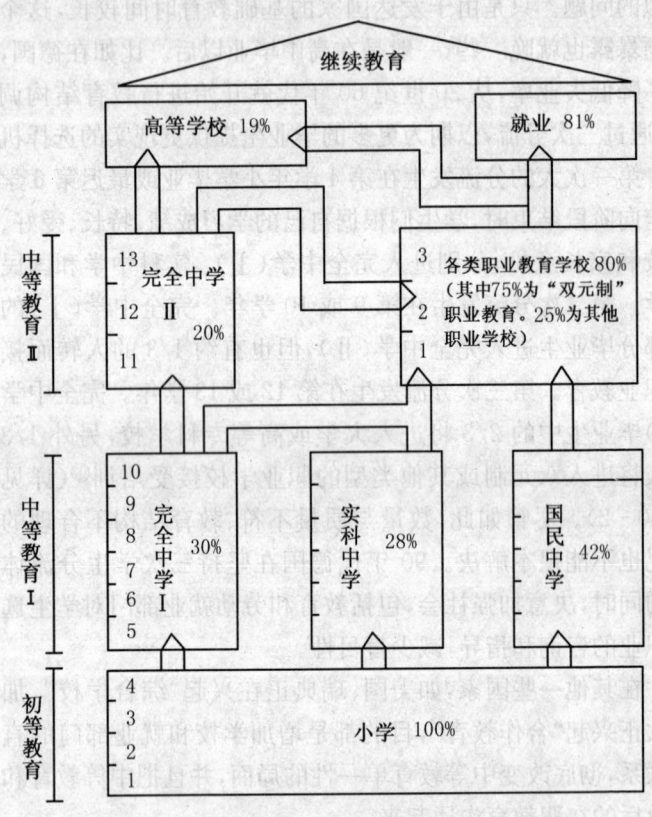

图 10-2 联邦德国教育分流图

注：1. 根据教科部 1987/88 Grund-und Srukturdaten 绘制。
2. 不包括综合学校和特殊学校在内。
3. 与同龄人数相比较。

多地超过了经济发展的速度。像巴西、斯里兰卡、印度已经是人们熟知的了。其实,高等教育发展过猛的情况是普遍存在的,比如亚洲的菲律宾和泰国这样的问题也是很突出的。我们先来看一下几个国家每10万人口大学生数的比较情况(见表10-1):

表10-1　几个国家每10万人口大学生数比较

国别	菲律宾	泰国	日本	美国	英国	法国	联邦德国	苏联
每10万人口大学生数	2593(1980年)	1981(1981年)	1820(1980年)	4490(1978年)	1060(1978年)	2070(1977年)	1450(1978年)	1960(1978年)

1981年,菲律宾和泰国的劳动力有50%以上和70%的人口从事农业生产,而工业人口仅占总人口的15%左右和10%,同期,发达国家的工业人口一般在30%以上。可是前者每10万人口中的大学生数已接近甚至超过了发达国家的水平,这自然会出现"教育性失业"。

教育性失业虽然似乎是现代社会的普遍表现,学历越高,失业率反而越高,但在发展中国家这种情况更为严重,造成这种现象的原因固然与高等教育发展过快有关,但更与高等教育发展的结构不合理有关。第三世界国家的高教发展,普遍受到以培养文职人员为主的传统教育制度的影响,文科类比例特别大。这当然也与文科教育花钱少,容易上马有关。比如,菲律宾70年代末,工商管理学科学生数在高等学校学生中的比重是40%左右,而这个比例在发达国家只有12%,泰国1970年法律、社会科学的比重是34%,到1981年,这个比重上升到56.4%。

阿拉伯国家大学人数的增长也同样向人文、社会科学方向倾斜(见图10-3)。

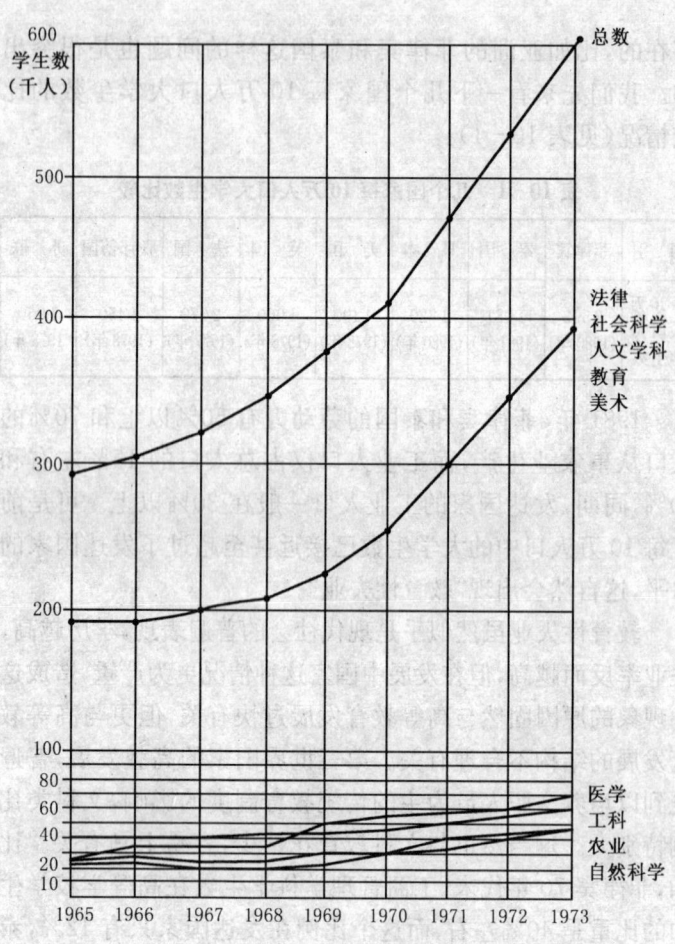

图 10-3 阿拉伯国家大学人数的增长情况①

① 引自《今日的教育是为了明日的世界》,第 100 页。

发展的不平衡必然会导致就业机会的不平衡,必然要产生调整高等教育结构的要求。

我国高等教育的发展毕竟有一些经验,还没有出现像有些国家那样的严重倾斜情况。但在科目、层次结构上的问题也存在不少。这些在"教育改革目标论"一章中已有分析,这里便从略了。

第三世界教育突进的第三个突出问题是效益不高,这尤其反映在高教上。由于新建大量校舍、添置设备、增加教职员工,结果据统计,发展中国家每个大学生的培养费用是发达国家的3倍多,1977年,发展中国家每个大学生的费用是3 499美元,而发达国家每个大学生只需要1 138美元。这是外延扩张型发展战略的自然结果,未能很好地发挥规模效益。这个问题在我国也是很明显的。

由于我国高等教育总体规模的扩大主要是通过增建新学校来实现的,所以高等学校的平均办学规模并没有显著的扩大。这一点通过表10-2中的弹性分析就一目了然了。表中绘出了这一时期我国历年高等学校数的增长率和高等学校平均办学规模的增长率,以及这二者对高等教育总体规模增长的弹性指数。

表10-2 高等学校数和平均办学规模对高等教育总体规模的弹性分析

年代	(Ⅰ)高等教育总体规模年增长率(%)	(Ⅱ)高等学校数年增长率(%)	(Ⅲ)高等学校平均规模年增长率(%)	(Ⅱ)对(Ⅰ)的弹性指数(Ⅱ)/(Ⅰ)	(Ⅲ)对(Ⅰ)的弹性指数(Ⅲ)/(Ⅰ)
1980	12.1	6.4	5.2		
1981	11.9	4.3	7.2		

(续 表)

年代	(Ⅰ)高等教育总体规模年增长率(%)	(Ⅱ)高等学校数年增长率(%)	(Ⅲ)高等学校平均规模年增长率(%)	(Ⅱ)对(Ⅰ)的弹性指数(Ⅱ)/(Ⅰ)	(Ⅲ)对(Ⅰ)的弹性指数(Ⅲ)/(Ⅰ)
1982	−9.8	1.6	−11.2		
1983	4.6	12.6	−7.2		
1984	15.6	12.0	3.2		
1985	22.0	12.6	8.3		
1986	10.4	3.7	6.4		
1987	4.1	6.8	3.2		
1988	5.5	1.1	4.3		
平均	8.4	6.1	2.1	0.73	0.25

从表中可以看出,在1978~1988年这一时期中,我国高等教育总体规模的平均增长率为8.4%,同期内高等学校数年平均增长率为6.1%,而同期内的高等学校办学规模的年平均增长率仅为2.1%。在这一时期内,高等学校数量年增长率相对高等教育总体规模增长率的弹性指数为0.73,反映了高等学校数量与高等教育总体规模接近同步增长的趋势;而同期高等学校平均办学规模相对高等教育总体规模的弹性指数为0.25,表明高等学校平均办学规模的增长率远远低于高等教育总体规模的增长率。①

通过对不同层次、不同方面的分析,我们清楚地看到,单纯

---

① 见闵维方:《高等教育规模扩展的形式与办学效益研究》,《教育研究》1990年第10期。

追求教育的发展,特别是追求外延扩张型的教育发展,会带来许多问题,也造成了教育资源的严重浪费。教育的发展如果不与教育改革相配合,不在发展过程中不断调节结构、比例以至方向,不但不能实现预期的目标,甚至还会适得其反。

三、改革促进教育的和谐发展

外延扩张型的发展战略与数量上的突进是相联系的,往往形成大起大落的周期性震荡。与此相对,人们提出了以内涵发展为主的和谐发展战略。突进与和谐增长,曾经是匈牙利经济学家亚诺什·科尔内在阐述社会主义社会经济增长时揭示的一对矛盾。他经过考察发现,社会主义国家为了迅速赶上发达国家的水平,显示社会主义的优越性,往往追求"令人激进的赶超进程的增长模式",把数量上的发展视为最重要的任务,甚至不惜牺牲农业、教育以及日常生活消费,以达到高积累、快速增长的目的。但事实证明,这种战略往往事与愿违,不能获得质量上的保证,又破坏了整个发展的平衡。为此他提出了和谐增长的概念,主张经济在平衡与协调中发展,强调经济增长速度与社会教育、文化、人民生活和谐发展的统一。这种观点对考察教育的发展,也是很有启发的。

教育的和谐发展包括的内容很丰富,它既包括教育与国家经济发展相协调,保证能充分发挥教育促进生产力发展的功能,在数量和质量上培养合乎社会需要的人才,并为社会的发展做好准备,而不是落后于社会的需要,或过分超越社会的需要,造成过重的社会负担甚至给社会带来不稳定因素,真正保证教育为社会主义建设服务。社会主义建设依靠教育,也包括教育自身的和谐发展。比如,在层次结构上,初、中、高等教育及成人教育的合理组合;在科类结构上,文、理、工、农、商、医、法、财等各类教育的合理组合;在区域结构上,各地区根据各自的发展水平,根据其条件和需要,实现教育的地方化;在形式结构上,打破以正规学校为办学标准的单一性,形成办学形式的多样性、灵活性。显然,要实现教育的这种和谐发展,不进行深入的改革是不能实现的。它不可能凭借长期的、精心的计划实现这一目标,而要依靠教育在发展中根据社会发展的情况和教育发展的情况,不断自觉主动地进行自我调节。这就要求教育必须建立自我调节机制。

在纯粹按照计划工作的情况下,教育是不需要也不可能有自我调节机制的,要建立自我调节的机制,第一个条件就是学校加强与社会的联系,及时获得社会的情报,并具备对社会需要做出反馈的能力。比如说,现在我国一方面是人才的严重匮乏,社会无法满足人们接受高等教育的强烈愿望,可是另一方面,又出现了大学生毕业后不能立刻就业的现象,而且这种情况正在加剧。如果不是国家行政要求用人部门接受分配不出去的大学生,就会出现失业现象。失业本身当然不是好事,但它却是一个信号,警告学校在制定招生计划、课程设置等等方面进行调整。可行政干预却掩盖了这一信号,学校可以不顾社会的警告按照过去的计划我行我素。这就要求教育管理体制进行必要的改革。反过来说,也只有通过教育管理体制的改革,才能从根本上改变这种教育与社会脱节的问题。

还是这一个问题,某些大学生分配不出去,反映了教育结构、教育布局的不合理。比如,在全国范围内,法律人才是严重缺乏的,可在某一地区,由于集中了好几所培养这类人才的学校,在这一地区就出现了法律人才过剩的现象。而且,几所同类学校同时存在的情况下,往往存在规模效益低,师资、设备分散,从而削弱了教育质量的问题。从理论上讲,很简单的一个办法,就是进行合并。但要合并,谈何容易。一个最现实的问题就是,合并以后的人事怎么安排? 5 所院校合并为 1 所院校,几十名院级干部、几百名处级干部、几千名科级干部的安排问题,往往使合并的设想付诸东流。高等教育存在这样的问题,初等教育、中等教育也存在同样的问题。"文化大革命"中提倡"学校办到家门口",使学校数量一下子膨胀开来,一所学校就有一套班子,有独立的基建和人事费用,效益低、质量也低。这样的问题并不是认识问题,要不要合并,怎样才能发挥规模效益,在认识上是很清楚的,其障碍主要是人事制度的障碍。

再比如说,大、中、小学校都存在经费紧张的困难。经费紧、教师收入低与教育的总投入低无疑有直接关系,总投入低在目前仍然是主要原因。但也存在人浮于事、吃大锅饭的情况。一所学校 200 名员工能办好的,300 人反而办不好。因为 300 人中有 100 人吃饭不干事,另外 200 人的积极性必然会受到影响;多余的 100 人挤占了教育经费不谈,还会增加出许多的工作量,人为地生出事情来。"精简队伍""压缩编制"喊了许多年了,可队伍不但没有精简得掉,反而越来越庞大了。可是教育部门一般都限制流动,不允许参加社会的人才交流。这是怎么回事呢? 问题在于,希望流出去的流不出去,他也不肯流;而不希望流出去的却要求流动。结果只好用行政措施限制流动。这里的实质问题是,学校缺乏竞争机制。学校办得好不好,教师教得好不好,干部能力强不强,工作人员工作负不负责任,与本人并没有利害关系,不会因为工作能力强、工作态度认真而受益,也不会因为工作能力弱、工作态度不认真而使利益受到损失。优胜劣汰的规律在这里不发生作用。

要改变这种状况,自然必须引进竞争机制,把工作的实绩与利益挂钩,保证人才的畅通无阻,这样才能有公平和效益,才能实现教育的合理发展。而这一目标不实行深刻的人事、劳动工资制度的深刻变革,是无法实现的。

教育的和谐发展除了数量、速度、结构、比例的和谐发展以外,在课程的设置、教学的内容、知识与能力的培养、认知因素与非认知因素的培养诸方面,也需要和谐发展,不断改进。如果课程、教学内容、教学方法、教学形式保持一成不变的话,培养出来的人才仍然是脱离社会发展需要的,教育的和谐发展仍然是不能实现的。所以如果说数量、速度、结构、比例的和谐发展,主要依靠教育制度、教育结构的改革的话,那么教育质量的提高,学生素质的提高,更依赖于教学的改革。所谓教育内涵的发展,也包含了这些内容。当然教学的改革与体制的改革是一致的,如果体制是高度计划、高度统一和形式单一的,教学上要改革,要改变课程设置、改变教学内容,也是不可能的。所以,教育的和谐发展需要有教育体制与教学改革的配合进行。

教育的改革与发展就是这样一种在多方面相互依存、相互促进的关系。在不同的时期,面对不同的任务,教育的发展与改革的侧重有所不同。今天,纵观以上的分析,使我们不能不强化这一意识:改革是当今教育的主题,以改革统帅发展是我们工作的中心。

第十一章

教育改革的策略

策略,即谋略、手段。策略一词多作为军事术语,是实现某一战略目标的方法、手段、步骤等。教育改革的策略是一个含义宽泛的概念,它既可以是拟定改革计划的过程和步骤,寻求有关的资料,也可以是讨论教育改革内、外(即环境)条件的限制,以及扩大、强化影响的方法;也可以是弄清潜在的阻力,导致紧张和冲突的因素,以及解决的方法;协调个人、组织和机构之间的关系的办法,以及实施改革方案的程序等。毛泽东曾经说:"政策和策略是党的生命。"这句话对教育改革来说也是很有意义的。方针正确了,没有恰当的策略,也是难以贯彻的。对这个问题,我们以往的多次改革可以说都缺乏理论的认识。就以当前正在推行的教育改革来说,也不能说策略是很明确的。比如如何安排教育改革的轻重缓急、先后快慢?教育改革的重点、难点和突破口是什么?教育改革最大的障碍在哪里?这些对决策者和基层都还不是十分明朗的。对今天的教育改革来说,讨论教育改革的策略,既有理论意义,更是现实的需要。

一、教育改革策略的分类

美国行政学专家 H. A. 西蒙将决策分为"程式化决策"和

"非程式化决策"两类。前者是根据既成的程序进行的重复的决定,处理的问题主要是例行公事性的。这一类决策大都发生于中低层次的管理活动中。后者则是改革性的策略,是新颖的、试图改变原有程序和结构的决策。所处理的问题主要是非常规性的或突发的,具有偶然性和个别性。因而在问题的解决上,没有现成的方法和程序可资依循。这一类决策大都发生于较高层次的管理活动中。策略虽然要比决策的含义丰富得多,但决策是其核心。我们这里讨论的教育改革策略,当然是高层次的管理行为。

美国学者罗伯特·钦(Robert Chin)、贝尼斯(Warren G. Bennis)、贝恩(Kenneth D. Benne)将教育改革的策略分为3种类型:"经验-理性策略"、"规范-再教育策略"和"政治-行政策略"。

(一) 经验-理性策略

这一策略是以现代知识为根据,主要是一种预测教育的未来发展的策略。它认为,未来的变化是以今天所能观察的趋势和倾向为基础的。

经验-理性策略的基本假定是:对教育现象和利弊的研究是中立而客观的,这是一种借鉴自然科学研究方法的社会科学研究模式。这种模式把研究人员作为观察者,使自己的感情好恶不渗入研究过程和研究对象。在哲学上,它是理想主义的,并与实证主义的研究方法和古典自由主义的态度相一致。这种策略的研究持价值中立态度,不采取任何一种意识形态,假定自己处于一种客观地位。我们知道,纯粹的价值中立态度是不存在的,所以说它是一种理想主义。这一策略认为，教育的改革过程应该是"知识的使用过程"，策略应该是科学知识的产物。

这一策略所以有这样的态度和所主张的方法论，是因为它假定，人类是有理性的动物，并以理性的态度采取行动，以科学的方法支配行动。因此，改革者的主要任务，在于通过采用熟知有效的方法，提高工作的效率和效益，以证明改革的成果。一项改革通常由某些人或团体所提出，这些人或团体能够洞察改革所产生的影响，它往往以自由实施、经验研究以及普通教育为主。这一策略的主要内容和步骤是：

1. 研究的对象和经验主要是普通教育，认为教育的改革是人们的观点、态度发生了变化的结果，策略是对人们的改革要求的反映。这是西方国家最普遍的策略。

2. 人员的甄选与替换：改革的困难常常来自人事问题，因此该策略主张，人员的甄选应通过科学的测验和考核，了解人员的潜能和人际关系的相融性，杜绝任人惟亲。但这一策略是在总体上维持现有制度，而无法揭示社会和制度本身的弊端。

3. 系统分析者和顾问：该策略要有行为科学家的系统分析，它把改革看成是一种规模和范围的扩大，要考虑到各种投入和产出的特点。教育工艺学在课程发展上的应用与此非常接近。这种方法的目的在于达到平衡，把不协调的制度转变为和谐的制度。工作分为3个步骤：基础研究——应用研究——具体操作。

这一工作的困难在于，如何确定对教育工作问题的诊断是正确的？如何使一项单项改革在原有的系统中产生积极作用?

4. 这是一种与教育未来学相通的研究。最近几年,对未来的计划研究颇受重视。如美国的"八洲计划"、欧洲的2000年计划等。

这种策略一般说来是属于"小改革",即不是从根本上改变旧体制,而只是做局部的、单项的改革。所以它特别强调策略的具体性、实证性和知识性。

(二) 规范-再教育策略

改革的规范-再教育策略认为,改革最重要的问题是人的因素,而不仅仅是提供一种适当的技术资料。改革是改变人的态度、观念、价值和关系的事。态度的改变就像产品的改变一样需要。它的基本假定不是以人是有理性的动物为基础,而是基于人的动机,人的愿望,人有不断改变现状、创造更好未来的动力。这在某种程度上是有些非理性的。它的思想来源可以追溯到弗洛伊德、杜威和勒温的动机理论中去。贝尼斯、贝恩和钦说:这一策略以人类动机为主,与第一策略的假定不同。人有理性和智力是毋容置疑的,但行动和行动的方式,是由社会文化规范所约定的,人是在一定的规范中行动的。同样的理性在不同的文化规范中行动方式有别。文化规范形成了人们的态度、价值,人们的态度、价值又支持着文化规范。所以,要改变人们的行为方式,就需要改变原有的文化规范,进而形成并使人们接受新的文化规范。而文化规范的改变必然牵涉到人们态度、价值、技能和重大关系的改变,而不仅仅是知识、信息或认知方式的改变。这样,个人的心理内容和文化规范就构成了相互依存的一种辩证关系。智力是社会的产物,不仅仅是个人的。人类有互相协作、互相沟通的能力,能通过规范和制度来指导行动,所以,个人的习惯与价值的改变,与社会的文化规范、制度结构的改变是一致的,相互促进的。

在规范-再教育的策略中,改革的倡导者其工作以行为心理科学为基础,主要任务在于提出并宣传新思想、新观点、新价值,促使人们接受,所以说是一种规范的再教育。但这一策略反对价值的灌输,主张人们通过思想、价值的冲突,进行独立的价值判断和选择,从而成为教育改革的自觉执行者。总之,规范再教育的策略是一种着眼于观念转变的策略。

近来,贝尼斯等人一再强调,为了应付社会生活的迅速变化,个人、团体、组织的创造力是极为重要的。他们相信,这需要由人类制度内部产生创造性,即制度本身具有应变的机制,而不是像经验-理性策略主张的那样,变化是由外部影响产生的。这一策略被视为工作人员与改革倡导者的对话。

规范-再教育策略相信,由个人或经过个人开始的有意识的变化,是完全可能的,这一策略基于这样一些内容:

1. 变化的萌芽产生于个人及个人的态度,而不是萌发于个人生活的社会结构。由于人容易受社会环境的影响,所以如果改革仅仅局限于已有的体制,那只是小的改变。

2. 在"价值真空"中改革的倡导者仍然可以大有作为。就是说,在没有一种社会主导价值观的情况下,改革照样可以进行,因为这一策略本来就要求有新的观念、新的价值,而经验-理性策略在这种情况下就无所作为了。

3. 在个人与团体间的权力关系不发生变化时,改革照样可以进行。这种改革并不着眼于权力关系的改变,而着眼于通过思想观念的变化,改变行为方式。

4. 注重不同利益集团的协调一致,共同收益。

(三) 权力-强制策略

权力-强制策略亦称政治-行政策略。它是通过行使权力来改变环境,确定行动方案。昔日欧洲教育制度的改革,均采取这一策略。我国历史上的教育改革也多有此种情况。在一定的历史和社会条件下,有权威的领袖采用这一策略是理所当然的,并把这种策略视为惟一的领导形式。理性-经验策略和规范-再教育策略,主要都是反映价值体系的变化,并将新的价值体系融入今天的整体文化之中,但在控制改革的进程时,也免不了要运用权力-强制策略。

关于这一策略,贝尼斯、贝恩和钦说:它不是权力的应用。就影响的意义而言,乃是一个人影响另一个人,或一个团体影响另一个团体。权力是所有人类行动的条件。他们知道,改革策略所依赖的权力条件有很大的不同,同时,在影响改革的过程中,产生和运用权力的方法亦有不同。他们强调,经验-理性策略也依赖权力,信息和新知识本身就是潜在的权力。信息可以从一个人传给另一个不知道的人,事实上就是一个人影响着另一个人。规范-再教育策略,也不否认知识的重要性,不否认知识也是一种权力的来源。而权力-强制策略则强调政治的、法律的、行政的和经济的权力是整个权力的主要来源。也有另外一些强制策略是强调道德、情操、罪恶感和羞耻心的力量,强调通过这些力量影响人的行为。

贝尼斯等人认为,教育已经适应了权力-强制策略的运用,通过法律确保自身的一些活动,通过法律反对一些活动。学校的作用受到学校规章的控制,经济力量也只作用于教育的某些方面。他们提出了这一策略的下列副策略:

1. 非暴力的策略。

2. 运用政治制度促成变化。政治权力在所有制度中,仍居特殊地位,在教育中也是这样,特别是通过多数人投票所确定的制度。

有些教育制度的改革,主要是通过行政或法律的程序。但各国的教育改革发现,单纯依靠这种途径是有问题的。如果要使改革富有成效,再教育个人的过程必须以不同的方式进行。改革时常需要新知识、新技能、新态度和新价值取向,它也需要改变规范、角色和关系。这些是不能整齐划一的,不能用强制的方式实现。

3. 改革受到权力领袖的规范和控制。这种策略往往不能达成一致的意见,结果是由权威决定,也可能是权力冲突和权力再分配的结果。

4. 政治行政相关的策略。在教育中,强制策略可用在许多目标上。比如选拔制度,选拔标准的确定,教师和学生的报酬及奖惩制度,奖学金的授予以及各种资源的再分配,人事、工资、财政、招生分配制度,无疑地都会对教师、学生、教学过程发生影响。

这一策略的一个问题是,主观愿望与实际问题的解决难免出现脱节。由于这一策略涉及到权力和利益的再分配,因此改革过程中,这种权力和利益的冲突很有可能冲淡原先改革的主题,甚至改变改革的方向。①

二、教育改革策略的制定

不论是依据新知识、新理论对教育进行局部的改革,以提高教育工作的效率,倡导一种新的态度,新的价值观,以改变教育中的角色关系、人际关系,改变人们的行为方式,还是通过政治、行政的手段,进行制度变革,首先都是一种抉择过程,是对改革的方向、目标、措施、手段进行确定;其次,任何改革都有对未来展望的性质,因而包含了对未来的预测,不仅要根据过去已有的资料,作出符合现况需要的决定,还要考虑决策施行后会有哪些后果,对未来有何影响。然而,一个非常现实的情况是,改革的策略似乎是主观的,但任何策略都是特定的环境、特定的条件的产物,它必然要受到特定环境和条件的限定。

埃德蒙·金介绍了一种教育的决策与决策的背景(环境与条件)之间的关系,暗示了这样一个结论:决策都是受到一定限制的。有时候决策者自己并不一定意识到这种限制,其实他仍然是一定背景下的产物,即便主观意志极强的决策,也是如此(见图11-1)。

---

① 参见 R. Chin, Basic Strategies and Procedures in Effecting Change in E. L. Morphet and C. O. Ryan, Designing Education for the Future No. 3 New York Citation Press. 1968; W. G. Bennis, K. P. Benne and R. Chin, The Planning of Change, New York: Holt Rinehart and Winston Ind. 1969; R, Hovelock, Innovation in Education Strategies and Tacteics, 1971 OP. cit;杨国赐,《现代化与教育革新》,台北师大书苑1987年发行。

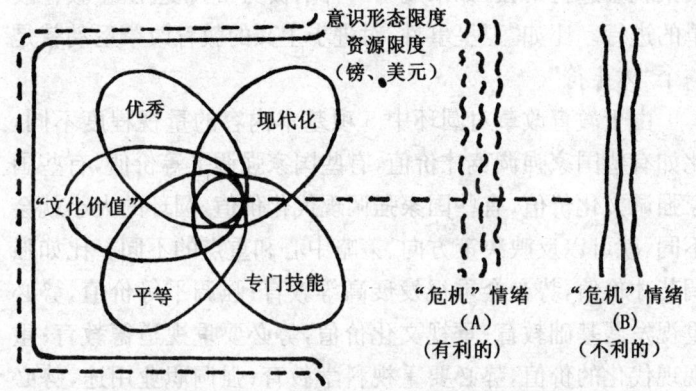

图 11-1　教育决策的组成部分和背景图解①

任何一国的教育改革，它首先都受到两个基本因素的限制，即意识形态和经费的限制，不能超出最大的限度。图中的圆环表示教育的基本功能或价值，即促进国家的现代化，选拔英才，保存文化传统，促进平等民主化和职业用途。对这些方面，各国重视的程度各有不同，但一般对它们都会给予严肃的考虑。通过重点比较（例如试卷或正式课程所用的时间，或安排的篇幅），我们大致可以估计出各国重视的程度。

图中波浪线条(A)和(B)代表在改革中出现的"危机"情况，比如公众的舆论、社会经济准备和发展的状况，也许是国外改革的榜样，一次国际的冲击，比如1957年的"卫星事件"对美国教育的冲击。如果"危机情绪"成为一种积极的力量，

---

① 见《别国的学校和我们的学校——今日比较教育》，第56～60页。

决策就会进行下去,如果成为一种消极力量,就会阻止教育改革的进行。比如"卫星事件"对进步主义的教育改革运动就是一个"休止符"。

由于教育改革对圆环中 5 项基本内容的重视程度不同,比如有些国家强调英才价值,有些国家强调平等价值,有些国家强调文化价值,有些国家强调现代化价值,圆环的大小就会不同,就可以反映决策方向、策略中心和重点的不同。比如强调英才价值,势必会重视发展高等教育;强调平等价值,势必重视发展基础教育;重视文化价值,势必要重视道德教育;重视现代化的价值,势必要重视科学教育;强调职业用途,势必要重视专门技能、职业能力的培养。

决策的背景是决策制定的一个重要因素,另一个重要因素就是决策者本身。决策者的主观因素对决策的制定有决定性的影响。决策的正确与否、优劣的程度,与决策者的素质有很大的关系。决策者的个人因素主要有 4 个方面:① 个人价值观念,如个人信仰、道德观念、自主意识,在落后情况下求取成功的精神等;② 个人知识背景,如个人学识、经验以及对相关问题和情境的了解;③ 个人直觉习惯,如一些非意识的直觉、习惯、预感、情绪等;④ 个人人格特质,如对待问题的客观性和灵活性,接受挫折和挑战的承受力,在复杂或紧张情况下的耐性和稳定性等。决策主要是决策者一系列认识、判断和抉择活动的结果,决策者的判断、抉择都是以认识为基础的,所以认识是决策的基础。① 这种认识就是要对教育改革的目

---

① 参见余𦘧:《改进教育决策是解决教育问题的关键》,《教育研究》1990年第 7 期。

标、功能、措施有比较明确的把握,使之与时代的背景和趋势相一致,并有益于时代的健康发展。在我们建国以后的历次教育改革中,这种认识有时是充分而深刻的,有时却是肤浅而浮躁的。认识充分而深刻,改革的策略往往就正确而有效,反之,会发生偏差,失去效率。

在我国构成战略选择的教育改革有3次,即1952年、1958年和1978年以来的三次改革。

1952年中央提出了过渡时期的总路线,要在一个相当长的时期内,逐步实现国家的社会主义工业化,并逐步实现国家对农业、手工业和资本主义工商业的社会主义改造。这一总路线也规定了教育的总目标。本着向苏联学习的精神,我国的教育选择了学习苏联先进经验并与中国实际情况相结合,以改革原有的教育,培养社会主义改造和建设所需要的劳动者与专门人才为发展战略。① 根据这一思想,改革的目标是把半封建半殖民地性质的,深受封建、买办、法西斯主义毒害的教育,转变为社会主义性质的、由工人阶级领导的、完全适合正在逐步过渡到社会主义社会的国家建设需要的新型教育。在数量上则要求,到1960年至迟1967年扫除文盲70%以上,1952～1957年初等学校适龄儿童学生入学率达到70%以上,高等学校增长127%。显然是以普及小学为基础,以高等教育的发展为重点。

当时我们认为,苏联的教育经验"是优越的社会主义制度及高度工业化的反映,是苏联高度文化科学水平、高度政治思

---

① 参见刘一凡:《建国以来几次教育发展战略抉择的思考》,载《中国教育发展的宏观背景、现状及展望》。

想水平的表现,是苏联经过36年努力的成果,应该是我们长期学习和不断努力奋斗的目标。苏联教育的先进性表现在思想体系、培养目标、专业设置、教学计划、教学大纲、教材、教学方法、教学组织等方面的有机联系。我们应该运用苏联先进经验进行……一系列的全面改革"①。所以当时的改革就是以苏联为样板展开,诸如实行高度集中统一的领导管理体制、进行高等教育的院系调整、实行凯洛夫教育学主张的教学程序,等等。

以苏联为改革蓝本来改造旧教育、促进新教育的发展,作用是十分明显的,问题在于否定了其他可资利用的一切教育资源,包括解放区和西方的教育资源。

如果说1952年教育改革是以苏联为榜样,那1958年的教育改革则是要走自己的路。中共八大提出了解放思想、破除迷信,建设具有现代工业、现代农业、现代科学技术的社会主义国家的总目标,确定了鼓足干劲、力争上游、多快好省地建设社会主义的总路线。于是,教育为无产阶级政治服务,确立社会主义的教育方针和多快好省的社会主义速度,就成为教育发展的总目标。在3～5年内,基本上完成扫除文盲普及小学教育,农业合作社社社有中学和学龄前儿童大多数都能入托儿所和幼儿园,15年普及高等教育的目标,也就是在这个时候提出来的。

按照以前的办法要实现这两个目标显然是不可能的。所以展开了"教育革命"运动,包括批判右倾保守思想,批判学术权威,推倒旧学术标准,走工厂(农业合作社)办学校与学校办

---

① 曾昭伦:《关于稳步贯彻教学改革问题的报告》,《高等教育文献法令汇编》第1辑。

工厂(农业合作社)的道路,下放教育管理权力,实现中央集权与地方分权相结合的原则,改变条条为主的管理体制,加强地方对教育的管理。

1958年的教育改革不承认教育有自身不可破坏的规律,不承认教育有客观、一致的标准,也不承认教育的发展受到客观条件的制约,认为教育的改革与发展主要是思想革命的结果。这与规范-再教育策略倒是相通的。但问题是,规范-再教育的策略主张价值的自我判断,不主张通过政治、行政权力达到目标。而1958年的改革,是在这两种策略的不协调的结合上展开的,所以导致了灾难性的后果。

1966～1976年的10年,是1958年教育革命的进一步发展,结果也更加严重。总体策略是错误的,但其中也有些值得研究的东西。这是另一问题了。

1978年以后的教育改革,"现代化"那个圆环无疑是扩大了。但是它有两个困难,一个是"意识形态"和"资源(经费)"的限度能放宽到什么程度。现代化和商品经济的发展,对传统的价值观、伦理道德、人际关系等等,都是强烈的挑战,传统意义上的价值一元论、伦理道德中心论、人际关系上的从属现象,如果不放宽限度,现代的教育观念、教育制度无疑就难以发展;另一个困难是"文化价值"与"现代化"的冲突。保留、传递、弘扬传统文化,是教育的一般职能。我们的教育一直很好地履行着这一职能。但现在传统文化与现代化本身发生了冲突,教育如何能使它们融合起来,是以前的教育改革策略的制定者较少考虑的,而这种考虑现在则特别重要。现在制定教育改革的策略,可以摆脱早期的盲目性和主观性,也可以从早期的历史中吸取经验教训;但与前面两次改革一样,也同样面对着前所未有的新情况、新背景。第一次教育改革有一个苏联为榜样可以直接效法,第二次改革有一种政治模式可以直接延伸(因为当时把教育的政治功能放在十分突出的位置),而现在的改革却没有可以直接效法的榜样,也没有可以直接延伸的政治思路。

这对教育策略的制定当然是困难的,但也是幸运的。它可以使决策的制定过程有广泛的参与性,可以从丰富的参照系中"突现自我"。

昔日我们的教育改革决策是少数人的事,参与的人很少,决策者又是权力的拥有者。这与"持中立立场"的策略研究者不同。虽然说纯粹的中立是没有的,但作为研究者的策略制定和作为权力者的策略制定肯定是有差别的。"中立者"的态度无疑会客观些,对问题的诊断也可以比较少地受到各种舆论压力的影响,在决策的制定过程中渗透更多的理性和知识因素。制定者与执行者合二为一,必然会自觉不自觉地维护自己所执行的东西,缺少批判的精神。执行者还往往过多地为具体细节所缠绕,"太现实主义",而研究者则往往"太理想主义",从愿望出发较多。

另外还有不参与决策制定的"执行者",即实际的教育工作者。他们有自己的切身体会和经验,对可行性有更直觉的感受。因此策略的产生,能有广泛的参与,综合不同团体和不同个人的意见,是十分必要的。

不同的政治形态、不同的经济水平、不同的文化背景的国家,可能采取不同的教育改革的策略。以往我们比较多的是采用排除法,把凡是与我们的政治、经济、文化不同的国家的做法先排除出去,结果造成了自我封闭。事实上,不同的策略之间也有相通的东西。从现在各国教育改革的情况来看,本身已经把宏观改革与微观改革、观念改革与方法改革和制度改革结合起来了,也就是说,不同的改革策略的理论假定互补了。如果我们不采取排斥法,而采取求同法,用鲁迅的话说,就是"拿来主义",有批判地吸收,那我们就可以大大丰富我们的资源,使我们的策略更具时代性、科学性。

三、教育改革策略的难点

讨论到具体改革策略的时候,必然首先碰到优先发展教育的哪部分和教育改革如何入手的问题。教育改革的方向对不对,能不能顺利进行,首先与这两个问题有关,而要确定这两点,即教育发展的重点和教育改革的突破口,却是很不容易的。现在我们把焦点集中在当前中国教育改革的现状上来讨论这两个问题。

发展虽然不是改革,但发展重点的确定和转换,却是结构性的改革。教育的改革是无法回避这一问题的。

(一)教育发展的重点

高等教育的发展是率先受到重视的。"文革"10年,我国高等教育受到严重创伤,新技术革命的浪潮又频频涌来,我国的人才队伍存在着严重的青黄不接的局面,在这样的形势下,大力发展高等教育的呼声日甚一日,人们普遍强调优先发展高等教育的紧迫性。在这当中,美国加利福尼亚大学分校校长华裔学者田长霖多次来华,多次演讲,强调大学教育的重要,并向中国政府建议,集中财力,优先发展高等教育。因为高等教育最能代表一个国家的教育水平,对于初等教育、中等教育的培养方向、质量标准、知识水准等具有示范和导向作用。高等教育的发展能够及时培养大批高级人才更是自不待言,在持有这一观点的人看来,这是花钱少、收效快的最好措施。

1983年6月,南京大学名誉校长匡亚明、浙江大学名誉校长刘丹、天津大学名誉校长李曙森、大连工学院名誉校长屈伯川联名发表文章《建议加速建设一批重点大学》,指出:人是生产力诸要素中最重要的因素,各类高质量人才的培养,"不仅是我国90年代高等教育进一步发展的基础,更将是我国在科技文化领域中赶超世界水平、加速社会主义高度物质文明和精神文明建设的骨干力量。他们所创造的价值决不亚于任何一个重点经济建设项目的经济效益,因为作为智力投资的总效益是长远的,其意义是难以估量的"[1]。同年,教育部、国家计委给国务院提交了《关于加速发展高等教育的报告》,国务院很快批转了这一报告,认为,必须采取有力措施尽快扭转教育同国民经济和社会发展不相适应的局面,就迫切要求加速发展高等教育,并要求各部门、各地区多拿出一些钱来办教育。所以1983~1985年出现了我国历史上的第三个高等教育发展高峰。

在教育投资向高教倾斜的时候,不少人却认为应首先增加基础教育投资,优先发展基础教育。千家驹就认为"实现四化,关键是科技,教育是基础,尤其初等教育是基础的基础。我们不可能设想,一个文盲充斥的国家能够建设一个现代化

---

[1] 见《中国教育报》1983年6月9日。

的社会;也不能设想,一个缺少文化,缺少起码历史知识的国民能够建设高度的物质文明和精神文明"①。因此他提出要首先增加基础教育的投资,以保证1990年普及初等教育目标的实现。

周贝隆也认为,教育上最严峻的挑战在基础教育。人们在谈论教育和人才的时候,较多注意的是高等教育和专门人才,而往往忽视了我国基础教育薄弱所隐含的对国家前途、民族兴衰的危险。因为基础教育决定着劳动力的素质,基础教育是一个人受教育的关键时期,也是经济发展的"第三步"人才准备。从我国基础教育的实际情况来看,师资、设备、校舍、图书以及观念上存在的问题比高等教育存在的问题更严重、更迫切。他认为,教育要面向未来,就应优先发展基础教育。②

国外的研究资料也表明,在教育经费不变的情况下,一个人受教育年限与教育投资之比是成几何级数上升的。比如,如果受完9年教育需要100元的话,那受完10年教育并不是需要110元,而是可能需要150元。而一个人受教育的水平与对经济的贡献却不成正比。如果一个人受5年教育带来的经济效益增长100%的话,受10年教育带来的经济效益并没有增长200%。③

---

① 千家驹:《把智力投资放在第一位——论普及初等教育问题》,《教育研究》1982年第11期。
② 周贝隆:《社会主义初级阶段我国教育发展问题的思考》,《教育研究》1988年第6期。
③ 这要视情况而定。对劳动密集型的生产来说,可能受5年教育就能显示最大效益,而对知识密集型的生产来说,则要受10年教育才能显示最大效益。

对于教育经济学得出的这一结论,可以有不同的认识,有人强调教育的发展不能急于求成,认为低收入国家(我国还是典型的低收入国家)还很难找到真正普及小学的例子,只有进入中等收入水平,当人均国民生产总值超过 1 000 美元以后,小学毛入学率平均上升到 90%,普及小学才在一些国家逐步成为现实;中学的发展要滞后一个阶段,1 000 美元时的毛入学率平均只有不到 40%,直到总值为 10 000 美元的发达国家水平时,平均才上升到 90% 左右。① 这显然是过于保守了。我国目前国民生产总值人均远未达到 1 000 美元,但我国小学适龄儿童的入学率已达到了 97% 以上,所以一种与此相反的观点是,正因为入学率的大幅度提高需要有时间上的等待,所以我们主观上就更不能等待了。特别是在学龄儿童迅速增长的情况下,越是拖延不去弥补时间上的损失,任务就会变得越加艰巨。②

为此,许多国家都在寻找摆脱教育的盲目发展,制定高等教育、中等教育、初等教育发展的最佳方案。刘易斯(Lewis)曾经提供了一个发展中国家大、中学生在全国人口中所应有的比例及其每年应招生数量的计算公式:

$$X = \frac{n(a+b+c)}{m}$$

"X"表示应招收的大(中)学生数在大(中)学适龄人口总数中应占有的比例,"n"表示高(中)等文化程度劳动力数额和成年人总数之比,"m"表示大(中)学龄人口总数和成年人

---

① 周贝隆:《社会主义初级阶段我国教育发展问题的思考》,《教育研究》1988 年第 6 期。
② 参见〔匈〕雅诺什·蒂马:《发展中国家的教育新危机》,马学宽、殷志刚译,《外国教育动态》1985 年第 2 期。

总数之比,"a"表示公民正常减员率,"b"表示因人员外流而引起的非正常减员率,"c"表示因经济增长而需要的高(中)等文化程度劳动力数量的增长率。曾昭耀认为,这个公式虽然还是有值得商榷的地方,但离开这个公式太远也是不行的。①遗憾的是,我国难以收集到公式中所需要的数据,所以尚难深入讨论。

据胡瑞文等人勾画的2000年我国教育的图像:

——20世纪末,我国将普及小学教育,质量有很大提高。按国际可比口径,6～11周岁儿童毛入学率2000年保持在105％左右,基本上与80年代发展中国家的中上等收入国家水平相当。

——初中教育在全国范围内将基本普及,12～14周岁适龄人口毛入学率将达到80％以上;初中毕业生升入高中阶段各级学校比例可接近50％;整个12～17周岁及适龄人口中学毛入学率达60％左右,也与80年代发展中国家的中上等收入国家水平相当。

——高中阶段职业技术教育与普通高中在校生比率将调整为65∶35。

——高等教育将在提高质量、调整结构基础上稳定发展,至2000年,全日制普通高等教育(包括学制2年以上的高等职业技术教育)在校生总数达340万人,比1987年增长65％。②

这基本上是采取了在发展的重点上适当向基础教育倾

---

① 参见曾昭耀:《关于第三世界国家普及义务教育历史经验的两点思考》,《教育研究》1986年第10期。

② 胡瑞文、茅鸿祥、蒋和鸣:《关于我国教育发展与改革的若干问题》,《上海高教研究》1989年增刊。

斜,在改革的方向上(特别是高等教育)注重发挥规模效益的策略。大体上是可以接受的。

(二)教育改革的突破口

在一项全面推开的教育改革中,其内容是非常丰富、任务是非常艰巨的,因此能找到一个既容易把握、不至引起激烈震动,但又能牵一发而动全身,促成改革的全面推开的突破口,就是十分重要的了。但自1978年以来开始的教育改革,一直没有能找到大家都感到可以接受和易于把握的突破口。所以很有一些"突破口难找"的感叹。

教育改革一开始,人们就把改革的目标对准了教育体制,同时希望从教育的管理体制入手,以管理体制改革作为突破口。1985年中共中央关于教育体制改革的决定就是这种意见的集中反映。直到1987年6月全国人大常委会教科文卫委员会、中国教育学会举行的一次"深化教育改革问题座谈会"上的倾向性意见,仍然是这样。与会者认为,当前普遍存在的追求升学率、高学历的问题,除了思想认识上的原因外,也受到现行人事制度、工资制度等的直接制约。现在,干部的任用、提拔、晋升,专业技术人员的职务聘任,工人的定级、升级等等,无一不讲学历、文凭,而实际水平如何却很少考虑。近几年,由于机会不均等,学习的热情下降,在教育内部,也有一些现行制度亟待改革。比如目前实行的高考制度、办学质量的评估制度、"三好生"的评定制度等等,都是影响学校和学生片面追求升学率的指挥棒。①

---

① 《深化教育改革问题座谈会记略》,《教育研究》1987年第8期。

教育改革论

从教育改革的实践来看,影响较大的教育改革一开始也都要闯改革教育管理体制这一关。《人民日报》从1984年2月29日～3月17日曾连续报道上海交通大学管理改革的见闻。上海交大管理改革的起步是人才流动,1980年起,学校流出500多人,调进400多人;接着是允许教师外出兼课;大胆起用有创见的实干家;特别是打破"大锅饭",实行工资改革和加强责任制、扩大自主权,确实给学校带来了不少生机和活力。与此同时,中国科大、上海化工学院相继进行了类似的改革,并很快在全国展开。在一段时期之内,可谓声势浩大,蔚为壮观。

但几年的努力并没有真正改变包得过多、统得过死与宏观失控现象并存的现象。管理体制改革较难突破的症结在于,在管理的权限上,国家、地方和学校之间缺乏一致的态度和意见。学校强调的是,教育要主动适应社会需要,学校要办成独立的实体,有独立的人事权、物权、财权,有独立的招生、分配权等。教育主管部门则认为,这差不多是放任自流了,学校必须接受国家计划的管理和指导,学校和地方权限过大就会造成高教发展的失控和混乱。因此在管理体制基本上像20世纪五六十年代那样,停留在上下权限的分割上,时放时收,反反复复,在管理手段上,一下子也难以有较大突破。教育立法、以法治教刚刚起步,教育评估、教育督导都很不成熟,所以基本上还是依靠行政杠杆实施管理,宏观调控手段比较单一。

教育体制的改革是我国教育改革的关键,而教育管理体制的改革是关键的关键。但能不能以它为突破口,有没有更好的突破口?这是一个颇费踌躇的难题。

也有人主张以统一招生、统一分配的招生分配制度为突破口①。单纯依靠指令性计划进行招生和分配的办法,带有主观性、较大的盲目性,不能合理满足各地区、各部门对人才的实际需要。如果学校与用人部门直接挂钩,或自行招生不包分配,或有偿分配,就会准确反映市场需要,避免盲目性。但是,由于市场经济尚不发达,劳务、人才市场没有真正建立起来,有些所谓"供需见面、双向选择"的安排并不合理,"后门风""裙带风"使得"双向选择"的原则完全被歪曲了,不是择优录用,而是根据关系录用。品学兼优的学生因为"没有关系",分配不出去,品学一般甚至较差的学生,由于父母的"牌子硬",倒捷足先登,至于通过毕业生需求市场调节学校的专业、目标和课程的目的更没有达到。

另外,也有不少人主张以教学改革为突破口。认为,外部规律的实现必须通过内部规律起作用。教育体制的改革是宏观的、形式的,教学改革是微观的、实质性的,合格人才的培养,最终是通过改革教学内容、课程设置、教学方法等来实现的。而且教学改革是自下而上的,是从每一个教师做起的,阻力较小。但是,这种主张忘记了真正的教学改革必然要触动教育体制。且不说专业的设置、课程的设置、教学内容的安排不可能自作主张,就是教学方法的改革,如果变化太大,也要触动体制。比如,在课堂活动中学生的自主程度、活动时间超过教师的支配程度,超过教师指导活动的时间,这是不是可以呢?教学过程不记分可不可以呢?杜威的教育主张,苏联最近的"取消分数教学",都与教学方法的改革有很大关系。可

---

① 见文仲梓:《经济体制改革与教育改革》,《教育研究》1985年第3期。

以说,如果不进行深刻的体制改革,要进行深刻的教学改革几乎是不现实的。

还有一种观点,就是把教育观念的变革作为教育改革的突破口。刘佛年认为:"任何改革都要以观念的变革为先导,我国的教育改革和教育科学事业的复苏和发展,都是从变革观念开始的。"① 从世界范围说,有了对教育的经济功能的认识,才有了19世纪以后义务教育的普及;有了"终身教育"的观念,才有了20世纪60年代以后广泛的教育制度改革。在我国,由于确立了教育必须为以经济建设为中心同时进行政治、文化建设的社会主义建设服务的观念,改变了以阶级斗争为纲的观念,才有了教育一系列的根本转变和新发展。教育体制的改革,也首先有一个观念的转变。过去强调高度集中领导权,现在强调要调动中央、地方、学校三方面的积极性,强调责、权、利的结合,这才有了下放权力等一系列教育制度改革。关于教育经费缺乏的问题,根本上也是要解决教育在国家建设中占什么地位的观念问题。再说教育工作观念的变革。教育是按一定的目标培养人的工作,培养目标是教育工作的根本依据。强调智育?强调德育?强调劳动教育?还是强调德、智、体、美、劳的全面发展?是强调升学教育,还是强调就业教育?这些都直接支配、影响着具体工作。抽象地谈论在德、智、体、美、劳几方面都得到发展还是不够的,还必须明确提出各育的具体标准。各育的具体标准又有一系列的观念。要推动教育实践和教育理论向深层发展,就需要继续勇于解放思想、更新观念、开拓前进。

---

① 刘佛年:《十年来教育观念的变革》,《教育研究》1988年第11期。

诚然,人们观念的转变和环境的改变是辩证统一的。观念是客观环境的主观反映,变革了的观念推动着人们去改造现有的环境,改造了的环境又强化了人们的观念,并推动观念的新发展。在历史的长河中,它们互为因果,统一在人们的实践活动之中。然而,从历史的横截面看,没有社会新观念的萌动,没有普遍的心理氛围,没有变革现实的要求和新的指导思想,就不可能有新的历史实践活动。

现在我们正处于面向现代化的改革时期,首先实现观念的变革、实现观念的现代化就更为必要。英格尔斯通过对发展中国家的大量调查,得出一个重要结论:"一个国家可以从国外引进作为现代化最显著标志的科学技术,移植先进国家卓有成效的工业管理方法、政府机构形式、教育制度以及全部课程内容。在今天的发展中国家里,这是屡见不鲜的。进行这种移植现代化尝试的国家,本来怀着极大的希望和信心,以为把外来的先进技术播种在自己的国土上,丰硕的成果就足以使它跻身于先进发达国家的行列之中。结果,它们往往收获的是失败和沮丧。"[①]事实告诉人们,如果人们缺少赋予这些制度以生命的现代心理基础,如果没有从心理、思想、态度、观念上实现现代化的转变,失败和畸形发展的悲剧终究是不可避免的。所以,要使我们的教育改革能够顺利发展和取得最后的成功,实现教育自身的现代化,并为四个现代化立下汗马功劳,首先在思想观念上实现变革,以新的思想和观念统帅、指导改革看来是第一必要的。

---

① 英格尔斯:《人的现代化》,四川人民出版社 1985 年版,第 4 页。

第十二章

走向现代化——教育改革的历史趋势

1976年以后,我们又一次提出了实现四个现代化的宏伟目标,实现四个现代化的基础在教育,这已经普遍印刻在人们的头脑中。在前面的各章中,我们已不止一次地提到,教育本身的现代化,改革与现代化教育不相容的方面,在今天显得格外的重要和迫切,这差不多已是世界各国教育家的共识。台湾学者杨国赐在其《现代化与教育革新》一书的《前言》中写道:

美国学者柯尔曼(James. S. Colemen)在其所编的《教育与政治发展》一书中,曾特别强调:"教育是开启通往现代化大门的钥匙。"所以,教育乃是国家全面现代化中最重要的触媒,也是促进现代化的重要动力之一。因此,在现代化的过程中,如何促进教育本身的现代化,以及与国家全面现代化的发展相配合,诚为国家建设的首要课题。

把教育的现代化看作是国家现代化的首要课题,也许是过分强调了,但作者以此来提醒人们高度重视教育现代化的深切心情,可谓跃然纸上。事实上,有相当多的人是同意这种说法的。要深切地理解这一点,我们首先要对"现代化"的含义有一个全面的认识;要对教育既可能促进现代化的进程,也可能阻碍现代化的进程,有一个全面的认识。这样我们才能对教育改革的方向有一个历史的把握。

一、现代化的含义

如果把工业化看做是现代化的起源的话,那么现代化的进程早在几百年前第一次工业革命时就开始了。但关于现代化的研究,却是晚近的事,它与日本经济的增长引起世人的瞩目有密切的关系。1960年,欧美和日本的学者在日本的箱根举行了一次关于"现代日本"的国际学术讨论会,讨论了日本为什么能如此迅速地获得现代化的成果,由此也就引发了对"什么是现代化"的讨论。1965年普林斯顿大学的日本学教授马里厄斯·詹森编著了《日本对现代化态度的变化》一书,总结了这次会议的成果,把现代化的标准总结为八条,如:人口相对高度地集中于城市和整个社会不断上升的城市向心趋势(都市化);较高程度的无生命动力能源的利用,商品流通和服务设施的增长(工业化);以及民主地参与政事、信息的广泛传播等。

在日本的这场关于现代化的讨论反过来推动了美国和西方关于现代化的研究。现代化的研究一开始就带有比较研究的性质,比如由西里尔·布莱克主编的《日本与俄国的现代化:一项比较研究》,吉尔伯特·罗兹曼主编的《中国的现代化》等,都是著名的著作。由于发展中国家对实现现代化的渴望,他们在实践中摸索的同时,也刺激了理论的研究。这就使得现代化研究呈方兴未艾之势。

在现代化的研究中,一种被广泛引用的关于现代化的概念,是利维的定义:"一个或多或少现代化了的社会应该达到这样一个程度：它的成员能够利用无生命的动力源泉并且（或者）利用工具来成倍地增加他们的努力所产生的效果。"①这基本上是"工业化"的同义语。罗兹曼对现代化的定义宽广一些，他认为现代化的特质应该包括：国际依存的加强，非农业生产尤其是制造业和服务业的相对增长，出生率和死亡率由高向低的转变，持续的经济增长，更加公平的收入分配，各种组织和技能的增生及专门化，科层化制度，政治参与与大众化，以及各级水平上的教育扩展②。20世纪60年代后期以来，与把现代化的进程着眼于工业化相对，不少学者把现代化理解为或者强调了整个社会生活的全面变化。美国的著名政治学家亨廷顿认为，现代化是一个包含了人类思想和行为各个领域变化的多方面进程，他特别强调并研究了制度变化在现代化进程中的意义。

现在对现代化含义的研究，主要有两种形式，一种是对现代化特征的研究，一种是对现代化层次(结构)的研究。

关于现代化特征的研究表明，越是显示下列特征的国家，越能体现现代化的程度：

1. 工业化。工业化是现代化的基本内容，也是现代化的原动力，它急剧地改变了生产方式、社会生活方式和人与人的关系。工业化是狭义的现代化(经济现代化)的代名词。美国学者史密塞(Neil J. Smelser)认为，经济现代化涉及到下列四个方面的转变：

---

① 《美国政治评论》1967年卷，第489页；转引自钱乘旦、陈意新著：《走向现代化国家之路》，四川人民出版社1987年版，第21页。
② 吉尔伯特·罗兹曼主编，"比较现代化"课题组译：《中国的现代化》，江苏人民出版社1988年版，第4页。

① 在工艺方面由手工工艺转变为以科学知识为基础；
② 在农业方面由自给自足的小农经济转变为商业式的农业经济；
③ 在工业方面由体力劳动转变为机器操作；
④ 在社会生活方面由分散的农村生活转变为都市中心。

2. 科学化。包括科学知识、科学态度和科学方法。科学知识是现代化工业的理论基础，现代技术是科学知识的转化；科学态度则是对事实、对规律的尊重；科学方法是科学进步的原动力，它既包括依据可验证的系统的方法去解决一种问题的程序，也包括突破原有知识体系，不断创新的革新精神，即科学思维方法。

3. 制度化。系指政府或其他机构的工作，都有法令规章或标准可循，活动按一定的程序进行。因此，公平、客观、合理的法制体系的建立，是具备现代化国家的条件之一。

4. 理性化。个人、集体和国家在处理关系到利害得失的事情时，能够避免感情冲动，以冷静的头脑、安静的心情、理智的判断来处理事务。国民理性化的程度越高，国家现代化的程度也就越高。

5. 民主化。民主化包括各级政府工作的开放性，人民的参与性、教育、就业等机会的平等性，人们可以自由地表达自由的思想和意见，而不论其背景如何、地位高低、收入多少，在人格上是平等的。在政府的权力结构中，应该由各种出身的人组成，政府在行使权力时，应以人民的意志为最高准则。

6. 专门化。社会组织的高度分化，分工细密、职业专精。企业、学校、机关、社团、警察等的职能专门化，各司其职。传统社会宗教或社团可以包揽天下事并且具有百事都管的功能在现代社会再也行不通了。

7. 效能化。狭义的效能化,是指以最少的投入获得最大的产出,而作为现代化特征的效能化含义更为广泛,它还包括手段与目的的一致性,包括人的身心的满足与各组织(团体)对社会的贡献。对个人来说,效能化则是指普遍的成就取向,通过个人的奋斗和不断自我更新(包括必要的竞争)不断提高和跃进。重成就取向的一个必然结果是重视知识、尊重人才。不学无术、因循守旧、懒惰是效能化的障碍。

8. 社会流动化。社会流动有两种形式,一种是"赞助式"流动,一种是"竞争式"流动。赞助式流动是社会根据某种偏见"传递身份",贵族子弟永远在社会上占有特殊的地位;竞争式流动是根据效能取向,各人凭才能、努力捕捉机遇,流向自己希望的方向,这种流动性在横向和纵向上都是双向的,即在社会集团关系上是开放的、自由的,在社会等级层方面是可以升降的。

9. 世俗化。世俗化首先是从神学的控制下摆脱出来,社会生活、人们的精神生活不受神或被神化了的观念支配;其次,世俗化是与人文化和功利性相联系。个人的享受、个人的价值被认为有充分的合理性和不可剥夺的权利,实用、获利是一种被肯定的价值观和社会的基本思维方法;第三,尊重知识、尊重理性,但反对教条主义和形式主义。

从层次(结构)的角度分析,现代化的进程可以分为三个层次,即物质层、制度层、观念行为层。

现代化的物质层是现代化的表层,包括现代国家的工业建设、工业技术及其成果。举凡工厂、铁路、汽车、飞机、电视、冰箱、建筑、服饰、电话等等,都是物质现代化的体现。追求现代化的国家最初往往总是先从引进现代化象征的物质开始，包括进口机器设备及生产流水线。

但物质的现代化最多只能称为浅表的现代化。像依靠出口资源而致富的国家尽管在物质生活方面可能超过了某些发达国家，但人们并不把它们看成是真正的现代化国家，因为它们的制度和人们的思想观念还停留在前现代化的水平上。

现代化的制度层是现代化的中间层。所谓现代化的制度包括为了维持现代工业及现代商业的运转所必须具备的现代国家的行政组织、企业管理、法律制度、金融机构、教育制度等。追求现代化的国家很快就发现，没有现代制度的保证，单纯追求物质现代化的努力是不会成功的。

现代化的观念行为层是现代化的深层。真正的现代化不仅要具备现代工商业及其相应的制度，更重要的是具有现代化的思想观念和行为模式。这一点被美国社会学家阿历克斯·英克尔斯最充分地证明了。

1962～1964年，英克尔斯受哈佛大学的资助，组成了一个哈佛—斯坦福项目研究组，在亚洲、非洲、拉丁美洲的6个国家中访问了6 000人，进行了一次规模庞大的关于人的现代化的调查。他们的研究结论是：所谓"现代化的"，不应该被理解成是一种经济制度或政治制度的形式，而是一种精神现象或一种心理状态，现代化的过程被看做是一种心理态度、价值观和思想的改变过程。无论一个国家引入了多么现代化的经济制度和管理方法，也无论这个国家如何仿效现代的政治和行政管理，如果执行这些制度并使之付诸实施的那些个人，没有从心理、思想和行动方式上实现由传统人到现代人的转变，真正能顺应和推动现代经济制度与政治管理的健全发展,那么,这个国家的现代化只是徒有虚名。现代化的观念、行为是现代化的关键和内核,同时又是最难以形成的。当从纵向来考察现代化的物质、制度、观念行为的关系时,它们是递进关系;当从横向来考察时,则是一个同构(同心圆)关系(见图12-1)。

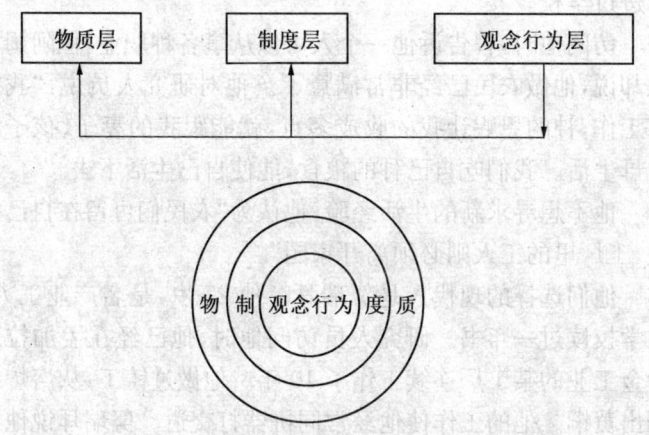

图12-1　现代化三个层次间的关系

而人的现代化,人的观念行为的现代化,是不可能引进和简单模仿的。造就现代人的最主要的途径有两条:进入工业活动和接受教育。

二、教育在现代化中的作用

英克尔斯等人的研究表明,现代化的挑战把人分成两种,一种是停滞在原有的水平上,不思变革,缺乏自信,这种人被称为"传统人";另一种则是告别了过去,不断追求新的变化,自信通过自己的努力,可以改变环境和改善个人的处境。前者是现代化的阻力,后者则是现代化的关键。下面是一个典型的个案。

研究人员选择的传统人是孟加拉国的农民阿姆杜拉。他居住在离任何市区中心都很远的偏僻乡村里,年方28岁,从未进过学校。

访问他时,曾告诉他一个人可以从事各种职业,但阿姆杜拉却说,他做农民已经非常满意了。他对研究人员说:"我好好工作,神的恩赐让我的收成多点,就能跟我的妻子、孩子和父母生活。我们吃自己种的粮食,能使自己生活下去。"

他不想寻求新的生活经验,他认为"农民们可留在自己家里,工厂里的工人则必须离开家园"。

他们选择的现代人是努瑞耳。他27岁,是名产业工人,在学校读过一年书。研究人员访问他时,他已经在孟加拉国冶金工业的某工厂连续工作了10年。他做过铸工,从熔炉里倒出黄铜。他的工作使他经常同机器打交道。努瑞耳说他对自己做的这种工作还算满意。他喜欢工业劳动甚于农业劳动。他特别欣赏这种工作能按时领到工资,其数额能使他"生活得很好",甚至在月底能寄钱回家。但纯粹经济上的收益仅是一方面,努瑞耳说还有别的好处,最显著的是有获得新的经验的机会,因为"我们在城里能遇见各种不同的人"[①]。

两个人的背景虽然非常相似,但心理倾向性却截然不同。是什么使他们形成了这种差别呢?为了要研究这种差别的成因,我们首先要来看一看英克尔斯为现代人勾画的基本特征。

[①] 参见《人的现代化》第1章第3节。

英克尔斯认为,现代人的心理素质体现在12个方面:

1. 现代人准备和乐于接受他未经历过的新的生活经验、新的思想观念、新的行为方式;

2. 准备接受社会的改革和变化;

3. 思路广阔,头脑开放,尊重并愿意考虑各方面的不同意见、看法;

4. 注重现在和未来,守时惜时;

5. 强烈的个人效能感,对人和社会的能力充满信心,办事讲求效率;

6. 工作和生活有计划;

7. 尊重知识,尽可能地获取知识;

8. 可依赖性和信任感,对自己承担的责任负责;

9. 重视专门技术,有愿意根据技术水平高低来领取不同报酬的心理基础;

10. 乐于让自己和他的后代选择离开传统所尊敬的职业,对教育的内容和传统智慧敢于挑战;

11. 相互了解,尊重和自尊;

12. 了解生产及过程。

这12个方面可以归纳为4种最基本的品质,即:求变化,重知识,有自信和开放性。现代生产力是最革命的因素,处于不断的变化之中,现代化生产又是以现代科学知识为基础的;现代化的工业生产要求有固定的工作时间和统一的纪律,有明确的分工,有明确的责任和权利;所以现代工业本身能够培养现代人的品质是不难理解的。

但是,对个体来说,靠工业化本身来带动人的现代化是缓慢的,况且现代人与现代工业发展是相辅相成的,工业化能带动现代化,工业化又要求有现代的人来推进。社会提出了迅速、大批、超前地培养现代人的要求,教育的意义就在这里。

有研究表明,教育水平与现代性有直接的关系。例如,在"受教育较少"的人中,具有现代性品质的人的平均比例是13％,而在"受教育较多"的人中则占49％。这就十分有力地说明了教育对个人现代性有直接的独立的贡献。①

教育所以对现代性的培养有直接的贡献,是由教育的内容、教育的形式、教育过程中的各种关系决定的。现在我们就以英克尔斯通过大规模调查得出现代人的12种特性为对象,逐一分析教育对这些特性的培养可能产生的作用。

教育活动本身是一个流动上升的过程,从小学1年级到6年级,每年发生一次比较大的变化,接触新的人员和材料,也就是新的生活经验;从小学到初中,从初中到高中,以至更高的学历变化,其新经验的丰富性、多样性自然更突出,对个体的挑战也更强烈。这种规律性的变化要求学生不断形成新的思想观念和行为方式。总之,生活经验本身的变化是磨炼适应变化的心理素质的基础。对多数人来说,一生中恐怕没有比学校生活的变化更频繁的了。对不接受教育(大部分是农村儿童)的人来说,他们面对的仅仅是日升月移、四季更换的自然变化,单调、重复,不变的思想和行为完全可以应付这种变化。

教育内容也不断使受教育者加深着对变化规律的认识,自然界物质运动的形式从物理变化到化学变化、生物变化,直至人类的思维运动;社会运动从原始社会到奴隶社会,到封建社会,到资本主义社会和社会主义社会的运动;特别是哲学对

---

① 《人的现代化》,第97页。

矛盾运动规律的阐发、辩证法的原理,不仅使人们认识到变化的必然性,而且使人们渴望和追求变化,准备接受并推进社会的变革。

自然界的运动是多种多样的,社会的运动也是多种多样的,人们对这种运动的认识更是多种多样的。教育正是传播这种多样性的认识,使人们思路开阔、头脑开放,尊重并愿意考虑各方面的不同意见、看法。不同的教师的不同观点和行为方式,是形成这一品质的最感性的基础。而在不接受教育的生活环境中,往往是凭借祖祖辈辈积累的生活经验行事,长者往往是权威,因为年纪越长,积累的经验越丰富。经验往往使人们思维局限于狭窄的某些方面,并且排斥其他经验。

生活经验(包括个体生产经验)的传递是过去积累下来的,仅仅是为当前服务的;而仅仅传递与当前生活有关的经验的教育是很少的;正式的教育都或多或少地传递与未来生活有关的经验,教育的层次越高,面向未来的成分就越多。正式的教育都有明确的时间要求,它一般精确到以"分钟"为计时单位。这对于时间观念和习惯的养成是毋庸怀疑的。而不需要教育基础的生活和工作往往都是散漫和随便的,以"一袋烟"、"一顿饭"、"一杯茶"等模糊概念作为计时单位。守时惜时的观念自然是很淡薄的。

培根在几百年前就说:"知识就是力量。"这句话本身并没有什么特别之处,这句话之所以反复被人们引用,是因为它恰好反映了那个时代以后的特征,知识开始成为取得个人成效和社会成效最重要的手段,劳动力的增加和劳动时间的延长逐渐降到了次要地位。接受教育、拥有了知识的人,当然最能领悟到知识延伸人的机体能力的无限可能性,自然会增强自我信心和个人效能感。

计划是与时间和效能密切相关的现代人特征。凡是在公众生活和个人生活中趋向于制定长期计划的人,被认为是具有现代人的品质。学习生活是一个既有长远计划又有短期计划的有周密安排的活动。从教育目标到具体培养目标,到教学大纲,教学计划,直至课程衔接,这些是客观的计划,在教育活动中,也要求并培养每个人准备及学习新知识、复习、练习、实践等等的时间和精力分配。完全没有计划的学习是无法完成学习任务的。反过来说,在教育过程中,每个人必定会具备必要的计划性。

只有掌握了知识的人才真正懂得知识的重要性。知识越多的人,越是知道知识海洋的浩渺无边,这就用得上中国一句俗话了:"饱满的麦穗头是低着的。"所以受教育程度越高,越是尊重知识,并尽可能地获取新知识。在危险面前大胆妄为的人,往往是不知道危险的人;在真理面前取笑真理的人,往往是对真理无知的人。

对自己承担的责任负责的人,一定是明白他所承担的责任的意义的人,也是知道如果他不负责任将会有什么后果的人。对于责任的性质及其责任的意义的认识,涉及到一个人对个人与他人、个人与群体以及权利与义务的关系的认识。在这方面,教育有着不可替代的作用。不负责任的行为,往往不是有意的,更多的是由于当事人本来就负不起他所承诺的责任,或者他不知道他失职的后果。不管是哪一种情况,都与无知相联系。一般受教育者的可信赖性高于未受教育者的可信赖性,原因也就在这里。

教育水平的提高,学习的深化,也就是学业的专门化、专业化。专门化的程度越高,其难度也就越高,所要求的智力程度和时间也就越高和越多。因此,受教育者对根据技术水平的专门化程度获取报酬,是完全理解并欣然接受的。而减少教育基础的人对根据技术水平获取报酬往往不理解,甚至认为不公平,在生活中也追求平均主义。可是,他们对根据官阶大小区分报酬的多寡却容易接受,因为他们头脑中更多地保留着天然的人的不平等的观念,对人通过自己的努力和能力造成的差距却不愿接受。

现代社会的一个基本特征是社会流动的增大和专门化程度的提高。传统社会受人尊敬的职业大部分是世袭的和非功用的,现代社会正好相反,世袭性降低,功用性提高。受教育者对这种趋势的理解无疑是较为深刻的,因此他们对后代选择离开传统所尊敬的职业,对传统教育的内容和智慧(如形式主义的非功用的拉丁文学习、说教)提出挑战,也就容易承认或给予支持。

师生关系是社会生活中的一种基本人际关系。在教育过程中,相对说来,人与人是最没有等级差别的,同学之间除了先天的差别没有或很少有后天人为的等级痕迹。教师虽然处于主导地位,是知之较多者,但教师并不能强迫学生接受某一知识,因为知识是不可能强迫压进头脑里去的。它一定要通过自己的思维、主观能动性的发挥才能转化。不会出现"理解的要执行不理解的也要执行"的情况。学习的本质决定了师生之间在人格上是平等的。这对于形成人的尊重与自尊的品质是十分有利的。当然,这只是就教师作为一种专门化的职业而言的。至于教师作为一种社会等级的泛化而影响了师生之间的平等关系,正是我们下面要讨论的。

教育对人的现代性的培养具有不可替代的作用,但绝不是说受了教育一定能够成为现代人。教育可以帮助传统人向现代人转变,也可以使传统人更加固着。学校可以成为儿童的天堂,也可以成为儿童的地狱。

学校的高度统一性、整齐划一、令行禁止的要求,可能磨掉一个人最宝贵的自由性、主动性和创造性,变成因循守旧等待指令的盲从者;科学可以启迪人的智慧,激励人追求真理的热望,养成探新、批判、怀疑的精神,也可以把科学歪曲为不可怀疑的绝对真理,把人培养成刻板的教条主义者;机械的教育方法可以把人培养成不知变通的冬烘先生;社会等级制在教育领域的延伸,可以使教师成为真理的化身,成为绝对的权威,成为专制主义的温床。教师的专断可以压制世界本来具有的多样性面貌,使学生相信权威,而不相信真理。

学校管理工作的杂乱无章,教师教学态度的不负责任,不但不能有效地培养学生的计划性和责任感,还会起到相反的结果。"如果一个学校的课程从早到晚都为宗教和传统道德的训条所充斥,像中世纪的某些学校那样,不许学生有疑问或独立思考的机会,不给学生提供必要的科学技术知识和技能,教学内容陈腐守旧,全是一些死的教条,这种学校培养出来的学生,其教育水平愈高,可能愈会趋向传统的一端,而敌视现代的一切"[①]。

因此,在这样的情况下,教育的改革,教育的自身现代化,就显得极为重要和迫切了。只有现代化的教育才能培养现代化的人。

---

① 《人的现代化》,第100~101页。

三、教育自身的现代化

（一）教育的普及化

接受现代教育是形成现代化观念和行为方式的前提，教育的现代化程度再高，没有普遍的实施，其作用也是有限的。其实适龄儿童普遍接受教育本身就是现代化、现代化教育的一个指标。现代化教育发展的一个方面，就是由贵族教育、英才教育向大众教育、普及教育发展。

普及教育既是现代化的一个指标，也是推进现代化的动力。一般说来，工业化程度较高、工业革命发生较早的国家，其普及义务教育也是开始较早和时间较长的国家。因为现代生产要求工人具有一定的科学文化知识，工人阶级也较早意识到接受教育的权利和必要性，自觉地为争取教育权利而斗争。表12-1反映了几个工业化较早的国家义务教育也较早开展的情况：

表12-1　几个资本主义国家开始实施义务教育的情况

国　别	最初实施年代	起讫年龄	年限	法　律　规　定
美　国	1852年	8～14岁	6	马萨诸塞州的"义务教育法"
英　国	1870年	5～12岁	7	"初等教育法"，伦敦市先实施
德　国	1872年	6～14岁	8	"义务教育法"，但因战争未实施
法　国	1882年	6～13岁	7	"一八七二年法"
日　本	1886年	6～10岁	4	"小学校令"

二次大战以后,随着现代化进程的加速和教育民主化呼声的高涨,普及教育逐渐向中等教育延伸,特别是 60 年代以后这种发展很快。比如,据联合国教科文组织 1977 年《统计年鉴》显示,发达国家中学阶段在校注册人数大幅度提高;70 年代以后,这种浪潮又推向了高等教育。参见表 12-2。

表 12-2　几个发达国家学生注册人数在相应学龄阶段人口中的比率%①

国家	年份	中等教育	高等教育	国家	年份	中等教育	高等教育
		(6~17)*	(20~24)			(6~18)*	(20~24)
美国	1960	98	32.07	西德	1960	67	6.11
	1965	101	40.18		1965	71	8.83
	1970	101	49.43		1970	78	14.41
	1975	87	57.64		1974	82	19.28
	1976	86	…		1975	82	20.15
		(12~18)				(12~17)	
英国	1960	67	8.5	日本	1960	74	9.45
	1965	66	11.75		1965	82	12.95
	1970	73	14.07		1970	87	17.01
	1973	80	16.18		1975	92	24.69
	1974	81	16.66			(7~14)	
		(11~17)		苏联	1960	95	11.02
法国	1960	46	9.83		1965	95	29.51
	1965	56	18.20		1970	92	28.30
	1970	75	19.50		1975	91	21.73
	1975	85	24.29		1976	90	…

* 为中小学合计。

我国自颁布了《义务教育法》以后,初等教育的普及率发

---

① 中华人民共和国国家统计局:《关于"七五"时期国民经济和社会发展的统计公报》,《人民日报》1991 年 3 月 14 日。

展十分明显。拿 1989 年与 1949 年相比,小学在校生人数从 2 439.1 万增长至 12 373.1 万人,增长 4.1 倍,每年递增 4.1%;普通初中从 83.2 万增长至 3 837.9 万人,增长 43.1 倍,每年递增 10.1%;普通高中从 20.7 万增长至 716.12 万人,增长 33.6 倍。每年递增 9.3%。在 1985 年到 1990 年的第七个"五年计划"中,全国小学学龄儿童入学率由 95.95% 提高到 97.9%,普及初等教育合格率的县由 731 个增加到 1 459 个。高中文化程度的人口由每万人 678 人增加到 804 人,初中文化程度的人口由每万人 1789 人增加到 2 334 人。全国文盲、半文盲由 20.37% 下降到 15.85%。现在我们除了需要继续扩大各级教育的普及率,更主要的任务是提高巩固率和合格率。

(二) 教育的科学化

20 世纪以后,科学技术发展非常迅速,特别是二次大战以后,第三次科学技术革命充分显示出科学技术是社会进步的最有力的推动力。科学知识必须成为教育的主要内容,教育活动必须以传授科学知识为主,已成为不可动摇的信念。同时,由于科学技术的发展,教育的手段也日益现代化。我们在前面分析教育改革的动因时已有涉及,这里不再赘述。教育内容的科学化和教育手段的科学化乃是教育现代化的重要组成部分,人们已普遍认识到。

另外有一点,即对科学精神的培养我们往往重视不够,甚至有所忽视。科学的精神与科学的知识是同时发展的,科学的精神推动着科学研究的进步。科学在西方,开始是一种"为科学而科学"的游戏,几乎没有什么功用目的,也不受任何官方力量的支配。我国古代虽然有发达的科学技术,到近代却落伍了,没有发展成现代科技,根本的原因就在于没有"为科学而科学"的精神,总是带着强烈的功用目的,没有直接功用效果的科学研究反而被看成是"雕虫小技",甚至是"奇技淫巧",得不到鼓励,甚至受到迫害。这样,与为科学而科学相联系的怀疑精神、批判精神、创新精神也就没有能得到充分发展。"五四"时期我们打起了科学、民主两面大旗,这时对科学的理解仍然是强调科学的功用作用,对科学精神也强调不够。后来,科学甚至被演变成了"科学主义",某一思想、某一观点、某一看法一旦被视为"科学"的,就是永远正确和完全正确的,是无可怀疑的。其实,这与科学的本质是相悖的。科学就是对事物的无穷无尽的认识,对无穷无尽的认识的发展。人们对某一事物的认识永远是相对正确的,牛顿定律在地球引力范围内是正确的,脱离了地球引力就不一定正确了;欧几里得几何在平面上是正确的,在球体上就不一定正确了,三角形三角之和等于180°的绝对真理也就不真了。这种科学精神不仅对认识科学、研究科学是必需的,对认识社会、适应生活,特别是适应现代生活也是必需的。所谓知通达变,所谓社会适应性,就是科学精神转化而成的社会态度。它还可能转化成尊重别人、尊重不同意见、尊重别人选择的人生态度。如果我们把科学变成机械唯物主义,就失去了科学精神,就丧失了现代精神的培养基础。在独断论的支配下,要形成科学的人生观和世界观,是难以想象的。

(三) 教育的制度化

所谓制度化,就是活动的开展有明确的规范和秩序,工作是有章可循的。一种相对完善的制度,即是某一活动的内容和形式得到了较为理想的结合。尚未形成制度的活动肯定是有很大的随意性和偶然性的。现代教育不能由随意性和偶然性支配,现代社会本身是一个进入了秩序、计划的社会,一切与现代社会相关联的活动都必须体现这种秩序和计划。

制度也是理性的表现,明确的制度就排除了感情用事和个人主观意志的滥用,它能够有效地保证多数人的意见得到必要的反映,工作的责任、权利、义务和利益有明确的规定,保证工作富有成效,保证有关方面的相互制约。

制度和理性的最高体现是法律,法律作为公意的表现,具有至高无上的权威,一旦形成,就对任何个人和任何集团具有约束力。不通过法定程序,法律的任何条款都是不能违背的。比如,使教育经费的增长高于同期国民经济的增长这样一个目标,如果以法律的形式肯定下来,就必须坚决贯彻。执法部门要对此进行监督,如果没有达到这一目标,就要追究执行部门的法律责任。如果国际、国内形势发生了极大的变化,无法或不适宜贯彻这一条款,那也必须通过规定的法律程序,提出临时修正案,表决通过以后方能生效。

通过教育立法来管理和发展教育,来推行教育改革,已经是世界的一种基本趋势。美国是一个分权制的国家,联邦政府对各州的教育一般不予干涉。一旦要干涉的时候,往往是通过法律的形式。比如美国历史上对教育发生最大影响的政府行为就是1862年的莫利《赠地法案》和1958年的《国防教育法》。日本战后教育改革的第一步就是颁布了《教育基本法》,被称为"教育宪法",对教育的发展和教育的民主化、世俗化起了很大作用。苏联于1973年颁布了《苏联和各加盟共和国国民教育立法纲要》,对苏联的教育作了全面的原则性规定,被称之为苏联教育的根本大法。1988年,英国为了推动教育改革坚定稳步地进行,颁布了《1988年教育改革法》,对教育改革的内容、步骤和实施做了详细规定。

建国以后,我国虽然没有以法的形式确定教育的各项制度,但也做了许多工作,建立了一整套规章制度,1986年又颁布了第一部教育法——《义务教育法》。然而总的说来我们这方面的工作还是比较落后的,像"文化大革命"那种完全打破常规的行为与没有教育法也有关系。教育法律的不健全,反映了我们在教育的制度化、理性化方面的观念还不够强。具体说:

从建国以来我国教育立法的情况来看,明显存在这样三个问题:一是教育法规很不完备,很不健全,远没有形成一个体系,至今我国还没有一部教育基本法……;二是已经制定的教育条例、规章多属行政系统颁布的单项教育法规,国家立法机关通过的教育法律很少;三是这些条例、规章多系对教育内部的要求,缺乏同经济、社会联系的内容,起不到协调教育外部关系的作用。以致像随意侵占校舍、操场,挪用教育经费,凌辱、殴打教师,使用危险房屋当教室,师范院校毕业生被层层截留,任意向学校"拉人",正常教学秩序遭到干扰等现象,至今时有发生。解决这些问题的根本出路之一,就在于健全法制,以法治教。①

法律作为制度化、理性化的最高形式,可变性是比较小的。作为调节教育活动的日常制度规范,则应当既有严肃性、原则性,也应当具有伸缩性、灵活性。

---

① 吴福生:《世界教育趋势》,天津教育出版社1986年版,第106页。

(四) 教育的多样性

现代信息社会的一个重要特征是从标准化走向多样化,多种多样的信息,多种多样的思想,多种多样的产品,多种多样的生活。大批量的模式化生产越来越被小批量的个性化生产代替。适应这种变化,社会结构、社会组织、社会服务也日趋多样化。对此,我们已越来越感觉到。特别是商品经济的发展,使这种多样化的速度大为加快。教育要适应现代社会生活的需要,必然也要走出单一模式,走向多样性。多样的培养目标,多样的教育内容,多样的教育结构,多样的教育形式,多样的教育手段和方法……已经越来越被人们所认识并实践。

但是,多样性并不是不要统一性,不要标准。现代化要求在多样性与统一性,地方活力、地方自主权与中央优势、中央权力间实现和谐的统一。这就要求改变原有直接管理形式为间接管理。对教育来说,中央通过评价和督导来实现统一调节,是保证既贯彻统一标准又保证地方需要的根本途径。美国是地方分权的,各级(州、县、学区、学校)的教育主权很大,但它们的督导制很发达健全,上级对下级的监督主要是根据督导来实施的。督导委员会直接受各级教育董事会领导,比如学区的教育督导是由学区的中心办公室来承担的,董事会任命一名督导长,督导长指定一个专门小组任命各种督导人员。督导员必须获得硕士学位,有过成功的教学经验,受过一定的督导培训,通过了专门小组安排的笔试与口试后,才能被录用。这些督导人员要深入到学校生活中去,参与学校工作的各个环节,与校长、教师、学生密切接触。他们的工作和功能主要有如下几方面：

1. 计划。帮助学校制定某一方面的政策；
2. 行政。做出决策，调整人员，发布必要的指示；
3. 指导。通过会谈与咨询，帮助提高教学质量；
4. 课程编制。直接参与教学目标的制定、教材准备、教具选择等；
5. 教学示范。就教学方法、教具使用等进行示范，或安排示范教学；
6. 科研。通过系统的调查，探讨目前的问题，提供改革的意见与指导。①

总之，教育督导是详细、周到和具体的。

1986年，在全国人大六届四次会议关于"七五"计划的政府工作报告中，提出了加强教育事业的管理，逐步建立系统的教育评价和监督制度的问题。1986年9月，经国务院批准，国家教委建立了督导司，明确规定了从中央到地方设立四级教育督导机构。其主要任务是对各级各类学校的办学状况和地方教育行政部门的工作实行监督、检查、指导和帮助。这是贯彻《中共中央关于教育体制改革的决定》中"实行基础教育由地方负责、分级管理的原则"和高等学校下放自主权的需要。督导既有"督"，也有"导"。督就是根据督导机构的权力，对督导对象进行调查研究，发现问题，分析原因，评估水平，有些问题要帮助解决，有些问题则要责令限期解决，带有一定的指令性。"导"则是提供先进、正确的教育思想和管理思想指

---

① 参见夏智伦：《论美国的教育督导体制》，《外国教育研究》1990年第2期。

导,提供科学的思想方法和成功经验,具有一定的咨询性和服务性。有些地方提出了"督导结合,以导为主"的方针,强调"依法督导"、"科学督导",这是很值得重视的。

我们在讨论教育的现代化的时候,不能不强调现代教育在现代社会中的功用价值,不能不强调它的经济意义,这一点正是现代教育与传统教育的根本分歧之一。这一点前面已不止一次地谈到过了。但是作为一种面向未来的教育,成为知识、技术、经济的工具也是不行的。日本的池田大作与英国的汤因比两位思想家也表示了这种忧虑。他们认为,教育的本质不是以谋实利为动机,而是要寻求与存在于宇宙背后的"精神存在"之间的心灵交流。学问和教育本来的意义非常接近某种意义上的宗教性质的东西。教育的根本课题是在于说明和回答人类应当怎样存在,人生应该怎样度过这些人类最重要的问题。教育的正确目的不能只图利益,教育应该是一种探索,使人理解人生的意义和目的,找到正确的生活方式。[①]这对把现代化等同于科技化、经济化是有警醒作用的。

我们要实现的现代化还有其特定的含义,即具有中国特色的社会主义的现代化,是坚持中国共产党的领导、坚持社会主义道路、以马列主义思想为指导、代表人民根本利益的现代化。我们的教育坚持把坚定正确的政治方向放在首位,把培养具有社会主义和共产主义信念、自觉为人民服务的、德才兼备的接班人作为我们的培养目标。这与现代化非但不矛盾,而且是一致的和相互促进的。

[①] 参见《展望21世纪——汤因比与池田大作对话录》,荀春生、朱继征、陈国梁译,国际文化出版公司1987年版,第60页。

第十三章
教育理论研究的使命

教育改革是一项复杂的、艰巨的任务,教育改革的顺利开展,一要靠政策,二要靠科学。教育在现代社会中,不再是一个封闭的系统,它涉及到经济、科技、政治、人口、社会发展、文化传统等多方面的因素;它既有宏观的一般规律,又有各级各类教育的特殊规律。我国历次教育改革的尝试,有的取得了较好的效果,有的则有始无终或以失败告终。原因之一,就是忽视了教育科研工作,只凭主观愿望,一哄而起。目前,在教育的实际工作中,存在着许多不符合教育规律的现象,许多教育工作者以至教育行政的领导都缺乏基本的教育科学的素养,因而在教育工作中存在很大的盲目性和随意性;在教育理论工作者当中,也有许多亟待研究的问题。比如,我们常说,要全面贯彻教育方针,但教育方针到底如何表述才准确、完备?现在有"一个目标"、"两个必须"(或"两种精神")、"三个面向"、"四有人才"、"五育"种种说法。究竟应如何正确表述,它的确切内涵是什么,理论依据是什么,都有待深入探讨。教育界、理论界都一致呼吁:教育改革要加强教育理论的研究工作,教育理论研究要履行它的使命。①

---

① 参见刘佛年:《教育改革中的教育科学研究工作》,《红旗》1985年第9期;《在教育改革中要加强教育科学研究——教育界、科技界部分学者对发展我国教育科学的意见》,《教育研究》1986年第4期;《深化教育改革问题座谈会记略》,《教育研究》1987年第8期。

我国教育的发展史即是一部教育改革史,所以教育理论的研究也是为改革服务,为改革提供理论依据的历史,是一部探索具有中国特色的社会主义教育的历史。然而,教育改革与教育理论应该是一种什么关系,教育改革的理论研究怎样才能有效地为改革服务又指导改革的进行?

一、教育改革理论研究的经纬

我国的教育理论研究,从建国初以理解和宣传教育方针政策、学习苏联的教育科学、总结解放区的教育经验和批判旧学术思想为自己的四大任务,①到《教育研究》创刊时的"允许和鼓励学术争论、保护学派";②从1954年前后《文汇报》关于韩某某"是不是好学生"的讨论,③到1986年前后《教育研究》开展的"端正教育思想、明确教育目的"的讨论;从"教育必须为政治服务,必须与生产劳动相结合",到"教育为社会主义建设服务,社会主义建设必须依靠教育";从1958年的《中共中央国务院关于教育工作的指示》,到1985年的《中共中央关于教育体制改革的决定》,其中反复出现了这些问题的讨论,如

---

① 柳湜:《为建设新中国人民教育而奋斗》,《人民教育》创刊号。
② 《编者的话》,《教育研究》1979年第1期。
③ 这是一次关于学校的任务和培养目标的讨论。1951年,上海由于经济和文化事业恢复和发展的需要,动员应届高中毕业生参加市政建设工作。上海南洋模范中学学生韩友范成绩优异,在校是班干部和团干部,他一心想上大学,不愿当工人。被动员工作以后,擅自离厂,被开除团籍。这件事在南洋模范中学以至更广泛的范围内引起很大反响和种种议论。《文汇报》从1954年12月到次年5月开展了题为"×××在南洋模范中学被认为是好学生,为什么到工厂里却不是好的劳动者?"的讨论,其核心问题是人才标准问题。

社会主义的教育性质是什么，人的全面发展怎样理解，教育与生产劳动相结合的本质含义是什么，怎样理解和处理红专关系、师生关系、理论与实践的关系，等等。不同的时期对这些问题有不同的认识和答案，所有这些认识和答案都最终可以抽象或归结到这样五个教育的基本理论问题：教育是什么？教育为什么服务？教育培养什么人？怎样培养？依靠谁来培养？这些问题也许是教育理论中的永恒问题，因为随着历史的发展，会对这些问题不断有新的认识和回答。同样，也正是因为这些问题具有永恒性，所以在特定的历史时期对这些问题的认识和回答，是否符合历史的客观要求，是否反映了教育实践和教育理论的内在逻辑，必然对教育的发展和教育理论研究产生举足轻重的影响。我国几次教育改革的活动，正是因为在这些基本问题上的看法发生了变化才展开的。现在，我们就以上述五个基本问题为经，以40年来教育理论上的重要讨论为纬，探讨教育理论对教育改革的作用，探讨教育理论研究本身的成败得失、经验教训。

教育是什么？

这是教育理论的一个层次最高、最抽象的问题。历史上的许多哲学家，无论是西方的柏拉图、亚里士多德、洛克、卢梭、康德、赫尔巴特、杜威以及近代的哲学家，还是中国的孔子、庄子、董仲舒、朱熹、颜元、戴震，以及"五四"前后的教育家和哲学家，都有许多精深的思考和独立的见解。但由于建国后我们一开始就缺少从哲学上认真讨论它的耐心，把这样一个对教育发展和改革具有根本指导的理论问题搁置一边，很快就把它转化到了可操作层面，以阶级的观点，根据社会制度的不同提问：什么是社会主义的教育，什么是资本主义的教育？对"教育是培养人的活动"、"教育即生长"这类以非阶级观念考察问题的观点采取了批判和鄙视的态度。

关于社会主义教育性质的认识，是从新民主主义教育与社会主义教育的关系的讨论开始的。毛泽东的《新民主主义论》对新民主主义的性质、任务和前途做出了全面的回答。在这部著作中，毛泽东指出："一定的文化是一定社会的政治和经济在观念形态上的反映……至于新文化，则是在观念形态上反映新政治和新经济的东西，是替新政治和新经济服务的。"①教育被认为属于文化范畴，所以建国初虽然有人曾经提出当时的教育性质是新民主主义性质的，并且分析了新民主主义教育与社会主义教育有四点不同，即新民主主义教育对待各阶级的政策和社会主义有所不同；新民主主义教育还不能像社会主义那样达到高度的统一性；新民主主义阶段还存在着一部分私立学校；由于还没有工业化，物质条件还比较差。②但这种观点很快就被否定了，理由是我国的生产关系、上层建筑已经发生了根本变化。正好在1955年前后，苏联教育界进行了一场关于教育本质的讨论，结果教育具有继承性的观点受到了指责；教育具有阶级性、具有上层建筑的性质的观点，成为官方的观点。从此，特别是1956年我国社会主义改造基本完成以后，教育的社会主义性质，教育属于上层建筑就成了思考教育问题的基本出发点。1957年反右以后，学校"产生"了那么多右派，认为根本问题在于学校忽视了政治思

---

① 《毛泽东选集》，人民出版社1967年版，第655页。
② 王铁：《新民主主义教育和社会主义教育的关系》，《人民教育》1954年4月。

想工作,教育脱离了生产劳动。毛泽东根据他的一贯思想指出:"教育必须为无产阶级政治服务,必须同生产劳动相结合。"后来,陆定一根据这一思想写了《教育必须同生产劳动相结合》一文,代表中央把它作为教育方针公布出来。这样,"教育是什么"这样一个基本问题,实际上就被"教育为什么"取消了,或合二为一了。后来,由于对阶级斗争形势的估计发生了越来越严重的偏差,发生了"文化大革命"。"四人帮"在那篇臭名昭著的长文中认定:"无产阶级在夺取政权以后,必须把教育由资产阶级的统治工具,改造成为摧毁这种统治并完全消灭资产阶级和一切剥削阶级的工具,成为'无产阶级必须在上层建筑其中包括各个文化领域中,对资产阶级实行全面的专政'的一个重要阵地。"① 在这种理论的指导下,教育完全被纳入了政治轨道,甚至成为"四人帮"施展政治阴谋的一个"阵地"。

"文化大革命"后,从政治上清算了"四人帮"对知识分子的迫害和对"文革"前 17 年教育成就的否定,但人们感到,光有政治批判是不够的,还必须在理论上澄清。而教育理论中的一个最基本的问题就是"教育是什么"的问题。人们发现 10 年浩劫期间的倒行逆施是与"教育是一种上层建筑"这一基本观点相联系的。按照这个观点,经济基础发生质变以后,教育就应当作彻底的改革,我国的社会主义教育是以社会主义生产关系所有制为基础的,它应当同资本主义教育的教育制度、教育内容、教育方法等,实行彻底的"决裂",否则国家就要"变色"。而"文革"前的 17 年没有实行这种决裂,所以它是资

---

① 上海革命大批判写作小组:《谁改造谁?——评凯洛夫的〈教育学〉》,《红旗》1970 年第 2 期。

本主义的、修正主义的。为了"防修""反修",必须"从教育战线开刀"。为了实行"全面专政",所以要打倒"反动学术权威",由工农兵掌握学校的领导权,对"资产阶级知识分子"进行改造,即使正常教育无法进行,学生成了文盲,也在所不惜。而要纠正这些做法,就必须纠正推导出各种怪论的理论前提,这就有了80年代持久的关于教育本质的大讨论,有了其后关于对社会主义教育性质的再认识。通过对教育本质的大讨论,人们一致认识到,教育不仅有与上层建筑相联系的一面,更有与生产力相联系的一面,它们统一于对人的培养过程中。通过对社会主义教育性质的讨论,人们一致认识到,社会主义是一种现代社会,而现代社会是以现代化大生产为基础的,凡是与现代化大生产相联系的内容、形式、方法都是没有社会制度的差别的,人为地强调两种社会制度的对立,否定社会主义的现代化大生产的特性,无异于把社会主义退回到小生产的农业社会去。

由于我们把教育看成是上层建筑的一部分,所以我们对国内形势,特别是对政治形势的估计,便直接决定着教育方针的制定。在很大程度上,国家的现行任务和教育的任务是同一关系,但忽视了教育作为一种培养人的活动,具有超时空的性质和永恒的价值。建国初,我们把取得国民经济的根本好转当作当时的中心任务,教育的方针因而也表述为"为工农服务,为生产建设服务"。贯彻这一方针的首要途径和方法是提高工农的文化水平和向未来的生产建设者传授文化科学知识。这都需要通过教学来完成,所以1953年曾提出"教学工作是学校压倒一切的中心工作"的口号。① 1957年反右以

---

① 《人民教育》1953年2月号社论。

后,毛泽东对国内政治形势的估计,对不同阶层阶级性质的判断,越来越发生了"左"的偏差,知识分子几乎被看成是向党发起进攻的资产阶级群体。这样,教育为工农服务、为生产建设服务的方针,就被"教育必须为无产阶级政治服务,必须与生产劳动相结合"取代了。

教育怎样为无产阶级政治服务呢?这个问题在理论上并没有十分清楚的表述。从毛泽东的一些讲话及有关教育政策以及实际的做法来看,主要表现为加强党的领导,为中心政治任务服务,为政治运动服务,以及多快好省地办教育。那么,为什么要把"教育必须与生产劳动相结合"也提高到教育方针上来倡导呢?按照当时的权威解释,奴隶主阶级、地主阶级、资产阶级的教育"有一个共同的特点,就是教育与生产劳动分离,劳力与劳心分离,轻视体力劳动和体力劳动者……我们的教育是为无产阶级专政服务的,因而我们的教育,就必须一反以往几千年的旧传统,采取教育与生产劳动相结合的方针,来消灭脑力劳动与体力劳动的差别,这也就是消灭历史上一切剥削制度的残余,使人类进入共产主义社会。"①奴隶社会和封建社会,教育与生产劳动的分离是确实的,因为当时的生产劳动是小手工的,劳动的技能主要在生产过程中传授,无需形成独立的教育形式;而统治阶级又有意识地使教育成为少数人的特权,成为社会阶级分化的重要手段。但现代化大生产以后,生产力的发展本身产生了与教育结合的要求,要求生产工人、技术人员、管理人员接受必要的教育,要求教育成为一个独立的过程,以传授抽象的、理论的知识为主。这种时候,

---

① 陆定一:《教育必须与生产劳动结合》,《红旗》1958年第7期。

教育过程与生产过程表面上、形式上是分离的,但实质上是联系的,是通过科学知识这一中介在更高层次上结合在一起的。这时,教育已不再是阶级分化的主要手段。而且,脑力劳动与体力劳动的差别的缩小,并不能期望通过把脑力劳动者的水平降低到体力劳动者的水平来实现,而只能通过把体力劳动者的水平提高到脑力劳动者的水平来实现。但我们当时却把消灭体脑差别的希望寄托在体力劳动者读点书、脑力劳动者参加点体力劳动上。在这一思想指导下,1958年以后的教育改革,一直都是致力于能够加强政治性与增加师生的生产劳动的时间和强度。

"文革"以后,教育理论界对教育本质进行重新认识的同时,对"教育为无产阶级政治服务"的提法也进行了反思。在阶级社会中,在有国家存在的情况下,教育受政治的制约,教育要体现一定的政治利益,是毫无疑问的。但除此以外,教育还有许多其他重要功能。当生产力和社会水平发展到一定程度,为社会经济发展服务将成为国家的中心任务,也将成为教育的中心任务。此外,教育还有超功利的文化功能,比如说,它对促进一个人自我意识的发展,对扩展一个人自我娱乐的情怀,对提高一个人自由发展的程度,对增进一个人的人类共同幸福的理想,都有着巨大的潜能。这种认识上的深化,直接影响了80年代以后教育改革的方向和内容,教育改革的科学性、人文性、经济性和国际性,都是以往所无法比拟的。

"教育培养什么样的人"的理论,是随着"教育是什么"和"教育为什么服务"的理论的演变而演变的。作为教育培养的总体目标,我们首先提出的是"培养全面发展的人";后来由"在德育、智育、体育几方面都得到发展的""有社会主义觉悟的""有文化的""劳动者"取代;1958年以后很经常地被简捷地表述为"又红又专"。"文革"以后,在党代会的报告中,在政府工作报告中,在高级领导人的讲话中,对教育目的也有过大同小异的表述,教育理论界也有过不少讨论,比如在"端正教育思想、明确教育目的"的长期讨论中,就有若干文章涉及到这个问题。但不管是哪一种表述,包括出现率最高的"四有"新人的提法,都再没有出现过以前的那种纲领式的政治效应。这是反映了历史的合理要求的,因为一个指导思想既要成为教育宗旨,又要成为具体的工作方针是有困难的。

培养全面发展的人,最初是从凯洛夫主编的《教育学》中移用过来的,但凯洛夫的教育学对这一目的的论述并不是很严肃的,它只是引用了马克思在《资本论》和恩格斯在《共产主义原理》中的两段话,就完成了对社会主义的教育目的在于"培养全面发展的人"的论述,但对全面发展的本质含义和实施条件并未进行认真分析。人的全面发展在马克思主义理论中是一个重要命题,它与"片面发展"是相对的。人的全面发展作为人类的一种理想,它的实现最少必须有两个条件,一是现代大生产的普遍实现,这样才能使人人有充分的时间和必要接受教育并实现职业的自由流动,克服劳动的异化;二是以先进的社会制度保证这种要求能够实现。而凯洛夫一开始就忽视了第一点。到后来,我们几乎得出了"生产劳动+政治学习=全面发展"的荒谬结论。

凯洛夫教育学认为,要实现人的全面发展,就必须知道所有门类的知识,所以在"教学内容"一章中,开列了一个包括21门学科的学科群,并认为这些都是应该学好的,结果导致了普遍追求门门5分、平均发展、负担过重的弊端。所以

1955年以后人们逐渐对执行这一方针中的弊端和对这一方针认识、表述上的模糊提出了批评，提出以"因材施教"补充这一方针，并引发了一场有声有色的关于全面发展问题的大讨论。① 1957年毛泽东在《关于正确处理人民内部矛盾的问题》中，对教育方针有了明确表述，这一讨论也就中止了。直到20世纪80年代以后这一讨论才又重新活跃起来。不过这一次的讨论和50年代的讨论有很大的不同，它没有那么强烈的功利色彩，不是企图直接参与制定教育方针，很快进入到操作层面，而是希望首先在理论上加深认识，对全面发展的理论范畴、全面发展与现代生产力的关系、全面发展与异化问题等，进行了一些似乎纯学术的研究。大概也正因为如此，所以这一讨论在教育理论的讨论中是相对深入的，对教育改革的影响不是直接的，但却是深远的。

毛泽东1957年提出了教育方针，但他本人后来更多强调的是又红又专，强调的是红与专、政治与业务的对立，强调政治是统帅、是灵魂。所以在培养什么人的问题上，关于红与专的讨论更频繁，人数更多，影响也更大。问题的关键是两个：什么是红？红与专的关系是什么？第一次大讨论是1958年前后，这次讨论的结果是确立了"政治挂帅"的观念，"先专后红"、"多专少红"、"以专代红"、"粉红色道路"等论点受到了批判，埋头业务的"白专"道路受到了谴责。② 第二次讨论发生在1962～1964年，在"左"的思想得到一定纠正的情况下，

---

① 参见《关于全面发展讨论的来稿综述》，《人民教育》1955年第8期。
② 参见《人民日报》1957年12月29日报道：《清华大学学生展开"红与专"问题大辩论》，《政治是灵魂——蒋南翔校长关于"红"与"专"辩论的总结报告摘要》，《光明日报》1958年1月5日。

对红专的关系认识也有所变化。周扬在一次讲话中指出,只红不专,不敢讲专成了另一种倾向①;冯定提出了"红以导专,专以表红"的观点②,强调红与专的同一性和统一性。1964年底与对哲学上"合二为一"观点的批判相呼应,红与专的对立性、特别是阶级性受到了特别的强调,甚至连"片面追求升学率"这种与"专"有牵连的社会问题,都被简单地认为是"资产阶级教育思想的进攻"③。这种把不红看成是专的自然结果的思维方法,被"四人帮"发展到了极端:"宁要没有文化的社会主义,也不要有文化的资本主义。"不破除红专对立的思维方法,人们永远不能理直气壮地钻研科学文化知识,尊重知识、尊重人才的社会风气的形成,永远会受到阻碍,轻视、甚至敌视知识分子的态度就不能根除。

"怎样培养"自然与"为什么培养"和"培养什么人"息息相关。怎样理解课堂与社会、理论知识与实际知识、间接知识与直接知识、文与道、教与学的关系?非常明显,当我们强调教育的经济建设作用,重视业务、科学知识的培养时,我们就强调课堂生活、理论知识、间接知识的地位,强调以文载道,以教带学;反之,则强调社会生活、实际知识、直接知识的作用,强调文以载道,以学促教。这之间成了一种孪生关系。理论上的这种认识直接指导着教育改革的进行,理论上的反复便接着有实践上的反复。

---

① 周扬:《关于高等学校文科教材编选的意见》,载《教育研究》1980年第3期。

② 冯定:《关于"红专"》,《光明日报》1962年6月12~14日。

③ 敢峰:《反对片面追求升学率,打退资产阶级教育思想的进攻》,《人民教育》1964年第5期。

"依靠谁来培养"与上面四个理论问题的倾向也是一脉相承的。强调知识、强调专业人才、强调教育为经济建设服务时,也就比较多地认识到专家、教师的作用;反之,则强调对专家、对教师的改造,强调政治领导的首要性和学生的自学。对这个问题的认识又与对知识分子的态度紧紧联系在一起。近几年来比较多地注意到从认识论的角度,从主客体的关系来探讨师生关系、教学关系,在"文革"前来看这种讨论一定是幼稚的,同样,今天来回顾过去判定师生关系的思维方法,也难免感到是滑稽的。

二、教育理论研究的科学化

虽然我们对40年教育改革理论研究的巡礼是非常粗疏的,但是我们还是可以得到许多重要的启示。要有科学的教育改革理论指导教育改革的进行,首先要保证教育理论研究本身能健康地发展。

(一) 实事求是,扫除"帮风"

我国教育理论的研究,如果也称为研究的话,在很长的一段时期内,是以"批判"为基本特征的。而且这种"批判"有如下特点:1. 被批判的人和被批判的观点混为一谈,对活动的批判和对理论的批判纠缠不清;2. 被批判者的观点被掐头去尾,剩下片言只语;3. 被批判者一时的、偶尔的讲话被当作一贯的思想,在特定场合下的讲话被当作一般的观点,甚至被批判者引用的他反对的观点也被当作他自己的观点来批;4. 被批判者没有申辩权和反驳权。总之,毫无实事求是之意,而是充满了非学术的霸道气息。这种文风被"四人帮"发展到了顶峰。试举一例，以资说明。"四人帮"在那篇《谁改造谁？——评凯洛夫的〈教育学〉》的臭文中，开篇就自感很有气势地写道：

什么是教育？

凯洛夫《教育学》开宗明义第一章回答道："教育纯粹是人类的现象。"这个定义，完全抹杀了一个最基本的事实：在阶级社会里，教育是阶级斗争的现象。绝不是由于"人为了成为一个人，就应当受到适当的教育"，而是由于一个阶级为了维护自己的统治，才要有教育。教育从来是出于阶级斗争的需要，而不是抽象的"人"的需要。

这里，我们无意对凯洛夫的《教育学》本身进行评论，甚至也无意对"教育从来是出于阶级斗争的需要"的谬论进行评论，我们需要指出的只是，批判者全然不顾原著第一章第一节"阶级社会中教育的阶级性和历史性"的专题论述，也不顾所引内容的上下文，就随心所欲地大加鞭挞。因为原文是在介绍柏林斯基的观点，而且讲的是教育在人与动物发展中的不同作用，原文是这样的："教育纯粹是人类的现象。野兽为了使它们自己成为野兽，并不需要教育；但是，人为了成为一个人，就应当受到适当的教育。"①

不实事求是的另一普遍表现就是教条主义。它不是从事实出发，而是从本本出发。对我国教育理论产生了很大影响的凯洛夫《教育学》也严重地犯有这样的毛病。我们一开始接

---

① 凯洛夫主编，沈颖、南致善等译：《教育学》，人民教育出版社 1953 年 4 月第 2 次印刷，第 18 页。

触马克思主义的教育学说,并不是直接研究了马列的整个学说以后再研究马列的教育学说的,而是经过凯洛夫的《教育学》来接触的,而凯洛夫的教育学对马列教育思想的论述,存在着绝对化、简单化的倾向。该书的总论中引用马列语录有13处之多,但许多重要原理只是择其片言只语任意解释,比如把"人的全面发展"解释为完全是由社会制度决定的就是一例。这种教条主义、独断论的做法在我国"文革"时期达到了登峰造极的地步。举例说,《教育革命通讯》1975年第1期和第3期分别发表了《为使学校成为无产阶级专政的工具而奋斗》和《再论为使学校成为无产阶级专政的工具而奋斗》两篇文章,第1篇全文总计不到1 200字,却引用语录9次之多,占218个字;第2篇全文不到1 500字,却引用语录7次,占261个字,均在17%以上。有时仅仅是因为毛泽东用过这个词,如"旧社会的痕迹",使用黑体字标出。似乎这样引用、标排,就增加了真理、增加了分量。现在重温这种文风,也许感到是奇文,是荒谬不经的。可是这种习惯、这种文风,以及产生这种文风的世界观、方法论,就真的绝迹了吗?不会再改头换面、粉墨登场吗?

(二)保持理论研究的相对独立性

凡是与政治有联系的社会活动,以它为对象的学术研究就不可能完全超脱政治。但是,我们不能以政治观点、意识形态代替特定的学术研究,特别是以政治、行政措施否定一种学术观点时尤其不可。比如像教育的本质和性质这样两个最基本的问题,早在1957年曹孚就曾发表过很重要的观点:"我认为教育之反映社会生产力发展水平是比一般上层建筑更为直接的,其理由是,教育不仅是上层建筑,同时还是一个永恒范畴。当代主要资本主义国家的生产发展水平是相当高的,教育反映着这种生产力,并为这种生产力服务,因而在这些国家中的教育发展的水平也一般是不低的。"①遗憾的是,这一观点发表的那一天,差不多也就是它受到批判的那一天。这种批判与对武训的教育观、对杜威的教育思想、对陶行知的"生活教育"理论、对陈鹤琴的"活教育"理论、对梁漱溟的"乡村教育"观、对晏阳初的"平民教育"主张等的批判一样,缺少一分为二的科学精神,很容易把学术观点和(被认定的)政治立场等同起来,被批判者不能也不敢进行辩论,这样差不多就等于取消了学术讨论。如果曹孚的这一观点不受到彻底否定,而是给予一定的学术争鸣的空间,这一思路得到发展,就可能避免犯一些常识性错误了。在这篇文章中,作者还提出了另外一个重要论点:"教育中的'永恒'的或比较'稳定'的因素,在我们的教育学中也应占有一定的地位,即使是一个不重要的地位。"②然后从教育的内容、制度、方法、形式几方面论证了教育的继承性,提醒人们,对旧教育、别国教育不要采取一概拒绝的态度。20世纪90年代看这些观点,是多么朴素、简单。可我们在一个相当长的时期内,在批判这种观点忽视了教育的阶级性的同时,先是和建国前的教育、和资本主义的教育隔绝开来,后来又和"修正主义的教育"隔绝开来,使我们的教育走了许多弯路。所以说,理论研究同政治行为、意识形态之间需要保持相对的独立性。

教育理论研究的相对独立性,也表现在教育政策的相对

---

①② 曹孚:《教育学研究中的若干问题》,《新建设》1957年6月号。

独立性上。教育理论承担解释、普及教育政策的工作是无可厚非的,而且这是理论工作者应尽的职责之一。但这不能成为理论研究的主要功能,教育科学不应当是现行政策的注解,相反,教育政策的制定应有教育科学的基础。总的说来,理论研究与决策制定的关系,是基础和选择的关系,就是说,理论研究对各种教育实际问题和理论问题得出不同的结论,决策制定则是参考各种不同的理论成果,取长补短,进行综合。理论家的主要任务在于根据对现象和历史的研究,得出自己的结论,而决策者的主要任务则是综合许多理论家的结论得出自己的判断。如果理论和决策成为一回事,不是政策缺少科学基础,就是理论家放弃了自己职责。我们也不能期望有一种理论就有相应的决策,理论工作者不能奢望理论研究的成果完全被决策所采纳。理论是多样的、片面的(深刻的片面),政策则是单一的、平衡的。理论是政策的必要基础,而不可能成为全部基础。理论有时甚至和现行政策是完全相抵触的,与作为政策基础的某一理论是完全相对立的。在这种情况下,制定政策只能把相反的理论作为一种"解毒剂",作为基础理论的补充。因为我们相信,任何一种理论的正确性都是相对的、暂时的,永久的、绝对的理论、放之四海而皆准的理论是没有的,它都必须随着现实的变化而变化。

我们所说的理论研究的相对独立性,也包括实践活动的相对独立性,用一个更通常的说法就是:源于实践、高于实践。在教育界普遍有一种呼声,就是理论脱离实际。应当承认,确实存在着严重的理论脱离实际的情况:缺少对教育实际的了解,凭借第二手资料发表评论和感想;对教育实际做主观臆想,构造在实际中毫无意义或根本行不通的主观构想;或无视客观世界已经发生的变化,抱住陈旧的观念和思想方法不放,试图用自己怀旧的心情和昔日的道德来改变现实。但从我国教育理论研究的长期情况来看,还存在着另一方面的问题,也许还是更主要的问题,就是理论研究缺少自身必要的连续性、逻辑联系和超前性,而总是跟在实践的后面,穷于应付实践中不断提出的问题。对实践产生的新的要求往往缺少指导性的成果,这其中一个重要的原因就是忽视了教育基础理论研究。那种很明确地提出1、2、3的建议和方案的文章容易受到欢迎,而那些不能提供现成的、可直接应用的方案和研究,暂时也许看不出应用价值的研究,就容易受到忽视和冷漠。提供可直接应用的建议和方案的研究,当然是需要的,应用研究应当是教育研究的重要方面和主要方面。但如果一门学科没有自身的深厚的基础理论,或这种基础十分薄弱,怎么能想象这种应用研究是可靠和有效的呢?通过对历史的回顾,我们不难看出,教育理论的基础研究与它承担的使命很不相称,教育理论更多地停止在解释的水平上,停止在头痛医头、脚痛医脚的水平上。所以,我们一方面要坚持教育研究为实践服务,把更多的力量投入到应用研究中去;但另一方面,教育理论又要不断提升,形成自己的理论系统,为应用研究提供认识论的基础和方法论,这就要求教育研究要高于实践,超越实践,避免使所有的教育理论研究工作都染上功利的色彩。

(三)加强教育理论研究的科学性

加强科学性,这是一个很容易被接受的提法,但一旦具体化就会发生很大的困难。这里不能就"科学化"问题进行长篇大论的论述,只是就教育理论研究中明显有待改进的几点进行一些讨论。

第一，作为指导教育改革的政策，意见要明确、具体。如果一种思想、观点还不够明朗、具体，就不一定要急于作为教育改革的指导思想提出来，而要先经过一个理论酝酿过程。因为教育是一种操作性很强的工作，它需要有比较明确的规范，如果缺少明确的规范，就容易流于形式或过犹不及。比如"教育为无产阶级政治服务，教育与生产劳动相结合"，以及目前关于教育方针的一些提法就发生过这样的情况。什么样的教育（大、中、小学教育；普通、职业、专业教育等等）与什么样的劳动（现代大生产、简单手工劳动、笨重的体力劳动）结合？怎样结合（在教学过程中结合劳动，还是在劳动过程中结合教学等等）？当在工作中发生困难或遇到问题时，再附加若干的解释，而这种解释有很大的应急性，所以容易变化多端。

第二，是教育理论研究要形成一套自己的概念系统。一种概念系统不仅是一门学科的基础材料，而且凝聚着一个思维过程。自洽性是概念系统的必要条件，没有自洽性是无法形成概念系统的，所以建构学科概念系统的过程也就是促进本学科自洽性提高的过程。任何一门成熟的学科都有一套自身的概念系统，一门学科不同流派的形成，则往往与它们形成了概念的分系统相联系。如果没有惯性、质量、力、功、速度、万有引力、绝对时空等一系列概念，就没有牛顿力学，而现代物理学则是以批判绝对时空为突破口，凭借量子、光电效应、波粒二象性、相对性原理、四维空间、测不准定律、引力场等概念建立起来的。生物学没有物种、细胞、基因、遗传、变异等概念也是无法想象的。心理学的流派林立，能占有重要地位的，都有一套概念系统支撑。行为主义的"刺激-反应"，格式塔学派的"顿悟",精神分析学派的"力必多"、"无意识",认知学派的"同化-顺化",这些概念差不多都传达了这些学派的核心思想和研究方法。社会科学也是如此。马克思主义的思想体系如果没有生产力、生产关系、经济基础、上层建筑、辩证唯物主义、历史唯物主义、劳动的二重性、商品的二重性等一整套崭新的概念,又怎么能容纳得下呢?

可现在教育理论中真正称得上是"自己"的概念的,并不多,更不要谈概念系统了。教育理论研究中运用的概念主要是由哲学、经济学、伦理学、心理学等学科的概念和日常政治生活的概念所组成。这就决定了教育理论难以形成独特的理论体系,特别是难以做出影响其他学科的独特贡献。由于教育理论研究总是运用大量的日常政治生活概念,这就在某种程度上使得理论研究的许多文章,不能与日常政治生活的思维模式相区别,而具有报刊社论的风格。当然,这并不是说教育学完全没有自己的概念,比如"课堂"、"班级"这些概念应当说是道地的教育学概念。但遗憾的是,我们对这些概念并未予以充分研究,也就未能形成具有再生能力和辐射能力的核心概念。课堂、班级里的诸种现象和关系,绝不仅仅是我们过去简单理解的教学现象,它既是学校的细胞,也是社会的基层结构之一。从课堂、班级中可以窥视到各种各样的社会问题、心理问题、人际交往问题、语言问题、文化问题、控制问题、传播效果问题、卫生问题,甚至还有法律问题、伦理问题、美学问题,等等,这全在于我们是否重视以此去构建教育理论的独特的概念和建立自己的独特研究的角度,全在于我们能否从中找到改革的契机或突破口。

第三,马克思曾深有所感地说,只有当数学成功进入某门学科时,才标志着这门学科的成熟。教育学是一门应用性很强的学科,如果它不努力使自己数量化,而是满足于定性分析,习惯于长篇大论地发表议论,就不能准确地把握事物的"度"。我们以往的教育理论研究,对教育问题的定量研究很不重视,习惯于对教育问题作政治分析和哲学分析,虽然这种分析也是十分需要的,但教育上的许多问题并不是怎样认识,而是怎样把握的问题,即怎样把握才适度。比如理论学习与联系实际,"理论联系实际"是我们一贯倡导的学风,可我们在这个问题上却常常出偏差。有时是由于认识的偏颇,但恐怕更多的是掌握上的困难。当我们强调理论学习时,联系实际往往就少了;反之,又会忽视理论学习。而要解决这个问题,光靠套用认识论原理恐怕是不能解决的。这里就有定量分析的要求,可这样的分析研究实在太少了。强调定量分析绝不是忽视定性分析,如果把这两者对立起来那就太遗憾了。

第四,重视对经验的科学处理。在我国的教育理论研究中,经验总结的内容占有很大的分量。我们曾经统计过,"文化大革命"前《人民教育》杂志发表的所有文章中,经验总结文章的比例雄居各类文章之榜首。"文革"中则更是以"典型经验"代替理论研究。"文革"后虽然人们日益感觉到经验总结的局限性,但停留于经验总结阶段的教育文章依然占有相当比例。而且仍有相当一部分人认为,理论文章是没有"用"的,只有经验总结才有实用价值。我们一般地并不反对经验总结,特别是典型经验的总结,解剖麻雀,也不仅是教育理论研究的重要方法。理论不是天上掉下来的,也不是主观理念的推演,理论是经验的概括和上升,经验是理论的来源之一。理论是对经验的去粗取精、去伪存真,是对经验的加工,没有经验为基础的理论是空洞的。我国大量的教育经验总结,是我们的一份宝贵财富,是创立我们自己的教育学的重要基础。但我们也要看到另一方面,经验总结的研究方法本身具有方法论的缺陷。因为经验总结往往是为了证明一种政策或观点而进行的,很难发现这一政策或观点固有的局限或错误;再者,经验具有个别性,任何一种观点都可以从实践中找到可以为其佐证的事例,即使这种经验不具有代表性也可以总结出来。经验还具有偶然性。一时一地的成果在某种特定的环境下取得了,换了环境和条件是否还能取得,就很难下结论了。所以,经验总结如果没有正确的思想和科学的方法指导,任何经验总结都可能犯以偏概全的错误。反过来说,任何经验的产生,也需要有理论的指导。单靠个别经验的总结,不可能得出规律性的认识。典型经验的总结必须建立在统计分析的基础上,进行必要的概率分析,进行控制因素和非控制因素的分析,才有推广意义。否则就很有可能根据主观愿望选择所谓典型,甚而至于去"塑造"典型,只及一点,不及其余。更有甚者,在为教育实践服务的借口下,只允许肯定经验,不允许提出异议。这就导致了非常滑稽的现象,同一经验既可以为说明这一理论服务,也可以为说明那一理论服务,经验可以随着形势的变换更换外衣。

经验总结的方法论的缺陷在于:任何一个群体事物中,随机事件是非常多的,任何一个人都可以找到一个事实来证明他想证明的东西。正如列宁所指出的:"如果不是从全部总和,不是从联系中掌握事实,而是片面的和随便挑选出来的,那么,事实就只能是一种儿戏,或者甚至连儿戏都不如。"[①]

---

① 《列宁全集》第 23 卷,人民出版社 1963 年版,第 279 页。

第五，世界教育理论发展的一条基本经验告诉我们，要建立一种站得住脚的教育理论，就必须有教育实验的支持，有实验的验证、检验、修正、补充、完善。不能说我们以往的教育理论都没有进行实验，恰恰相反，在中国大地上进行的教育实验是范围最广、人数最多、影响最大的。建国后我们每次"教育革命"都是对某一理论和理想的推行。问题是，这种"实验"没有按照科学的要求进行，因此付出了不应有的代价。"文革"以后，《教育研究》多次倡导"教育科学的生命在于实验"，逐渐地，各种类型的教育实验开展起来。但作为一个科学的实验，它至少应具备以下三个条件：一是实验前有一个比较明确、严密的指导思想，有一个目标体系，这是对实验进行评价的标准；二是要明确控制因素，这是评价的指标；三是要有明确的实验条件分析，这是推行某一理论的可行性保证。如果缺少这三个条件中的任何一个，都可能使实验报告成为经验总结。我们"教育革命"的大"实验"之所以尽管有那么多的经验介绍，却最终不能支持预设的理论，就是因为那种"实验"不遵守科学规则。那现在我们进行的许多教育实验是否满足这些基本条件呢？如果我们要使我们的理论有说服力，我们就一定要保证实验的科学性。一项微观的单项的科学实验比一项宏观的综合的但却不科学的实验更有价值。

要使这些科学的要求得以实现，首先理论研究人员就必须具备科学精神，具体地说，最主要的就是实事求是的精神和理性批判的精神。实事求是是马克思主义的一个基本原则，它是保持理论研究具有科学性的基本前提。我们什么时候违背了这一原则，理论就会错误地指导实践。我们不能以任何借口篡改事实或违背常识，不能以个人的意志违背历史潮流，以主观愿望去"改造"现实。我们要记住:当我们的理论不能说明事实,而要靠理论自身进行循环论证的时候,就一定是违背了实事求是原则的时候。

所谓理性批判精神,就是时刻保持科学工作者必备的怀疑意识和问题意识,把理论研究的过程看成是不断揭示新问题、不断修正或推翻前人包括自己的旧观点的过程,而不是维护既成观点的过程。任何一门学科,任何一种观点,不管它多么完备,它都包含错误,因为人的认识免不了犯错误,因为实践在不断发展,"理论总是灰色的,生命之树常绿"。如果这样看问题,对学术界许多理论问题暂时、甚至永远不能达成一致的意见,而处于一种讨论、纷争的状态,就丝毫不会感到奇怪了,事实上这正是科学发展的必要条件。正如《教育研究》编辑部就不少读者希望对外国教育理论、对不同见解的问题给予裁定的建议所指出的那样:"如果能这样做,而且真解决了问题,推动了科学的发展,应该说是一件好事。但是,在科学的问题上,出现不同的意见,常常成为科学向前发展的起点。"①

(四) 实行教育研究的语体变革

要实现教育研究的科学化,绝不仅仅是具体方法的变化,关键的是要实现思维方式的变革,这是整个方法论的变革。而这种变革要落到实处,成为可操作的内容,一条可能的途径就是实行教育研究的语体变革。

所谓语体,就是一种语言表达的符号系统。在形式上,它

---

① 《新年致读者、作者》,《教育研究》1981年第4期。

包括语言结构、表达方式、用语习惯、概念系统、语词选择,以至语态选择。在精神上,它则是人的思想、情感、思维方式和认同方式的外化。也就是说,语体问题不仅是语言技巧问题,而且包含人的因素。

　　语体是人们描述世界和表达对世界的认识的方式,是思维结果的外在化,是思维方式的直接显现。语体是人们在认识世界和改造世界的过程中逐渐形成的。在原始时期,人们描述世界的方式和对世界的认识是单一的,在同一种语言系统内,不存在不同语体的选择问题,因为那时只有一种语体。随着人们对世界认识的加深,人们对世界的描述也越加精细,并且逐渐分化出不同的语体。比如对客观世界和主观世界的描述,需要有不同的语体来承担,最明显的表现为口语语体和书面语体的分化。书面语体的出现和发展,无疑是语言的进步,因为它使人们对世界的描述更精细、更准确和更富有个性特征。当人们对世界的认识发展到建立了主观的世界理论图式,如数学、物理学、生物学等学科时,就要求已往的语体不断进化,形成与日常生活语体完全独立的科学语体,形成自己独特的概念系统、语言结构、符号体系、表达方式等等,以保证学科的科学发展。而这种科学语体的概念、符号、语言结构等等绝不是单个的语音、词组的相加,而是内在逻辑的系统化。它的背后是人类智力活动的积淀,如果不经过相应的智力活动,即便鹦鹉学舌般地掌握了某一学科的概念、符号,也是没有意义的。三岁的小孩可以跟着数学家重复数、正数、负数、素数、质数……的发音,但他绝不知道他在说什么。可见,有了自己的独立的语言符号系统的学科(即有了学术化了的语体的学科),才是成熟的学科。

语体是思维的外在化，是智力活动的积淀形式，但它并不是机械地适应这种思维方式的变化，语体一旦形成，就会对人的思维起促进或阻碍作用。人的思维是借助于语词概念进行的，学科的学习和研究是以既成的语体为基础的。既成的概念、既成的语体可以帮助人们思维，也可以阻碍人们突破、创新。语体的这种阻碍能力，表现为人们只能用已有的概念考虑新问题，而这些概念的含义都是过去被确定了的，它可能无法包容新的意义，甚至排斥新的意义，更重要的是它可能使人们形成一种思维定势。你要使用这种语体，你就只能按照它注定的思维路线发展，所以，如果一门学科的语体是学术化了的语体，那它往往能保证这门学科的发展，如果一门学科的语体是非学术性的，那它就可能阻碍该学科的科学化进程。而教育学恰恰就属于后一种情况。它还没有形成自己的学术性语体，在很大程度上还停留于日常生活性语体上。中国古代是一个政治伦理本位的社会，是以"礼"治国的，政治和伦理没有严格的区分，政治融于伦理之中，伦理体现着政治，伦理"教化"的功能是教育的主要功能，所以政教是合一的。这就注定了表达教育思想和教育行为的语体需具有浓厚的政治色彩、伦理色彩、生活色彩，这就使得我们的教育研究语体具有明显的"政治-生活性"。教育要按自身规律发展，作为为教育的发展提供科学的指导和依据的教育研究，首先要使自身科学化，这就势必要实现从"政治-生活性"语体向"学术性"语体的转化。

语体的转变是一种文化现象，体现了时代的要求。虽然这种转变往往不是一帆风顺的，但由于新语体比起旧语体来有无可比拟的优越性，它终究会被人们所接受，并逐步完善。

"五四"时期文言文语体向白话文语体的转变,就是一种文化现象。当以中国的传统文化为其内在精神的语体再也不能包容和认同新的文化现象时,其内部的变革就是势所难免的了。文言文向白话文的转变绝不仅仅是文字形式的转变,实际上是整个文化更新的要求。新的思维方式和价值观念呼唤着一种新的表达方式,文言文体再也不能承担这一使命了,如果不踢开这个绊脚石,新的文化观念以及后来马克思主义的传播都是不可能的。不能想象,可以用文言文翻译《共产党宣言》。文言文是以儒家文化为其精神骨髓的,在这一语言系统中无法找到与西方资产阶级的基本价值相通的概念,比如"民主"、"自由"这两个西方资产阶级最基本的政治、伦理概念,要翻译成文言文就是不可能的,文言文中的"民主"是动宾结构,有"为民做主"之意。"自由"更是无法对应,因为在中国古代没有"自由"这一用语,所以当"Liberty"一词最初介绍到中国来时,竟无对应的词可以翻译。严复最初翻译小穆勒的《自由论》时,是将"Liberty"译成"自繇"的。对此,就是对中国传统文化深有感情的梁漱溟先生也颇有感慨。

可见,文言文语体向白话文语体的转变,绝不仅仅是文字的革新,而且在政治上是反封建的,在伦理上是反传统的,在文化上是认同西方的。"五四"是新文化战胜旧文化的大搏斗,所以语体的转变也是一场深刻的变革。我们现在讨论的教育研究的语体变革,并不是整个符号系统的转变,而是一个子系统的变革,是一个分支的变化。它的意义虽然不能和"五四"时期的语体变革相比,但在某种程度上,是更精细的变革,是更深层的变革。因为"五四"时期的语体变革是政治变革的一部分,有直接为政治服务的意义,因而也就难免出现由政治带来的肤浅性。而教育研究的语体变革,则是在科学的意义上展开的,在某种程度上,正是要克服上次语体变革所难以摆脱的肤浅性,而进入一个更深入的层次。

"五四"时期的白话文革新实际上孕育了很长的时间,它有百年白话文小说为深厚基础,其目标是接近口语,还原到生活,我们所讨论的教育研究语体问题却是要以还原为生活的语言为基础,高于生活,所以,有时候变革可能更加困难。它的第一步是超越"政治-生活性"语体,建立"学术性"语体规范。

"政治-生活性"语体与"学术性"语体的差别可以从两个方面来考察,一个是它们的形式差别,一个是它们的精神(实质)差别。在形式差别方面,我们可以看到如下对应的特征:

注重结论与注重过程。"政治-生活性"语体注重结论是什么,注重文章发表(宣传)的本身。"学术性"语体更注重的是过程,是获得结论的过程,注重过程的严密和可检验性,有时结论反倒是次要的。因为过程严密,结论则是自然的,过程不严密,结论就难免是人为的。

决定论与非决定论。"政治-生活性"语体有一个预设的结论,这样的结论是不可改变的,根据结论选择材料,如果没有有力的材料支持,可以根据需要组织材料。"学术性"语体当然也有假定的设想,但这种设想不是不可改变的,如果发现事实与设想矛盾,那就随时可以改变或放弃假设。当既有支持自己结论的材料,又有与自己的结论相左的材料时,能够实事求是地介绍两种情况,以便自己和别人进一步探讨研究。"学术性"语体从不把自己的研究作为某一问题的终结,而是作为真理长河探求中的一步。

学术、行政合一与学术、行政分开。"政治-生活性"语体在学术与行政之间没有明确的分别,学术研究者的角色与行政工作者的角色也时常混同。"学术性"语体对这两者是严格分开的。行政的特点具有指令性和要求的统一性,强调原则甚于强调个别性。总的说来,它是以条文、规则的形式出现,而不是以说理的形式出现,对于条文、规则的违反是不允许的。而"学术性"语体不存在不能违反的条文或规则,一切都可以怀疑、批评、修正;学术不具有指令性,它不约束人们的行为,只可能通过思考被接受。学术既研究普遍规律,也研究个别特性。有时对个别特性、个别情况的研究更重视,因为个别性中可能蕴含着一般所没有的具有特别意义的东西。

灌输与疑问。"政治-生活性"语体因为强调结论,所以也就把这种结论被接受当作自己的目的,它强调不断重复,靠数量上的不断刺激加深印象。"学术性"语体因为强调过程,所以它的主要目的是引起别人思考,靠对现实的问题提出问题促进人们思想的深化和学术的进展,与不断重复同一内容相反,它要求陈言务去,以新颖和创造自己的生命。事实上,是否有新意,乃是衡量是否具有学术价值的根本标准之一。

经验与实证。"政治-生活性"语体的出发点来自于经验并且以经验为依据。"学术性"语体的出发点可能来自于数据,也可能来自于经验,但绝不能以经验为依据,它必须有实证材料和实证过程,包括调查、统计,有明显的概率显示和量化程度。经验虽然来自于实际,但它是个别的、局部的、片面的,以经验为依据势必要犯以偏概全、以个别代替一般的错误。要避免这种错误,就需要把经验只作为参照推广调查,同时对样本的局限性进行评估,表明可能的误差。以经验为依据也往往把不同程度、不同水平的问题看得同样严重或同样重要,而实证过程则要求有必要的量化,分清不同程度、不同水平的问题。

笼统与分析。"政治-生活性"语体带有浓厚的生活气息,使用的概念常常直接来源于生活,不经过分析处理。而生活概念往往是笼统的、模糊的,它的包容性有余而精细性不足。"学术性"语体则要求对生活概念过滤分化,这样才能使问题明朗化,有的放矢。比如我们现在不断地提到教育与社会的关系问题,教育要适应社会需要,可是,"社会"到底是什么?"社会需要"又是什么呢?人们已经习以为常,似乎都十分清楚,其实一点也不清楚。社会是指政府、国家,还是部门、单位?社会是指高度分化的社会机构,还是广阔复杂的社会关系?教育是不是社会的一个组成部分?中国的"社会"和西方社会学中的"社会"是不是一回事?"社会需要"是指社会的进步需要还是社会的保守需要?教育要适应社会,社会要不要适应教育?当这些问题煮成一锅粥时,问题当然无法解决。

原始时空概念与现代时空概念。"政治-生活性"语体使用时空概念时,接近于生活中的时空概念。生活中是以生活事件为参照来计量时空的,比如"一袋烟工夫"、"一顿饭工夫"、"天黑就到了"。这种时空概念投射到统计上来,就是类似这样的表述:"基本上"、"大概"、"总的说来"、"一般是"、"半数以上"、"有了较大的发展"……而"学术性"语体是以科学的时空单位如秒、分、时、米、公里等等来计量时空的,这种时空概念投射到统计上来,势必要求精确可靠。"基本上",是60%还是80%?"半数以上",是51%还是99%?现在我们有些向人大常委会报告的教育统计尚且都充斥着原始的时空概念,更不用说那种即兴发挥的不做认真调查的文章了。

引代与引证。引用别人的材料、观点或讲话来支持自己的观点,帮助自己论证是完全正常的,也是一种修辞手法,即"引证"。"学术性"语体经常采用这一方法。但引证绝不能代替自己论证。"政治-生活性"语体却常常把引用别人的言论当作最有力的论证,特别是"权威人士"、"经典作家"的言论,似乎引用了他们的言论就是不证自明的了,这与科学精神是相违背的,在科学问题上无权威可言。科学的权威就是材料的真实性和证明的逻辑性。

关于"政治-生活性"语体与"学术性"语体的形式差别还可以继续分析下去,而且在方法论上也可以突破这种思辨性的分析,运用计算机对不同语体的语言结构、表达方式、用语习惯、概念系统、语词选择以至语态选择等进行统计处理,那样,可能得出更直观、更具体的结果来。

"政治-生活性"语体与"学术性"语体的差异更深刻地表现为精神(实质)的差别。

"政治-生活性"语体有一种"代圣人立言"、代真理立言的信念,认为自己不是代表自己在讲话,而是在阐发真理、在传播真理,坚信自己说的东西是确信不疑的、无可争议的,所以才那么居高临下,气势宏大,形成一种霸道气息和武断作风。在"文化大革命"的时候,发展到"惟我独革"、"惟我独尊",对待不同的观点和意见,很容易采取批判和挞伐的态度。在这种语体中,个人的观点和想法是怎样的无关紧要,要紧的是去表达一种被公认的、被肯定的观点。由于表达的观点是一种公认的观点,所以这样的语体往往千篇一律,没有个人的情感跳动,没有自己的个性闪光,所以也有人把这种语体称为"秘书式"语体。而"学术性"语体主要表达个人的独立见解,它的主体是作者个人,而不是真理或圣人的化身,所以它不可能那么盛气凌人。因为一个有理性的人都懂得,他不可能永远正确,他的观点不可能涵盖真理的一切方面,他的文章只表明了他个人当下某一方面的认识,他发表意见决不是想结束某一问题的探讨,而仅仅是表明在世界的多种声音中有自己的一种声音。也正因为是他自己的声音,是他自己的认识,所以伴随有他自己的感情和意志,在没有充分的事实和根据时,要他改变自己的观点,就等于要放弃他的人格。"学术性"语体中观点和人格是统一的。而作为"真理"的代表,只要"真理"变化了,他随时可以变化,他并不感到丧失了自己的人格,在这里,人格和观点是分离的。

"政治-生活性"语体不仅代真理立言,而且认为真理只有一条,世界是一元的。除了自己的观点代表真理外,其他的观点都是错误的。而"学术性"语体则是以多元世界为学术前提的,一个问题、一种现象,可能有一种解答、一种解释,也可能有多种解答、多种解释,因为一个问题、一种现象可能有多种侧面。当对一个问题有两种或两种以上的看法时,可能有一种是对的,其余都错了,也有可能两种或多种观点都对,都有其正确的一方面,还有可能几种看法都错了。科学的发展本身就是在不同观点的争执、交锋、融和、分化过程中不断发展、不断深入的。由于有这种认识,"学术性"语体对待不同意见自然是尊重的、平等对话式的。

与此相联系,"学术性"语体自然就是一种为人们提供执行的依据,一种为人们提供选择的内容。"政治-生活性"语体确信按照自己的意见办是有益无害的,而且只有按照自己的意见办才是可行的,它的意见是供人们贯彻、执行的。"学术性"语体认为自己的观点只是多种声音中的一种,充其量只是当下一种可能较为理想的观点,所以接受不接受,采用不采用,接受采用多少,怎样接受采用,完全是接纳者自己的事。"学术性"语体的责任是为人们提供选择的内容,在可供选择的内容中,选择哪一种或选择哪几种,完全是选择者的权利,他要根据自己的思考、自己的情况进行选择,同时也对自己的选择负责。"政治-生活性"语体由于没有给人们提供选择的余地,剥夺了选择者的权利,同时也就替选择者承担了责任。所以,语体的转变首先是思维方式的转变,要真正坚持实事求是,本着"百花齐放、百家争鸣"的精神,以学术的态度对待学术问题。

理论的自我反思、自我评价、自我批判,是保持理论研究的活力、保证本学科沿着科学的道路前进的重要条件。旧的认识让位于新的认识,这并不是什么坏事,恰恰相反,这正是科学的全部力量所在,也是科学成为科学的本质特征。宗教教义不需要被淘汰,玄学思辨不需要被替代,都是"永恒真理",都不必经受检验。但也正因为如此,它们不是科学,甚至是反科学。所以一门学科、一种理论是否具有自我反思、自我批判的能力和勇气,是至关重要的。英国科学哲学家波普尔甚至把这看成是科学与前科学的分界。最后,我们把如下两段话奉献给读者,并为本章作结:

辩证法对每一种既成的形式都是从不断的运动中,因而也是从它的暂时性方面去理解;辩证法不崇拜任何东西,按其本质来说,它是批判的和革命的。[1]

---

[1] 《马克思恩格斯选集》第2卷,人民出版社1972年版,第218页。

科学传统与前科学传统的差别在于它有两个层次。像后者一样,它也把它的理论传下去,但同时还把对这些理论的批判态度传下去。这些理论不是作为教条传下去,而是敦促对它们进行讨论和改善。①

---

① 卡尔·波普尔著,傅季重等译:《猜想与反驳——科学知识的增长》,上海译文出版社1986年版,第72页。

第十四章
当代世界教育改革与发展的新趋势①

20世纪80年代以来,世界格局急剧变化,国际竞争进一步加剧。国际竞争更多地表现为科技与人才的竞争,而人才的竞争又归根于教育的竞争。因此,世界各国积极从时代发展的趋势出发,立足本国实际,纷纷制定教育改革方案,推动本国教育的快速发展,以适应国家发展需要,以求在国际竞争中立于不败之地。

一、当代世界教育改革与发展的时代背景

(一)知识经济的兴起

20世纪80年代以来,一种新的经济形态在全球兴起,这就是当代继农业经济、工业经济之后,被人们所普遍关注的知识经济。如果说,农业经济的基础在于劳动力与土地,工业经济的基础在于资本与能源,那么知识经济的基础则体现在对智力与知识的占有上。经济合作与发展组织在《以知识为基础的经济》的报告中认为:"知识经济是指建立在知识和信息的生产、分配和使用之上的经济。"在知识经济社会中,各种形式的知识

---

① 博士生刘世清为本章撰写了初稿。

在经济过程中起着关键的作用,无形资产投资的速度远快于对有形资产的投资,有更多知识的企业在市场上更具有竞争力。知识经济的一个重要特征就是相对于传统的有形产品的生产,以知识为基础的诸多无形产品的生产成为社会经济流动中重要的组成部分,而比尔·盖茨的微软公司则是其中的典范,他的产品即是计算机软件及软件中包含的知识,经过短短几十年的发展,微软公司的产值便超过了美国三大汽车公司的总和,而盖茨个人也已经连续10余年荣登世界富豪榜的榜首。

当前,在世界各国经济发展中,计算机、电子和航空等知识密集的高技术产业是各国产业中产出和就业增长最快的产业。在过去10年中,OECD成员国的高技术产业在制造业中的份额和出口比例翻了一番多,达到20%～25%。据估计,OECD主要成员国国内生产总值的50%以上是以知识为基础的。在许多西方发达国家中,以知识为基础的服务业已经在经济活动中占主导地位。在1980～1984年期间,美国的服务业占GDP的比重是53%,在日本是47%,在加拿大和英国是42%。1993年美国就业总人口略多于1亿,其中在制造业中就业的人口只有1780万,与农业人口加起来也不到就业人口的20%,而从事服务业的人口比重却有进一步提高的趋势。总之,随着知识经济时代的来临,经济的社会结构与产业结构正在发生质的变化。知识的创造、转化与传播将成为未来人类社会主要的生产活动。创造知识和应用知识的能力与效率将成为影响一个国家综合国力和国际竞争力的最重要指标。

(二)信息化社会的发展

按照未来学家约翰·奈斯比特的观点,1956年在美国历史上第一次出现从事技术、管理和事务工作的白领工人数字超过蓝领工人,由此,他宣称"美国的工业社会要让路给一个新社会,在这个社会里,有史以来第一次,我们大多数人要处理信息,而不是生产产品"①。自此,人类开始了加速利用信息资源的进程,时间刚刚过去半个世纪,便形成了席卷全球的信息化浪潮,深刻地影响着世界各国及人类生活的方方面面。

信息化社会,简单地说是指人类通过创造、储存、交换和处理数字化信息来实现生产、生活诸多需要的社会。在这个社会里,人类活动的时间与空间限制减弱了,人类拥有大量、即时的信息,信息网络成为人类社会经济生活的中心。自20世纪80年代以来,世界各国纷纷推出信息化运动,如美国的"硅谷化运动"、"星球大战"计划、日本的"第五代计算机计划"、欧洲的"尤利卡计划"和"信息技术研究战略计划"、中国的"863计划"等;进入20世纪90年代,世界各国继续推进,信息化进程则进一步加快,如美国的"信息化高速公路"、日本的"先进信息通讯网"、欧洲的"综合宽带通信网"、新加坡的"智慧岛计划"、马来西亚的"智能学校"、我国香港的"数码港"等。特别是20世纪80年代中期互联网(Internet)出现之后,信息化进程更是突飞猛进。至1998年,全世界共有186个国家、地区,1亿多人在使用互联网,并且正在以指数增长的方式发展,其主机数和联入网络数大约每10个月翻一番。我国上网用户起步较慢但发展迅速,至1999年底已约有1 000万人,而据中国互联网络信息中心统计,2002年底,中国网民人

---

① 〔美〕约翰·奈斯比特著,梅艳译:《大趋势:改变我们生活的十个新方向》,中国社会科学出版社1984年版,第11页。

数达到5 660万,2003年7月1日,中国网民人数达到6 800万。互联网的迅猛发展也引起了企业的高度重视。到1996年12月,世界500家最大的公司中就有80%的公司在互联网上开辟了"商业区",网上交易日趋活跃,网上销售已由1996年的50亿美元增加到2000年的1 000亿美元。信息化社会的高速发展,不仅表现在世界经济贸易、市场运作方式的变化与速度加快上,另一方面对世界各国、民族的文化也产生了巨大影响。不同地区、民族文明间的冲突已深入到民族或国家内部价值观的冲突。

(三)经济全球化的冲击

20世纪80年代以来,无论社会主义国家还是资本主义国家,都发生了以市场为导向的经济改革。"市场的寻利本性"冲破了国家与地区的限制,促进了各种生产要素在全世界范围内的聚集与流通。特别是随着互联网、信息高速公路以及诸多现代通讯工具的迅速发展,世界各国的经济生活被越来越紧密地联系在一起,经济全球化现在正成为当代最热门的话题。国际货币基金组织认为:"全球化是指跨国商品与服务交易及国际资本流动规模和形式的增加,以及技术的广泛迅速传播使世界各国经济的相互依赖性增强。"①欧洲委员会也指出:"全球化可以界定为由于商品和服务的流动,也由于资本和技术的流动,而导致的各国市场和生产相互依赖程度日益提高的过程。这不是什么新现象,而是长期一贯的事态

---

① 国际货币基金组织编制:《世界经济展望》,中国金融出版社1997年版,第45页。

发展的继续。"①经济全球化的显著标志就是跨国公司与世界性经济组织的出现与发展。至 1992 年,全球已有跨国公司 3.5 万家,它们控制了全球总产值的 40%,国际贸易的 50%~60%,国际投资的 90%。② 自 1948 年成立的关贸总协定到 1995 年的 WTO,到 2000 年已有近 140 个成员国,被喻为"经济联合国"。WTO 通过对成员国之间的关税与贸易关系的规定与协调,影响着世界上一半以上的全球贸易与经济活动。

经济的全球化同时要求世界各国社会与政治产生相应变化从而与之适应。英国政治学者斯特兰奇把全球划分为不同的层次③:浅层次就是指世界市场的形成,各种生产要素的聚集与流通超越空间限制,原本各个国家的金融结构与贸易方式均发生巨大变化,这是一种外显的变化;而更深层次则是观念、信仰、思想与价值的变化,在这方面虽然各个国家与民族的文化差距仍然存在,但是世界不同地区的人们都能普遍感觉到世界同质进程的改变。他认为,尽管观念层面的全球化最难控制,但是从长远角度看,这可能也是全球化带来的最重要的后果。

(四)人口、环境问题的挑战

人口与环境问题是现代社会面临的最严重的问题。联合

---

① 〔英〕格雷厄姆·汤普森:《导论:给全球化定位》,《国际社会科学杂志》(中文版)第 17 卷第 2 期。
② Sauvant, K. P., world investment report 1992, New York: United Nations, 1992, p. 12.
③ 斯特兰奇著,王列译:《全球化与国家的销蚀》,载王列编译:《全球化与世界》,中央编译出版社 1998 年版,第 111~112 页。

国在《2001年世界人口状况》报告中根据150个国家的人口指数预测,①世界人口目前正以每年1.3%也就是7 700万人的速度增长。世界人口到2050年将增加50%,即从目前的61亿增加到93亿。其中发展中国家人口增长速度较快。印度、中国、巴基斯坦、尼日利亚、孟加拉国、印度尼西亚等6国的人口增长将占世界净增人口的近一半。其中仅印度一个国家就将占21%。2050年,世界人口的85%将集中在发展中国家。报告中还提到,世界人口平均寿命从1950年的46岁增加到目前的66岁,发达国家的人口老龄化进程将加快。在世界各地中,虽然非洲目前的人均可耕地高于亚洲,但它的人口正在急剧膨胀,趋势非常危险。同时,世界人口的质量正受到艾滋病等疾病的侵蚀,尤其在非洲地区,艾滋病已经成为撒哈拉以南非洲人口死亡的主要诱因,使得人均寿命降低了15年,是世界人口的一大课题。

　　人口增长形成的资源缺乏和资源的破坏已经成为当今世界面临的最重大问题。1974年联合国环境规划署提出了世界环境规划议题,当年环境规划的主题是:"只有一个地球"。而1999年的主题则是:"拯救地球就是拯救未来"。从"只有一个地球"到"拯救地球",我们可以看出,环境问题已经成为我们所面临的最严重的问题之一。一方面,对于自然,人类采取了占有和掠夺的态度,过度地耕种、放牧、砍伐、狩猎,造成了淡水资源匮乏、土地的沙漠化、森林的毁损与生物物种的灭绝;另一方面,人类又在现代化的进程中无限制地向地球排放污水、废气、垃圾,造成水体污染、工业酸雨、温室效应与臭氧

---

① http://www.chinagateway.com.cn/chinese/MATERIAL/1664.htm

层空洞等环境污染。随着人口的增长和人们生活水平的提高,土地、水资源、能源和其他自然资源将更加紧张,特别是在发展中国家,可能会引发空前的危机。

二、当代世界教育改革与发展的主要思潮

(一) 终身教育思潮

终身教育(lifelong education)作为一种教育思潮最早形成于20世纪60年代,1965年法国成人教育家保罗·郎格朗《终身教育导论》一书的出版标志着终身教育思潮的形成。郎格朗认为,相对于传统社会,现代社会变化的速度加快、人口不断增长、科学知识和技术的进步、政治上的挑战、生活模式和人与人之间相互关系的危机、思想意识形态的危机以及对不断增多的信息的选择与批判、人们闲暇时间的增长和对自身身心认识的加深等都对传统教育提出了严峻的挑战。因此,现代社会中教育的责任应该包括两个方面:"首先,组织适当的结构和方法,帮助人在一生中保持他学习和训练的连续性;其次,培养每个人通过多种形式的自我教育在真正的意义上和充分的程度上成为自己发展的对象和手段。"[①]郎格朗认为终身教育的原则可归纳为五个方面:"要保证教育的连续性以防止知识的过时;使教育计划和方法适应每个社会的具体要求和创新目标;在各个阶段都要努力培养新人,使之能适应充满进步、变化和改革的生活;大规模地调动和利用各种训练

---

① 保罗·郎格朗著,周南照等译:《终身教育引论》,第44页。

手段和信息,这种训练和信息超出了对教育的传统定义和组织形式上的限制;在各种形式的行动(技术的、政治的、工业的、商业的行动等)和教育的目标之间建立密切的联系。"①终身教育使传统教育从教育思想到教育活动方式都发生了根本性的变化,动摇了传统教育赖以存在的基石,对此,查尔斯·赫梅尔在《今日的教育是为了明日的世界》中指出:"终身教育是正在使整个世界教育制度革命化的过程中的一种新的观念","可以与哥白尼学说带来的革命相媲美的终身教育概念的发展,是教育史上最惊人的事件之一。"

终身教育理论产生至今经历了 30 多年,其自身的理论与思想也不断发展变化,大致可以分为 3 个阶段。② 第一阶段(1960 年代中期～1970 年代中期),这一时期理论的主要特征是:主张对现有的教育进行重新整合和体系化,强调教育要着眼于人的整体发展,并以学习社会的实现为终身教育的目标;第二阶段(1970 年代中期～1980 年代中期),这也是终身教育从理念构想向实践活动转化的阶段,这一时期强调终身教育在推动现代社会的民主化和自由化,以及在保障人权和个人学习权方面的重要促进作用;第三阶段(1980 年代中期～当前),这一时期终身教育思想的变化表现在:终身教育理念开始向终身学习、学习化社会理念转化,终身教育从一般社会实践活动全面转向政策化和法制化的探索与实施。

终身教育思潮的产生与发展先后对世界许多国家的教育

---

① 保罗·郎格朗著,周南照等译:《终身教育引论》,第 65 页。
② 吴遵民:《全球化视野中的"学习化社会"与基础教育改革》,叶澜主编:《全球化、信息化背景下的中国基础教育改革研究的报告集》,华东师范大学出版社 2004 年版,第 74～75 页。

政策与政府行为产生过重大影响。瑞典从上个世纪70年代初开始推行回归教育,作为实施终身教育的手段之一;法国于1971年通过《终身教育法》,1984年又实施了《职业继续教育法》;联邦德国在1973年的教育总规划中,明确提出了"终身教育"原则;美国国会于1976年通过《终身学习法》;英国于1980年制定了为终身教育服务的国家职业技能标准,1988年开始实施"职业培训"计划,并成立全国成人教育中心;日本临时教育审议会于1984~1987年先后提交的四份教改报告,都将终身教育列为教育改革的根本指导思想,1990年日本议会通过《终身学习振兴法》,并组建了终身学习审议会,该审议会于1992年7月提交了《终身学习振兴方策》,进一步构建了日本终身学习社会的基本观点。

近些年来,我国对于终身教育思潮正逐步重视起来。1993年颁布的《中国教育改革和发展纲要》中第10条指出:"成人教育是传统学校教育向终身教育发展的一种新型教育制度。"1995年公布的《中华人民共和国教育法》首次用法律形式规定了"终身教育体系",其中第十一条规定:"国家适应社会主义市场经济发展和社会进步的需要,推进教育改革,促进各级各类教育协调发展,建立和完善终身教育体系。"1999年颁布的《中共中央国务院关于深化教育改革全面推进素质教育的决定》中要求:"大力发展现代远程教育、职业资格证书教育和其他继续教育,完善自学考试制度,形成社会化、开放式的教育网络,为适应多层次、多形式的教育需求开辟更为广阔的途径,逐渐完善终身学习体系。"

终身教育思潮席卷全球,它的提出和实施对当代世界教育改革与发展具有重要的意义。首先,它对教育做出了全新的理解与阐述,教育不再仅限于学校教育,而是贯穿人的一生所有阶段和各个方面的教育,学习的内容更加丰富,学习形式更趋多样化;其次,终身教育与社会生产、生活更贴近,终身教育成为一个协调的整体,社会的一切生产、生活部门都与其发生联系,其形式多种多样,成人教育、继续教育、远距离教育、回归教育、闲暇教育等教育的新形式不断产生;再次,终身教育的过程是促进学习化社会形成的过程,即社会中的每个人在任何情况下都可以自由地学习,学习成为人们生活的一种形式,学习即是为了实现自我更好的发展,从个体角度来说,它包括人的一生发展和个体发展的方方面面,从社会的角度来说,学习遍及到社会生活的各个领域。

(二) 全民教育思潮

20世纪60年代以来,世界各国教育获得了空前发展。虽然发展中国家教育基础差,底子薄,但其发展速度也较为迅速。如,发展中国家入学儿童的人数从1960年的21 700万增加到1990年的50 530万人,6～11岁儿童的入学率从1960年的48%提高到80年代末的77.8%。同时,世界范围内的成人扫盲也取得了辉煌成就。在20世纪50年代,全世界15岁以上的非文盲人口为89 000万人,20世纪80年代末增加到263 000万人,在将近40年的时间内增加了两倍。全世界文盲的比例从1950年的44%降至1990年的26.5%。在第三世界国家中,只用了20年的时间(1970～1990),就使非文盲成年人数增加了2.5倍,文盲率从54.7%下降到34.9%。① 但

---

① 费德里科·马约尔:《全民教育:2000年的挑战》,联合国教科文组织《教育展望》,中文版第28期,第33页。

是,在世界范围内,尤其在发展中国家,基础教育同时面临着巨大的问题。《世界全民教育宣言》对这些问题归纳为以下方面:

● 1亿多儿童,其中至少有6千万女童,没有机会接受初等教育;

● 九亿六千多万人是文盲,其中2/3为妇女,并且,在所有国家,功能性文盲是一个很大的问题;

● 全世界有超过1/3的成人,没有机会接触能改善他们的生活质量,有助于他们影响到和适应社会与文化变革的书本知识,新的技能与技术落后;

● 1亿多儿童和无数的成人没有完成基本教育计划;还有数百万接受了高等教育,但并没有获得基本的知识与技能。

同时,世界面临着许多严重的问题:不断加重的债务负担、经济停滞与下降的威胁、人口的急剧增长、各国之间和国家内部不断扩大的经济差距、战争、内乱、暴力犯罪、数百万的儿童死于非命,以及普遍存在的环境恶化。这一系列问题都限制了为满足基本学习需要所做的努力,而相当一部分人基础教育的缺乏,又阻碍了社会有力和有效地解决这些问题。

正是基于上述背景,1990年3月,由联合国教科文组织、儿童基金会、开发计划署和世界银行联合发起和组织召开的"世界全民教育大会"(World Conference on Education for All)(又称"宗迪恩大会")在泰国宗迪恩举行,来自全球150多个国家和地区以及联合国系统各机构、政府间国际间组织、非政府组织等1 500多名代表、观察员及专家出席了会议。会议讨论通过了《世界全民教育宣言》和《满足基本学习需要的行动纲领》。大会明确提出"满足所有人基本的学习需要"的响亮口号,以"实现一个更安全、更健康、更繁荣而且生态更加良好的世界,同时促进社会经济和文化的进步,倡导宽宏精神和目标上的合作"。此后,"全民教育"作为席卷全球的教育思潮,为世界各国形成共识并逐步付诸于实际行动。

全民教育就是指教育对象的全民化,亦即教育必须向所有人开放,人人都有接受教育的权利,并且必须接受一定程度的教育。全民教育的兴起是建立在社会急剧变化的基础之上,并针对全世界发展中存在的一些严重问题而提出来的。全民教育的兴起具有重要的意义。首先,从个人发展层面来说,全民教育是每个社会成员都应享有的权利,每个人都可以通过教育而获得自身生存与发展处境的改善。其次,从国家或社会层面来看,全民教育是促进社会与国家发展,摆脱贫困、实现繁荣的必然选择,同时还有利于传统知识与本土文化遗产的保存与发展。最后,全民教育对于实现世界文明的共同繁荣以及国际间的宽容与合作均具有重要的意义。

全民教育的目标是满足所有人(包括儿童、青年和成人)的基本需要。它的范围非常广泛,涉及到儿童早期的护理与教育、初等教育、成人扫盲、技能培训等。《满足基本学习需要的行动纲领》中对20世纪90年代各国全民教育的目标作了具体的说明,主要涉及以下6个方面的内容:

● 扩大儿童早期护理与发展活动,包括吸收家庭与社区参与,尤其要关注贫穷、处境不利和残疾儿童;

● 到2000年普及和完成初等教育(或任何被视为"基本"的更高层次的教育);

● 提高学习成绩,使一定年龄段的一定比例的人(如14岁儿童的80%),达到或超过规定必需的学习成绩水平;

● 降低成人文盲率(适当的年龄组由每一个国家确定),

比如说到2000年降到1990年的一半,并对女性扫盲予以足够的重视,使目前男性与女性文盲率的悬殊程度明显地减少;

● 扩大对青年人和成人所需要的其他重要技能的基本教育与培训,以行为的变化和对健康、就业、生产率的影响来评价培训计划的有效性;

● 保证个人和家庭掌握那些为了更好地生活以及健全而持续地发展所需要的知识、技能和价值观念,它的实施通过所有教育渠道进行,包括大众传媒、其他现代和传统的通讯方式和社会行动,以行为的变化评价其有效。

"世界全民教育"大会之后,全民教育开始在国际社会受到高度重视。在此之后的历次国际教育会议中均对全民教育予以重申。1990年9月,"世界儿童问题首脑会议"上规定了2000年的基础教育目标:普及基础教育,使至少80%的学龄儿童完成初等教育;把1990年的成人文盲数减少一半(适当年龄由各国自己确定),特别是重视妇女的扫盲工作。1993年9月,在由中国、印度、孟加拉、巴西、印度尼西亚等9个发展中国家领导人参加的,在印度首都新德里召开的"9个人口大国全民教育首脑会议"上通过了《新德里宣言》,各国保证以最大的努力和决心实现全民教育大会和世界儿童问题首脑会议于1990年提出的目标,普及初等教育并扩大儿童、青年和成人的学习机会,以满足人民的基本学习需要。1993年我国颁布的《中国教育改革和发展纲要》也明确提出:"2000年全国基本普及九年义务教育(包括初中阶段的职业教育),即占全国总人口85%的地区普及九年义务教育。初中阶段的入学率达到85%左右,全国小学入学率达到99%以上";"积极创造条件,使残疾儿童与其他儿童同步实施义务教育。大中城市基本满足幼儿接受教育的要求,大力发展以扫盲和岗位培训及继续教育为重点的成人教育"。

全民教育已经成为当代最具影响力的教育思潮之一。全民教育的提出不是一个简单的口号,它的提出需要世界各国的持续努力与共同奋斗;同时,它的实施对各国也提出了严峻挑战。1996年来自73个国家的约250名代表聚集约旦安曼召开了全民教育大会,通过《安曼公报》,并明确指出全民教育在未来实施中面临的挑战。①

● 尚未实现初等义务教育的国家必须加紧努力以尽快实现;

● 必须填平性别差异的鸿沟;

● 各国必须提高学校教育的质量和适切性,增强教师队伍并改善教学过程以推动学习;

● 早期儿童发展需要更多的重视和资源;

● 更多地重视面向青年和成人的扫盲教育和非正规教育;

● 应向基础教育提供更多的资源并更为有效地利用现有资源;

● 国际社会需要建立新的联盟和伙伴关系,以帮助贫穷国家实现全民教育目标;

● 正面临和已遭受国内冲突或战争的国家需要接受国际社会的援助以维持或重建教育,在其基础教育内容中,应该宣传宽容、人权与和平解决冲突。

---

① 赵中建选编:《全球教育发展的研究热点——90年代来自联合国教科文组织的报告》,教育科学出版社2001年版,第250～254页。

(三) 个性化教育思潮

科学技术是一把"双刃剑"。进入20世纪后半期,科学技术的迅速发展既对社会经济发展给予了积极的推进,同时,对人类生存和社会生活也带来了重大威胁。这在教育领域中也有明显的表现,即考试竞争的过激化,教育课程的过重化,管理倾向的强化等非个性化措施。为了纠正这种倾向,克服现代教育中的一系列弊端,以适应新技术革命和社会变革对高质量富有创造性的新型人才的需求,"个性化教育"运动在全球兴起,成为各国教育改革的一个重要倾向。正如《学会生存》指出的:"应培养人的生存能力,促进人的个性的全面和谐发展,并把它作为当代教育的趋势"。

个性化教育思潮的兴起源于众多的教育哲学流派,其中又以人本主义的教育思潮为主。在人本主义者看来,现代科技、现代生产的机械化、标准化及非人性化因素的消极后果,使人处于一种被技术奴役、被异化的境地;同时,现代社会中的冷冰冰的经济关系与上层建筑,亦使人生活在一种被束缚与异化的境地。而这两方面的弊端又在传统的教育制度中被移植、固定、强化下来,学校被喻为"流水线上的人才工厂",学生的学习生活与社会生活隔裂。因此,真正的教育改革必须打破统一化、标准化与单一化的模式,使学生的个性得到解放、获得自由发展。《学会生存》一书指出:"教育即解放","教育能够是,而且必须是一种解放",教育的任务是"培养一个人的个性并为他们进入现实世界开辟道路"。解放人的潜在能力,挖掘人的创造力,促进人的全面发展,培养人的个性,应该是今天和未来教育的首要任务。也正因为如此,建立以人为本的新的儿童观和教育观,实现教育的人道化和个性化,已成为当今世界各国教育改革和发展的普遍趋势。

个性化教育思潮可以从三个层面来理解:一是指教育的人性化、人道化;二是指教育的个人化或个别化;三是指学校的个性特色,其中涉及到学校的培养目标、专业设置、有个性特色的教学内容、方法与手段等。① 个性化教育思潮在全球的流行,直接影响着各个国家的教育改革决策。为此,许多国家把个性化教育作为培养未来人才的先决条件,并提到国民教育的议事日程。

日本临时教育审议会于 1984~1987 年提交的四份教育改革报告,直陈了日本教育中"过多地培养了以死记硬背为中心的、缺乏主见和创造性能力的、没有个性的模式化人才,这些人才往往缺乏日本人的责任感……所有这些,都是由教育制度和教育管理僵硬、刻板所造成的";"学生的创造性思维欠缺、尊重学生的个性特点不够……在完善人格、尊重个性等方面存在许多不足之处"②。鉴于此,日本临时教育审议会的四份教育改革报告都将"重视个性"作为日本教育改革的重要原则,并在教育内容、方法、制度、政策等各个方面,对照这一原则展开根本性的讨论。教改报告中对"个性"做出了明确的界定:"所谓个性,不仅指个人的个性,同时还意味着家庭、学校、社会、企业、国家的文化和时代的特性。"教改报告还提出了教育改革的八条指导原则:尊重个性、重视基础、培养创造性思

---

① 王义高主编:《当代世界教育思潮与各国教改趋势》,北京师范大学出版社 2000 年版,第 31 页。
② 国家教育发展研究中心编:《发达国家教育改革的动向和趋势》第 1 集,人民教育出版社 1986 年版,第 158 页。

考能力和表达能力、扩大教育选择的机会、改进教育环境中人与人之间的关系、向终身教育体系过渡、教育国际化与教育信息化。①"尊重个性的原则"得到了日本政府教育决策部门的肯定与认可,如1998年12月在日本文部相提交的教育白皮书中写道:"今后要从为终身学习打好基础的观点出发……进一步重视对儿童和学生个性的培养……实现以后期中等教育为主的教育制度的多样化与灵活化。"②美国也强调学校的个性化、多样化与特色化。在美国高等教育中,强调个性、个人利益和教育的实用性有着丰富的传统,为个人的利益服务一直是美国高等教育的一个重点。美国在一份专题报告《学术水平的反思》中明确提道:"要求每一所学校确定自己有特色的办学方向";"每一所大学或学院都为自己的办学特色而骄傲,都寻求弥补其他学校的不足而不是一味模仿。全面的学术活动可以在单个学校校园里得到发展,但每一个学院或大学都应找到自己的位置。"③

改革开放后,我国积极改革传统教育的弊病,注重采用多种形式促进学生全面发展与培养个性特长。1985年颁布的《中共中央关于教育体制改革的决定》对于人才的目标要求是:"有理想、有道德、有文化、有纪律……具有实事求是、独立思考、勇于创造的科学精神"。1999年颁布的《中共中央国务

---

① 国家教育发展研究中心编:《发达国家教育改革的动向和趋势》第1集,人民教育出版社1986年版,第163~164页。
② 国家教育发展与政策研究中心编:《发达国家教育改革的动向和趋势》第3集,人民教育出版社1990年版,第127页。
③ 国家教育发展与政策研究中心编:《发达国家教育改革的动向和趋势》第5集,人民教育出版社1994年版,第68页。

院关于深化教育改革全面推进素质教育的决定》明确指出："改革人才培养模式,积极实行启发式和讨论式教学,激发学生独立思考和创新的意识"。在我国的历次教育改革中对于学校层面的多样化、特色化也都大力倡导。如,1993年《中国教育改革和发展纲要》中提出："积极发展多样化的高中后职业教育和培训。通过改革现有高等专科学校、职业大学和成人高校以及举办灵活多样的高等职业班等途径,积极发展高等职业教育"。2001年颁布的《基础教育课程改革纲要(试行)》要求："完善基础教育教材管理制度,实现教材的高质量与多样化";"为保障和促进课程对不同地区、学校、学生的要求,实行国家、地方和学校三级课程管理",更是我国对进一步促进学校办学个性化与特色化的一项重要举措。

(四)信息化教育思潮

信息化教育思潮主要是指现代化信息手段转化为现代教学手段及这种手段对教育改革的意义。早在20世纪80年代,约翰·奈斯比特在《大趋势》中就从理论上对未来的信息社会做出了预测。特别是20世纪80年代以来,随着计算机技术的革命性突进、互联网络的迅猛发展,以及通讯手段的日新月异,当今人类更是步入网络化社会,走向新的信息化文明。在人类社会迈向信息化社会的历史进程中,最深刻的社会变化就是社会信息化。社会信息化引起世界各国的高度重视,并成为社会发展尤其是经济发展的主旋律。当前信息化程度的高低,已成为世界衡量国家综合实力的一个重要标志。信息化已经对世界各国的教育体制、教学模式和教育观念的变革产生了革命性的影响。诚如比尔·盖茨在《未来之路》中所言:信息高速公路使得"教育的最终目标将会改变,不是为了一纸文凭,而是为了终身受到教育"。信息化教育思潮正成为一股不可逆转的潮流席卷着当代世界各国教育改革与发展。

信息化教育思潮率先出现于西方发达国家。20世纪90年代以来,教育的信息化已成为全球趋势。各国无论是在教育政策内容的制定方面,还是在教育的实践进程中,都对教育信息化大力提倡。自1988年开始,由美国教育部发起的"明星学校"计划发展至1997年,已使6 000多所学校连通了信息高速公路,并开发了30多门完整的信息技术方面的课程。1996年,美国教育部发表了该国历史上首份关于信息技术教育的报告《让美国学生为21世纪做好准备:面向技术素养的挑战》,并提出四个方面的具体目标[1]:全国所有的教师都要接受训练,教师帮助学生学会运用计算机和信息高速公路方面的需要都得到支持;所有的教师和学生都能够在课堂中运用现代多媒体计算机;每一间教室都要连接信息高速公路;将有效的软件和在线学习资源作为每一门学校课程的内在组成部分。

20世纪90年代中后期,欧洲也掀起了信息化教育的新一轮热潮。欧洲许多重要的教育信息化的计划就在这个时期推出,如"信息化社会中的学习:欧洲教育倡议行动规划(1996~1998)"、推动高校教育改革的"苏格拉底"计划

---

[1] United States Department of Education, Getting America' Students Ready for the 21th Century: Meeting the Technology Literacy Challenge, 1996. http://www.ed.gov/Technology/.

(1995~1999)、改革职业技能培训的"达·芬奇"计划(1995~1999)、开发多媒体教材的 MEDIA Ⅱ 与 INFO2000 计划(1996~1999)。相应的欧盟各国也纷纷制定了各自的教育信息发展计划,如芬兰教育部于1995年提出了一项为期5年的"信息社会中的教育、培训与研究"的国家战略,规定到2000年将使全部学校和教育机构联网;英国政府于1998年宣布该年为"网络年",具体内容包括:使学校所有的计算机现代化,为全国教师提供机会以更新他们的信息和通信技术技能。

除欧美国家外,亚洲国家也纷纷出台教育政策搭上了世纪末的信息化快车。1990年,日本文部省提出一项九年行动计划,准备为所有学校配备多媒体硬件与软件,训练教师在教学中使用多媒体;1994年又建立了百校联网工程;1998年日本教育课程审议会发表了《关于信息教育课程基本的方向》的咨询报告书,进一步明确了信息教育的具体内容。新加坡于1996年推出了全国教育信息计划,而马来西亚政府则推行"多媒体超级走廊"计划,力争使该国信息技术水平达到国际水平。韩国教育改革委员会早在1995年5月就公布了《以建立主导世界化、信息化时代的教育体制为目标的教育改革方案》,该方案强调把尖端信息通讯技术引进教育,使韩国进入未来知识、信息化社会的前列。

我国社会信息化的发展是在自身薄弱的经济基础上产生的,虽然其发展规模和水平与国际水平尚有差距,但其发展的速度与结果还是令人欣慰的。早在1986年,原国家教委基教司就成立了全国中小学计算机教育研究中心,专门负责中小学CAI的应用与研究工作。同年,在上海华东师范大学成立了全国计算机辅助教育学会,旨在推动计算机辅助教学的理论研究和成果推广。1996年,国家教委印发了《中小学计算机教育五年发展纲要(1996~2000年)》的通知。2000年又颁布了《中小学信息技术课程指导纲要(试行)》,明确要求:从2001年开始用5~10年的时间,在中小学普及信息技术教育,2001年底前,全国普通高级中学和大中城市的初级中学都要开设信息技术必修课;到2005年前,所有的初级中学以及城市和经济比较发达地区的小学开设信息技术必修课,并争取尽早在全国90%以上的中小学开设信息技术必修课。

(五)追求高质量教育

随着知识经济的快速发展和网络化、全球化的不断推进,国际人才竞争提高到了一个新层次,各国对教育的质量也提出了新标准。比如在20世纪80年代以推行教育个性化为主要特征的日本,2001年文部省制定了《21世纪教育新生计划(彩虹计划)》,提出了教育发展战略。其中第一条就是"通过学生容易理解的课堂教学,提高学生的基础能力"。其中有4个要点:

● 实现主课20人小班化,并根据学生的掌握程度分别上课;

● 建立适于多样化个性和能力发展的教育体系(实施《爱好科技、理科行动》等);

● 改造教室以便于IT教学和20人上课;

● 进行全国性学习能力调查。

以往中央政府对基础教育不太过问的国家,纷纷通过立法、增加拨款、制定国家教育标准、推行国家考试等手段,加强了对教育的干预。在这方面美国是最有代表性的。

1991年,布什总统签发了全美教育改革的纲领性文件——《美国2000年教育战略》,提出了美国教育改革的4项"教育战略"与6项"国家教育目标"。4项教育战略为:(1)为今日的学生,必然从根本上改进现有的全部的11万所学校——把这些学校办得更好,更为其结果负责;(2)为明日的学生,要创建满足一个新世纪需要的新型学校——新一代美国学校;(3)对那些已经离开学校、进入劳动力行列的人们来说,如果要在当今世界上成功地生活和工作,必须不停地学习,要把一个"处于危机中的国家"变为一个"全民皆学之邦";(4)为保证学校取得成功,要超越课堂,把眼光放到社区和家庭,每个社区都要成为可以进行学习的地方。6项"国家教育目标"包括:(1)所有的美国儿童入学并乐意学习;(2)中学毕业率将至少提高到90%;(3)美国学生在4、8、12年级毕业时,业已证明有能力在英语、数学、自然科学、历史和地理学科内容方面应付挑战;美国的每所学校要保证所有的儿童会合理用脑,使他们为做有责任感的公民、进一步学习、在现代经济中谋取有创建性的职业做好准备;(4)美国学生在自然科学和数学方面的成绩要在世界上名列前茅;(5)每个成年美国人将能读书识字,并将掌握在全球经济基础中进行竞争的本领和责任;(6)每所美国学校将没有毒品和暴力,并提供一个秩序井然的益于学习的环境。

进入新世纪,布什总统又签署了《不让一个孩子掉队》(2001年)的新教育改革法案。该法案强调转变联邦政府在教育中的作用,注重提高教育质量,不让一个孩子掉队。法案要求联邦政府注意:增强对学生业绩的责任制;注重可行的项目;减少官僚主义,增加灵活性;加强家长的作用。法案中提出了教育改革的 7 个优先领域和相应的政策。7 个优先领域是：提高处境不利学生的学业成绩；提高教师质量；将英语熟练程度有限的学生转化成英语熟练的学生；促进掌握情况的家长做出选择和革新项目；鼓励建设 21 世纪的安全学校；增加对有影响的资助项目的拨款；鼓励自由和成绩责任制。具体政策措施包括：缩小成绩差距；通过把阅读放在首位来提高读写能力；增加灵活性；减少官僚主义；奖励成功和处罚失败；帮助家长做出明智选择；提高教师质量；建立更为安全的 21 世纪的学校。

三、当代世界教育改革与发展的趋势及启示

（一）调整培养目标，重视道德教育，培养全面发展的 21 世纪新人

培养目标是一个国家对未来人才规格需求的总体规划。未来社会需要什么样的人才？为了应对社会经济的快速发展和综合国力的激烈竞争，各国虽然在具体的教育改革措施上有所不同，但各个国家在对现行教育制度进行反思的基础上，结合未来发展趋势，都不断调整教育目标，实行以提高教育质量为核心的教育变革，以造就 21 世纪需要的合格人才。

面对面向未来社会发展、调整培养目标的过程，各国有一个共同的趋势，就是大力加强道德教育。如，美国著名教育家福兰克·纽曼指出："如果说今天美国在教育上有一个危机，

较少的是测验分数已经下降,而较多的则是我们在提供公民教育方面失败了,公民教育仍旧是国家学校和学院的最重要的责任"。上个世纪80年代后期,美国重新强调了在学校中要强化传统的价值观念,培养美国公民所应具有的共同品德,如诚实、勇敢、正直、慷慨、忠诚、善良、遵纪守法、爱国、勤奋、公正和自我修养等,并且要求教师注意教学方法,不要生硬灌输,将道德教育融到教学中去。1993年全美非党派组织"品格教育伙伴"成立,其中心工作就是发展青年的公民美德和道德品质,建设一个更富怜悯与责任心的社会。英国在1988年保守党会议上指出"90年代重新恢复我们公民的强大传统"。1990年出台的英国国家课程的课程指导文件中,公民教育被作为五个交叉课程的主题之一正式纳入国家课程。1997年英国工党政府在其首份教育白皮书《追求更优质的学校》中做出了加强学校中的公民教育与政治教育的决定。日本自20世纪80年代以来,就一直非常重视德育,1988年召开了"加强道德教育全国大会",认为学校应当成为儿童的精神食堂,首先应该培养儿童的社会规范意识,使儿童具有追求真善美的心灵和富有同情心。日本中小学道德教育的目标是将尊重人的精神贯穿到家庭、学校和具体的社会生活中去,并强调提高学生的道德实践能力。道德教育贯穿于各科教学以及课外活动之中,其道德教育目标发生了从培养"丰富的心灵"到培养"丰富的人性"再到培养"人性丰富的日本人"的转变。① 所

· ① 参见张德伟、展素贤:《从培养"丰富的心灵"到培养"丰富的人性"再到培养"人性丰富的日本人"——20世纪80年代以来日本德育方针的演变》,《外国教育研究》,2001(4):第1~7页。

谓丰富的人性,包括"自律、同情他人、热爱自然、对超越个人力量的东西有敬畏之念、尊重传统文化和社会规范、热爱乡土和国家的精神和态度"。而加上"日本人",则意在强化民族主义意识。

随着全球交往的日益频繁,各个国家道德与公民教育培养目标也在不断延伸,并注重学生对世界共同体的认同感与世界公民的责任感。如1968年国际教育大会第31届会议上指出:"公民教育的目的,除了增加学生对国家机构的了解和培养对它们的忠诚外,还应让学生熟悉国际机构在促进人类福利方面所起的作用,并给学生灌输增进这些机构未来有效性的责任感。"1994年国际教育大会第44届会议,对国际理解教育进行总结与展望时指出:"教育有爱心和责任感的公民,使他们面对其他的文化能够欣赏自由的价值,尊重人的尊严和差异,并能防止冲突或通过非暴力手段解决冲突。"①

正如联合国教科文组织召开的21世纪教育国际讨论会的专题报告中所归纳的:"21世纪最成功的劳动者,将是最全面发展的人,是对新思想和新机遇最开放的人。"培养面向21世纪全面发展的新人是各国教育目标调整的共同趋势。美国在1988年发表的《美国的潜能——人》的报告中提出:面向21世纪去开发人的才能,意味着培养人们具有明确的生活目标和社会责任感,具有在变化的环境中应用所学知识和技能的高度适应能力,具有创造意识,并能不断得到新知,而且有能力克服自身的局限。日本早在1987年"临时教育审议会"

---

① 赵中建主译:《全球教育发展的历史轨迹——国际教育大会60年建议书》,教育科学出版社1999年版,第354页。

第四次报告中就制定了面向 21 世纪的教育培养目标：宽广的胸怀、健康的体魄、丰富的创造力；自由、自律与公共精神；面向世界的日本人。韩国政府确立了全人教育的目标，即培养未来社会需要的健康的人、爱美的人、有能力的人、有道德的人、自主的人。

（二）改革课程设置，更新教育内容，提高教育质量

提高教育质量是当今世界各国教育改革的核心，也是教育改革的重点与难点。课程设置、教育内容与教育质量的提高具有重要的意义。面对急剧变化的现代社会，各国不断更新教育内容，改革课程设置，以期不断提高教育质量，表现出以下趋势。

强化国家统一课程，兼顾多样性 为适应时代发展，世界各国课程改革的总体特征是：分权国家加强对国家课程的干预，而集权国家则注重课程的多样性。如美国是个典型的分权国家，但在 1991 年成立了"全国教育标准与测验委员会"，并先后资助全国性课程标准计划，提倡全国性课程标准。英国在 1976 年就提出建立全国课程委员会，并在 1988 年公布的《教育改革法》中得以实现，法案规定实施全国统一课程，并提出了全国统一课程应注重平衡性与宽广性，达到促进学生在精神、道德、文化、智力和体力方面的发展；为学生将来成年生活中的机会、责任和经验提供准备。而典型的集权国家苏联解体后，俄罗斯政府在 20 世纪 90 年代初就提出了"多元化、民主化、人道化的发展教育"的目标，1992 年通过的俄罗斯教育法则在统一教育政策及课程

目标的前提下,注意到了不同民族、不同地区经济文化等方面的差异。

重视基础课程,设置综合课程 当前,各国对基础课程都非常重视。如美国在《国家在危机中:教育改革势在必行》中提出:要加强中学五门"新基础课"的教学,中学必须开设数学、英语、自然科学、社会科学、计算机课程。英国自1995年以来开始实施国家课程结构,国家课程是以学校学科课程为基础,包括:英语、数学、科学、信息技术、设计和技术、历史、地理、音乐、美术、体育、现代外语。其中,上述课程中的前三门课是官方指定的核心课程,而其余则是基础课程。在课程设置方面,各国大都注意到分科课程中存在弊端,而纷纷提倡综合课程。如美国在《普及科学——美国2061计划》总报告中指出,要注重培养学生宽厚的基础知识和综合思维能力,并在《生物科学和保健科学》等五个专题报告中均以综合的观点阐述了学科与学科之间的联系。

重视科学教育和职业技术教育 当代社会,科学技术日新月异,各国对科学教育都非常重视。在科学教育中,除了编制科学课程,传授给学生相应的科学技术知识外,更重视对学生科学方法、科学态度与科学思维能力的培养。为了更好地进行科学教育,各国还纷纷将现代信息技术引进教育过程中,促进学生的实践能力的发展。在中小学加强职业技术教育课程,这在发达国家和发展中国家都是普遍的趋势。如英国《1988年教育改革法》中规定的附加课程就包括家政、信息技术应用、保健知识、生计指导等职业性教学科目,约占中学总学时的10%左右。法国1985年开始实施的新教学大纲中增加了有关技术、工艺、工业和经济发展、企业的经营与组织等内容,以培养学生的职业技能的发展。①

面向现代化,注重民族传统 随着现代科学技术发展速度的加快,使得各国教学内容与课程设置也要求不断变化,面向现代化成为当代课程改革的必然趋势。20世纪80年代以来,出现了诸如生计教育课程、环境教育课程、创造性教育课程、信息技术教育课程等崭新的教育内容。另一方面,各个国家在吸引最新科技成果、面向现代化的同时,还注重与本民族的文化传统相融合。如瑞典政府提出,对于体现本民族的课程如语文、历史等"壮根"课程,任何时候都不能削弱。② 新加坡、爱尔兰等国在课程改革中都注意对民族传统文化的吸收。如何在面向现代化过程中,同时又注意本民族的文化传统的精华,成为当前世界各国课程改革面临的一个重要课题。

(三)重视师资队伍建设,推进教师专业化发展

教师是提高教育质量的关键。近年来,促进教师专业化发展,逐步提高教师选任标准或建立更严格的教师从业标准,教师教育职前、职中、职后教育一体化,师资培养多样化、灵活化,正成为当代许多国家采取的共同措施。

实现教师专业化发展的一项核心内容就是建立严格的资格认证标准。教师资格标准是对教师业务素质的全面要求。在西方发达国家,对教师的从业资格均有严格的规定,并制定了专业的标准。美国于1986年发表了《国家为培养21世纪

---

① 吴式颖主编:《外国教育史教程》,人民教育出版社2002年版,第655页。
② 李玢著:《世界教育改革走向》,中国社会科学出版社1997年版,第14页。

的教师做资金准备》,建议颁发教师资格证书和高级教育资格证书;同年颁布的《明天的教师》则力主建立教员证书、职业教师证书和终生职业教师证书等3级教师资格制度。1989年美国国家专业教学标准委员会提出:教师要对学生及其学习负责,教师要熟悉所教科目,并知道如何将其传授给学生;教师负责管理和组织学生的学习;教师要对他们的经验进行系统思考并从经验中学习;教师是学习化社会中的一员等"核心建议",作为国家教师标准的基础;美国克林顿政府改革法案中也提出了建立全国中小学教师教学质量审查和认定制度。1998年教育拨款法案同意在这一年度拨出1850万美元给全国教学质量标准委员会,进行教学质量认定。1998年已有500多名教师被认定为"骨干教师",计划在10年内,经过认定的"骨干教师"达到10万名。同时,对教师资格的认证、聘任、晋级和解聘等大都由专业人员主持。

　　教师教育的职前与在职教育被联系起来,保证教师可以在各个不同阶段都可以获得培训。对于职前教师的培养主要强调以下方面:加强有关教学专业的基础学科,如教育学、教育心理学、发展心理学、教育社会学、教学论、学科教学法等的学习,并把这些学科的学习与教育研究结合起来;通过加强把教师的学习与具体地教育教学实践结合起来,强调教师解决问题的专业实践能力。对教师的在职进修,各个国家也非常重视,并以制度化形式规定下来,并将之与支持性的措施结合起来。如英国政府规定,中小学教师每任教五年可脱产进修一学期。对于进修教师给予特殊照顾,把教师的在职进修与日后的晋级和加薪相互挂钩。瑞典规定,一年内教师为了业务进修,可停课5天,除薪金照发外,国家还报销教师外出受教育的生活费用;而日本则将新教师的试用期与进修期结合起来,使新教师可以有1年左右的时间研修。

对于师资的培养模式,各国都在本国已有教师教育的基础上,注重培养模式的多样化与灵活化。如法国,在1990年成立了教师培训学院,它将各种教师教育结合在一起,这种师范学院学制2年,分别招收不同的学生,培养初等与中等学校教师。英国对教师实施培训的机构也是多种多样,有大学教育学系、多科技术学院教育系、教师中心等;培训的形式亦比较多样,有学习各种证书及语言文凭课程的,也有学习教育学士学位课程和研究教育证书课程的。当前,一种新的形式——教师专业化发展学校将大学与中小学结成伙伴关系来进行教育的培养正成为新趋势。教师专业化发展学校的独特之处在于,它将教育理论与教育实践有机地结合在一起,大学教师、中小学教师和实习教师共同关注学生的成长与发展,围绕这些共同的目标,大学教师可在中小学基地从事指导和研究工作,同时,中小学教师也可担任大学的顾问与工作成员,大学教师与中小学教师共同负责教师的培训与专业化的发展,将各自的优势融合在一起,形成了资源互补。

(四) 改革教育管理体制,加强学校与社会联系

教育管理体制是教育改革中的关键问题。在当代世界教育改革与发展中,各国都本着提高教育质量与教育效益的根本宗旨,从本国实际出发,与时俱进,推动教育管理体制改革,不断加强学校与社会的联系,以适应社会发展与人民大众的需要。

当前,各国教育管理体制改革主要表现为以下几个方面:

首先,在中央与地方教育管理权限的划分上,一般来说,当前在中央集权国家,大都将教育管理的权力下放,以调动地方政府与当地社会办教育的积极性;而对于地方分权的国家来说,则与之相反,即将部分的教育管理权力上收,并注意加强中央政府对教育的宏观调控与治理。其次,采用多种手段,广泛吸收社会力量参与学校管理与发展。一方面,积极引进市场竞争机制参与到学校教育改革与发展当中,提高教育资源的使用效益;另一方面,学校积极向社会敞开,将社会各种力量,尤其是家长、社区、社团组织等社会力量吸引参与到当地学校的管理与发展中去。再次,加强法制建设,依法治教。如美国在1958~1978年间,共通过教育立法54项,平均每2年就有2.5项,由此可见美国教育的法治化进程。教育"法治化"发展趋势主要表现在以下方面①:第一,世界各国纷纷把教育"法治化"建设视为社会现代化、教育现代化的前提。大力提高全体国民的"依法治教"、"依法治校"的意识;第二,世界各国普遍重视以健全的教育法律、法规体系,保障"依法治教"、"依法治校"的实施,避免"人治化"、"随机性"对教育改革与发展的干扰;第三,以敏感、动态的法律法规研制和修订机制,确保教育法律支持系统的有效运作,确保其保障和促进作用的发挥;第四,建立健全完善的执法监督机制和严明的奖惩制度,确保"有法必依,执法必严,违法必究"的实施。

加强学校,尤其是高等学校与社会之间的联系是20世纪80年代以来世界各国教育改革的一个显著特征。学校与社

---

① 邓晓春:《世界教育改革发展的十大趋势及其对我们的启示》,《辽宁高等教育研究》,1998(5):第15页。

会联系的加强突出表现在两个方面,一是基础教育领域向市场的开放;一是高等教育的市场化、产业化进程加快。

基础教育一直被视为国家的公共事业,应该全部由政府来承担。但是在学校实践发展中,对于公立学校,虽然由于政府的重视投入充足,但人们发现公立学校的质量与效率普遍较低。如美国公立学校的学生学习成绩从1961年来一直呈下降趋势,在1990年有33%的公立学校学生参与的SAT测试中,平均分为896,而同年有67%的私立学校学生参加了测试,平均分为932。澳大利亚私立学校12年中学生的在学率平均为80%,而公立学校仅为30%。而且在公立学校中,逃学、暴力以及吸毒等现象都十分严重,相比之下,私立学校中却较少出现这些不良行为。因此,从过去的"政治行政模式"转化为"经济市场模式"的教育体制和管理方式随之产生。这尤其突出地表现在美国自上个世纪90年代以来的"择校"运动。

1988年4月,美国明尼苏达州成为实施择校制度的第一州。在进入被称为"教育总统"的布什政府时期,教育市场化改革在美国公立学校体系中得到了进一步迅猛发展。教育证券、磁石学校(magnet school)、特许学校、特许专营权,乃至赢利教育等等开始出现。1990年,美国教育部长卡瓦佐斯在《推行选择制,改革美国教育》的报告中强调,"选择的机会是我国进行中、小学教育的基础"。1992年,美国50州中有12个州实行了公立学区间的选择计划,16个州实行了学区内的公立学校的选择,还有一些州则尝试包括私立学校在内的选择计划。实际上,美国的择校其实就是将学校推向市场,是一种市场价值取向,强调竞争、效率和质量,旨在减少与克服过去公立学校体制中"官僚"弊病,并提供给儿童与家长更多的选择的权利的运动。

20世纪80年代以来,美国、英国、日本、西班牙、荷兰、智利等国家也都以高等教育为突破口,进行了教育市场化的体制改革。一方面,表现为将市场机制引入高校办学领域,采取收费政策。如1988年,英国撒切尔政府通过的《教育改革法》以及1992年通过的《高等教育改革法》中,明确提出英国教育转向"完全面向市场的体制"。而近些年来的布莱尔政府,则将教育视为一种产业,一方面,全力推进完全资本形式的留学制度,采取措施扩大留学生人数;另一方面,在国内继续推进教育产业化政策,进一步加大高校收费力度。1997年的一项调查中,美国4 096所大学中,绝大多数都自认为是市场性的机构。澳大利亚政府也于20世纪80年代在教育改革中引入市场机制,其具体做法是大学开始收费,鼓励私人投资办学,吸引海外留学生等等。另一方面,大力加强高等院校与企业间的联系。高校与企业间签订科研与生产合同,高校为企业提供科研与技术支持,而企业则为高校提供办学与科研经费,提供实习基地等。英国1987年的高等教育绿皮书明确指出:高等教育必须有效地为经济建设服务,与工商业界保持联系。法国于1986年成立"教育-经济高级委员会",并发表了促进校企合作的专门报告。校企合作比较出色的有美国的以斯坦福大学为主要依托的"硅谷",以哈佛大学和麻省理工学院为轴心而形成的"波士顿-坎布里奇科学工业综合体"等。

近年来,我国教育的体制和管理改革也在不断深化。

首先是中国教育的宏观管理体制改革取得突破性进展,中央政府进一步简政放权,加大省级和地方政府统筹管理本地区教育的权责,促进教育与当地现代化建设的结合。

基础教育实行由地方负责、分级管理的体制。农村义务教育实行在国务院领导下,由地方政府负责、分级管理、以县为主的体制。县级政府负担本地教育发展规划、经费安排使用、教师和校长人事安排等责任。中央、省和地(市)级政府通过增加财政转移支付和提供专项资金,增强财政困难县义务教育发展的能力。

高等教育实行中央和省级两级政府管理体制。经国务院授权,发展高等职业(专科)教育的权责由省级政府依法管理,确定本行政区划内高等职业教育的招生计划。

其次是办学体制改革的进展。近10年来,中国学校的举办体制发生了很大变化,单一依靠公共财政办学的状况有所改善,学校举办主体和经费渠道日趋多元化。2002年,国家颁布了《民办教育促进法》,标志着民办教育事业进入了一个有法可依、规范发展的新阶段。

(五)推进教育国际化,加强国际间教育交流与合作

在经济全球化、贸易全球化的背景下,特别是随着环境、能源、贫困、发展与和平等全球性问题的日益突出,教育成为世界各国寻找解决方案的一个重要方面。推进教育国际化,加强国际间文化与教育相互理解、交流与合作成为一种必然趋势。

世界各国纷纷制定政策促进或应对教育国际化,发达国家在这方面最为积极。如日本在临时教育审议会上公布的《日本面向21世纪的教育对策》,呼吁"要举国努力推进我国

社会的国际化,以期实现与新的国际化相适应的教育",并提出"面向世界的日本人"的培养目标。1990 年,美国全国州长联合会在题为《变迁:走向世界的边缘》的报告中,提出了一项包含七个指标、旨在推进教育国际化的议程。但是因教育关系到维护国家主权、民族文化继承、培养人才等重大问题,许多国家政府在开放其教育市场、推进教育国际化时,态度相当慎重。大多数发展中国家只通过合理地引进国外优质的教育资源,如名牌学校、课程体系、优秀教师、教学方法、教学手段、管理模式、评估体系和借助国外的教育经验,促进国家教育体制的革新和发展。

教育国际化的驱动因素有文化交流与教育本身发展的要求,高等教育机构拥有利用国际化来加强各种文化之间对话的巨大优势。因而,教育的国际化趋势最明显表现在高等教育领域,范围涉及到信息资源共享、课程的互补、海外分校的建立、科研项目的相互协作、跨国的区域性研究以及各国之间互派留学生进行学习与研究。以留学生为例,1989~1993 年期间,在美国高等院校的外国留学生以每年 3%~6% 的速度增长;在 1996~1997 年期间,在高等院校的外国留学生达到 457 984 人,超过了前一年的 453 787 人。1995 年,国际高等教育的全球市场预计为 270 亿美元。[①] 在欧洲,从 1987 年就开始实施"欧洲共同体大学生流动计划",并于 1989 年拨出 4 500 万欧洲货币帮助大学生、教师与大学行政人员在会员国之间的流动。1984~1994 年,日本与国外大学进行学术交流

[①] World Trade Organization, "Education Services, Background Note by the Services", September 1998, p. 4.

所达成的协议就增长了 4.4 倍,即由 1984 年的 763 项增加到 1994 年的 3 000 多项。

教育国际化思潮还表现在国际教育组织的建立与国际教育会议的召开。其中,联合国教科文组织、国际教育局以及关注国际教育的国际劳工组织、经济合作与发展组织等都对教育的国际化进展起到了推波助澜的作用。特别是 1995 年世界贸易组织(WTO)正式成立,其将教育服务作为 12 类服务贸易中的第五类,具体又分为初等教育服务、中等教育服务、高等教育服务、成人教育服务及其他教育服务 5 类。据 WTO 服务贸易总协定第 13 条规定,除了由各国政府彻底资助的教学活动之外,凡收取学费、带有商业性质的教学活动均属于教育贸易服务范畴。教育"服务贸易"主要包括:跨境交付、境外消费、商业存在和自然人流动四种提供方式。WTO 鼓励成员国开放教育市场,到海外办学;允许外国教育机构在所在国颁发学位证书或资格证书;鼓励成员国之间相互承认学历;支持专业人才流动,减少移民限制;取消政府对教育市场的垄断,减少对本国教育机构的财政补贴等等。这一协议的提出将会进一步促进各国之间的教育合作与交流。

教育国际化发展趋势还表现在以下方面[①]:面对日益国际化的社会,各国纷纷采取措施,大力加强"国际理解教育",培养多元文化兼收并蓄的人才,加强国际沟通能力的培养;创立"国际高科技人才培养中心"。如日本在筑波科学城建立了第一个正式的国际高技术合作研究和高技术人才培养中

---

① 邓晓春:《世界教育改革发展的十大趋势及其对我们的启示》,《辽宁高等教育研究》,1998(5),第 15 页。

心——筑波国际高技术研究生院,通过提供良好的环境以及实行开放式教学与科研,扩大本国学者与外国学者之间的交流,培养发展高技术优秀人才。

我国加入WTO组织以后,加大国际交流,开放教育市场,不仅是促进教育发展和提高教育质量的需要,而且也是一种责任。如何在国际交流中兴利除弊,已经成为我国必须要回应的迫切课题。2003年9月1日《中华人民共和国中外合作办学条例》开始实行,规定:中外合作办学属于公益性事业,是中国教育事业的组成部分。国家对中外合作办学实行扩大开放、规范办学、依法管理、促进发展的方针。

(六)当代世界教育改革与发展的启示

教育必须与社会发展相适应是教育的基本规律。邓小平同志在1983年为景山学校题写"面向现代化,面向世界,面向未来",充分指明了我国教育改革与发展的根本目标与前进方向。现代化、世界与未来是我国教育改革与发展必须面对的三大背景,三者紧密联系,是一个互动的整体。当前社会的变革日新月异,面向现代化,面向世界,面向未来为我国教育事业的发展带来巨大的挑战与机遇,这也就要求我们要放开眼界,立足于现代化发展,积极研究世界各国教育改革与发展趋势,借鉴与吸收有益经验,促进我国教育的繁荣与发展。

首先,高度重视教育改革与发展。从世界教育改革与发展的趋势可以看出,20世纪80年代以来,世界各国对教育改革与发展愈来愈重视,全世界都在强调"科教兴国"。在这种大背景下,能否真正"兴国",就要看谁能在"优先兴教"、"优先兴科"上捷足先登。当前,世界各国都已确认"科教兴国"的战略思想,确立"抢占 21 世纪教育制高点"的战略目标。因此,这就需要我们能真正认识到未来世界的激烈竞争最终落脚于教育。高度重视教育改革与发展,要求我们立足于我国现代化建设的未来,实事求是,真正地把教育问题提到议事日程上来;要求我们制定科学、合理的教育法规政策,落实教育的战略地位;更要求我们加大教育的投入,对教育的重视落到实处,各级政府和社会必须要有高度的紧迫感与责任感,积极投入到教育改革与发展中。

其次,立足现实,积极改革。教育的改革与发展必须面向实践。教育实践是不断发展、不断产生问题的过程。以何种态度面对问题是人们正确解决问题的前提条件,对于教育实践中的问题尤其如此。对教育实践的新问题采取视而不见的态度是永远不能搞好教育的。教育与社会经济生活紧密相连,社会生活的局部变化都会在教育中反映出来。因此,立足实践,关注现实,发现教育中存在的真正问题是我们进行教育改革必须要走的一步路。从世界教育改革发展趋势中可以看出:教育改革"贵在实践,重在突破"。这也就是对教育实践中产生的问题,要敢于打破传统做法,积极改革,敢于实践,从问题的某一方面切入并取得关键性进展。如,在当前,相对于我们这样的大国办教育,积极吸引社会力量参与办学是一种必然趋势,《民办教育促进法》的出台就是当前我国教育改革的一个极好例证,它的颁布为我国社会力量参与办学制定了较好的制度环境与规范标准,这样既调动了社会力量的积极性,同时也促进了我国教育事业的进一步发展。

再次,借鉴吸收,积极参与。他山之石,可以攻玉。在日益全球化的今天,各国所面临的社会经济环境日益趋同,因此,以市场化为取向的教育改革不仅是西方国家的良方秘诀,也应对我国教育改革的对策问题有所启迪和借鉴。然而,对世界各国教育改革的发展经验我们不能照搬照套。历史一再证明,照搬照抄对任何国家都是不可行的。我们的教育改革不能惟别国的新理论、新方法是求,而必须结合中国的教育现实情况进行。因此,对别国的经验我们要本着借鉴的态度,取其精华,弃其糟粕。在对教育的市场化改革的具体措施、改革的路径中,应该选择一条符合我国国情的改革之路。同时,对国际教育的交流与合作,我们也要积极参与,一方面可以加强与他国的联系,增进双方的对话与理解,另一方面,可以把中国教育实践介绍与引入到他国,从而促进世界各国教育的共同繁荣与发展。

  第四,扎根传统,面向现代化。如何处理传统与现代化之间的关系是当代世界各国的教育改革与发展所面临的一个重要问题。传统是历史的积淀,是一个国家或民族的根与魂,是区别他国或他民族的根本标志,世界各国的教育改革都十分重视对民族传统的传承与发展。中华民族有着悠久的历史文化传统,因而,在教育改革中必须注重对我国传统文化中精髓的继承与发展。体现我们中华民族的特色,是发展有中国特色社会主义教育必须面对的基本问题。现代化是世界发展的趋势,教育现代化是教育适应世界发展变化的必然选择。教育现代化是一个涵盖教育观念、教育体制、人才培养模式等诸多方面的现代化,因此,我国的教育现代化的发展是一个全面推进的现代化,同时,也是一个持续改革的过程。

代后记

政策型研究者和研究型决策者

根据市场需要,出版社决定重版《教育改革论》。本书出版10多年之后,仍能受到读者喜爱,使我感到欣慰。我也时常收到读者的来信或来电,询问在什么地方可以买到该书。这次修订除了对原书做了少量修改和补充,主要是增加了第14章"当代世界教育改革与发展的新趋势"。

据了解,本书的读者以教育研究工作者和教育行政人员与学校领导居多。为此,我愿意把我20多年来从事教育研究与教育行政工作的深切感受与读者分享,并代后记。

由于社会运转的速度越来越快,社会生活越来越复杂,制约教育改革的因素也越来越复杂,制定教育改革政策的难度也越来越大,对教育改革的研究也不断提出尖锐的挑战。这种挑战最突出的一点,就是改变决策者和研究者两相分离的格局。为了使改革政策更科学、更民主、更有效,社会向决策者提出了也是研究者的要求,决策者应该努力使自己成为"研究型决策者";由于社会科学研究所富有的社会功能越来越重要,所承担的社会责任越来越重大,为了使学术研究的成果发挥更大的社会效益,社会向研究者提出了成为政策参与者的要求,研究者应该努力使自己成为"政策研究者"。

一、决策者的研究意识

所谓决策者的研究意识,是指决策者以研究的态度和科学的方法看待政策现象和处理政策问题的意识。决策者和研究者是两个范畴,两种工作规范,两种文化。长期以来,研究者把政策放在研究的视野之外,决策者也没有把政策与研究联系起来。这种现象既是一种客观事实,也是一种主观态度。要改变这种状况,既依赖于客观环境的不断变化,也依赖于主观观念的改变,加强这两种文化的交流。从决策者的角度说,研究意识的建立,首要是形成过程意识、距离意识和代价意识。

(一) 过程意识

过程意识就是意识到政策是一个较长的过程和关注政策全过程的意识。政策是什么?是一种行政决定或者是一份政府文件吗?当然是,但教育政策不等于教育决策,教育决策只是教育政策过程中的一个重要环节。教育政策是一个全过程,这一过程包括四个最主要的环节:政策议题的确定、政策决定(决策)、政策执行、政策的评估和反馈。决策者具备教育政策的过程意识,才能够关注、思考政策的全过程并处理好政策过程中的各种关系。

为什么要颁布教育政策,颁布什么政策,首先取决于政策问题的确定。教育中的问题千头万绪,有轻重缓急之分,有影响面的大小之分;不同层次的教育决策部门的功能不同,其决策的重点和考虑问题的着眼点也不同。所以并不是所有的教育问题都应成为政策问题的。"搁置不议"有时也是一种必要的政策选择。政策不及时或政策无的放矢、政策力度不够或杀鸡用牛刀、政策重叠或政策不配套、越俎代庖或跨越雷池等等,常常是因为对教育问题厘定不清、政策议题不恰当而造成的。所以明确教育问题的性质是决定教育问题是否进入政策议题的前提。

经过对教育问题爬梳整理、讨论厘定,确定了政策议题之后,便进入了政策决定(即决策)阶段。不同的决策任务会有不同的决策内容。但一项政策总是应该包含一些基本内容,比如,决策的方针、原则、目标、要求、手段、保障、评估标准等。决策的方针是政策的指导思想,它取决于决策人员和决策组织的主导价值倾向和对教育矛盾主要方面的基本判断,明确政策的指导思想,才会产生合目的的、领先的政策内容和保持政策之间的一致性。政策目标是政策内容的核心,一项政策的目标在价值上是否被社会认可,政策目标是否明确、具体、可行,决定了这项政策被贯彻的程度。不同的决策环境、不同的决策任务、不同的受决策影响的相关对象,都会对决策内容持有不同的期望。在这一过程中,利益群体会发出大量的信息影响决策者,使得决策环境更趋复杂,新问题会不断产生。这都对决策能力提出了更高的要求。因此,决策者在决策过程中应不断提高决策过程的民主化与决策的专业化水平。

决策过程民主化,有利于听取政策标的(受政策影响的相关人员)各方的意见,避免决策内容偏于一方而失却公正性;也有利于听取各部门专家与各层次群众对政策问题的解决意见,既有助于政策问题的解决,也能为政策的接受奠定基础。决策专业化对决策者有两方面的要求,一是教育决策人员不断充实与决策问题相关的知识与研究水平,提高自身的决策能力;二是教育决策人员增强吸收教育研究者研究成果的自觉性,既了解研究过程,也能对研究成果进行正确的评价和选择。有学者提出以下途径对加强决策者应用研究成果很有裨益:一是在培养未来决策者与行政人员的大学里,在他们的学习期间教授相关研究过程、研究成果评价标准与实施方法的课程;二是决策机构对决策者实施继续教育以加强他们的研究意识与对研究成果吸收的能力;三是决策者增加对学术术语的学习与了解。[①]

政策执行是一个不断调节的过程,因此政策执行过程的反馈机制是否健全,反馈渠道是否畅通,对提高政策执行的效率也是不可忽视的重要一环。当然,能否根据反馈信息主动灵活地调节政策内容和政策执行方式,关系到更多的条件和因素。

政策颁布以后有没有被贯彻?贯彻的程度如何?政策目标的达成度怎样?如果政策目标没有达到预想的实现,我们就要问,为什么没有实现预想的目标?甚至这种目标本身就需要评估,比如目标本身是否清晰、是否合理,是否需要调整?政策的颁布只是政策过程的开始,而不是政策过程的完成,更不是政策过程的终结。政策颁布以后不再需要调整、修改、更新,是少有的、偶然的;政策颁布之后,需要不断进行必要的修订、补充、完善是很正常的。所以,具备过程意识,才能有意识

---

① Torsten Husen and Maurice Kogan, *Educational Research and Policy: How Do They Relate*, Pergamon Press Ltd., Institute of international education, University of Stockholm, 1984, p. 200.

地考察和改善政策的全过程。

（二）距离意识

距离意识就是设想自己以旁观者的身份审视自己参与制定的政策的意识。距离意识的很重要的特征是它的客观性和反思性。政策虽然是决策者主观决定的结果,是决策者思想、情感、意志的表现,但政策一旦公开,它就成了客体,成了贯彻执行和被评价的对象。为了能够正确、公正地对待既成政策,客观地评价政策,要求决策者淡化对政策的主观感情,中立地看待政策,这就是所谓的客观性。所谓反思性,是指抛开个人的思想感情对决策的程序和内容、对政策的结果进行冷静的回顾、审视。能不能保持客观性和反思性,取决于我们能不能拉开与既定政策的距离,超越自己的思想局限、工作环境局限、利益局限等,把它作为一个客观对象来剖析。有了这种距离意识,才能进入研究状态,才能比较客观地看待问题、分析问题。政策是价值倾向性非常明显的决定,政策制定是价值倾向性非常明显的活动;而研究则要求尽可能地保持价值中立的态度,以"局外人"的眼光看政策。从技术上说,它要求决策者能够科学地收集有代表性的信息,有条理地记录和整理这些信息,运用规范的方法统计这些信息,最后对这些信息做出可靠的分析,得出符合逻辑的结论。

（三）代价意识

任何获得都是以一定的付出为代价的,代价意识就是以较小的代价获得较大的收益的意识。教育问题能不能解决可能是客观条件决定的,也可能是主观判断决定的。有些问题可能被解决,但我们要付出比解决问题、获得回报更大的代价。代价观念是现代政策制定的思维基点之一,"不惜一切代价"的非理性态度与现代决策观是不相融的。代价观与可持续发展观实际上是一个问题的两个方面,可持续发展观是从正面鼓励发展的后继性,代价观则是从反面防止竭泽而渔。有了代价意识才能对代价进行科学的分析和计算,从而进行比较鉴别,做出选择和判断。关于代价的计算,则是现代决策理论中的一项重要内容和技术。

在教育领域,由于计划性、统一性的要求比较高,决策者在制定政策时较少考虑决策所应付出的代价,在政策评价过程中更是存在强调政策的收益而对政策的代价避而不谈的情况,使得代价意识在教育发展过程中反而具有了一种贬义的甚或是负面的意义。其实避免过大的代价就是收益。代价观的确立有着独特的"否定"的积极意义。

代价意识不仅要重视看得见的付出,而且要重视看不见的付出。前者说的是形成收益与代价的分析意识,在政策的收益大于代价时努力"限制成本性代价"与"控制损失性代价"①,即少花钱,多办事。后者说的是确立机会成本的观念,即通常说的鱼与熊掌不可兼得。"当把一定经济资源用于生产某种产品时所放弃的另一些产品生产,失去了获得最大收益的机会,就是这种产品的机会成本"②。假设同样的教育经费,投入到高等教育领域会带来 500 元的教育效益,投入到义

---

① 对两项策略的论述详见《中国教育政策评论》,教育科学出版社 2000 年版,第 63~64 页。
② 尹伯成:《西方经济学》,上海人民出版社 1995 年版,第 3 页。

务教育领域则会带来700元的教育效益,投入到高中教育领域则会带来800元的教育效益,如果将经费投向了高等教育而没有投向高中教育,那么它的机会成本就最大。由于教育决策过程是一个政府部门的垄断过程,不涉及与其他部门在市场中竞争的局面,因此如果仅提出收益大于代价的要求就达不到激励教育资源充分使用的功能,而重视机会成本就是确立了竞争对手(其他机会的存在),从而为教育资源获得最大教育效益提供了评价标准。

二、研究者的政策意识

所谓研究者的政策意识,是指研究者以政策取向指导自己的研究,以参与政策制定、影响政策过程作为自己的追求、作为衡量研究成果社会效益重要标准的意识。长期以来,我国的教育研究与教育政策存在"两张皮"的现象,互不相干:决策是决策者的事,研究是研究者的事。从历史的角度说,教育研究与教育政策相对分离是必要的,在我国特定的历史背景下,教育研究与教育政策分道扬镳,是研究从政策解释的工具到形成自己的独立地位和独立品格的必要过程。但随着教育决策的民主化、科学化和绩效化的呼声越来越高,教育研究的功能和研究的价值也越来越表现为对教育政策的贡献。事实上,教育研究成果的社会认可程度和经费资助额度,取决于其对教育政策制定和政策过程的影响程度,已经越来越成为国际的通例。因此,教育研究者加强政策意识也就十分必要了。

(一) 转化意识

转化意识就是使自己的研究成果能够转化为政策应用的意识。政策过程是从确定政策议题开始的,研究过程也是从确定研究问题开始的。拿什么问题作为我们研究的对象?研究对谁负责?期望研究结果产生什么影响?这些是研究一开始就必须明确的。以前我们有些学者沾沾自喜地说:我研究就是为了我的研究兴趣,至于它有什么用我并不关心。由于"研究者认为作为研究成果消费者的政府对其成果评价没有同行评价那么重要,而且他们的学术地位来自于本研究领域内同行之间的学术评价而不依赖于在行政组织中的地位"[1],所以研究者可以不关心研究成果的社会转化问题。这种20世纪以前的研究旨趣已经越来越让位给社会应用、技术转化的研究。社会在迅速地转型,但教育研究及其相关的政策并没有跟上这种转型,成果评奖、职务晋升、论文答辩基本上还是以出版情况、理论阐述为依据,而不太考虑被应用、被推广程度。所以我们教育研究成果的应用转化率很低,决策部门对教育研究也就不甚关心。教育学是一门应用性很强的学科,教育研究在20世纪60年代以后已经逐渐发生了转变,从以学科为本位向以问题为本位。这种转变的一个主要表现就是参与决策研究和影响政策制定。教育研究能不能增强自己的生命活力,能不能提高自己的学术地位,在很大的程度上将

---

[1] Torsten Husen and Maurice Kogan, *Educational Research and Policy: How Do They Relate*, Pergamon Press Ltd., Institute of international education, University of Stockholm, 1984, p.10.

取决于教育研究从理论向实践、向政策的转化程度。美国的科学研究之所以成功,之所以特别有效率,很值得重视的一点,就是他们放弃了英国式的基础研究→应用研究→技术转化的研究路线,而采取了现实需要→理论研究→实际应用的研究路线。①

(二) 当下意识

当下意识就是关注实际问题,掌握实际数据,了解现实问题的轻重缓急和来龙去脉,强调对政策关心的实际问题做出理论回答的意识。缺乏当下意识的表现是远离实际和研究成果内容空泛,这既是缺乏转化意识的结果,又是研究成果难以转化的原因。教育研究领域普遍存在的一种现象是,不了解实际情况,不掌握实际数据,比如研究高等教育的对中国有多少高校不了解,研究课程的对我国中小学开设多少课程不清楚,研究德育的对青少年学生想什么不明了,不知道现实中问题的症结在哪里。研究不是从现实中找问题,而是从书本上找问题。这样的研究对政策关心的实际问题自然也就无力回答。其实,教育研究者应该比实际工作者更了解实际,因为他

---

① 长期以来,我们一直把基础研究与应用研究看成是一种线性关系,认为在科学研究的线谱中,一端是探讨内在秘密和满足好奇心的基础研究,一端是应用知识于实际的应用研究;而且研究总是从基础开始,最终新的知识总会转化为技术创新。但从现代科学史和科学社会学的研究来看,科学的发展还有另一种模式,而且这正成为科学发展的主要趋势,即由应用问题产生的基础研究,应用研究与基础研究同步发展的模式。这一思想在被称为 90 年代美国 10 大科技政策著作的《基础科学与技术创新》(D. E. Stokes,1999)一书中有深刻的阐述。在教育研究中,《学会生存》、《21 世纪的教育使命》、《学习——财富蕴藏其中》等都是这种模式的重要成果。

可以有意识、有时间去全面地、综合地收集资料,并进行冷静的比较、分析。但遗憾的是这种研究在教育研究领域尚未形成浓厚的风气。

这并不是说教育研究不要超前意识,没有自己的理想追求,恰恰相反,超前意识基于当下意识,理想追求基于对现实的判断。对当前问题缺乏敏感就不可能对未来的问题有可靠的把握,所谓超前意识本来就是指对现实问题发展走向的预测和分析;对事实缺乏正确的认识,理想追求也难以实现,理想追求本来就是现实的延伸。

(三) 操作意识

操作意识就是研究成果、研究建议具有可操作性的意识。操作意识是指研究充分重视事物发展的层次性、阶段性、差异性,研究有强烈的针对性。它强调研究的精确性,有较高的量化程度。中国幅员辽阔、发展极不平衡,抽象地谈论理论或观念是不够的,需要把理论还原为具体的实践。定量研究、实证研究在中国的教育研究中一直未能取得重要的位置,而政策需要以准确的数据作为判断基础,把一种理念化成具体实用的规定。从理论向政策应用的转化特别需要数据的收集和对数据的真知灼见的分析。真正深刻而有应用价值的理论研究不仅强调概括性、抽象性,有广泛的涵盖面,而且能够很好地还原为具体实践。在社会科学研究中存在一种不好的"时尚",似乎从现实出发的、通俗易懂的、深入浅出的作品就缺乏理论,充满了半文半白、半中半西的概念的才是好文章;似乎有理论就势必要远离实际。这种情况在教育理论界虽然已有很大改观,但仍有相当的影响。这并不是理论的罪过,实际上是没有真正理解和掌握理论的表现。其实,越是深刻的理论越能还原为具体的实践。真正掌握了一种理论,真正内化了一种理念,就不会满足于概念的重复,而会努力化理论为方法、化理论为可操作的策略。

三、政策研究者

现在,政策已经成为政府调节社会最重要和最主要的手段,教育改革也主要通过政策来推动。政策研究已经成为科学研究中最受关注的研究领域。政策分析者和政策规划者在西方已经成为一种专门职业,且这支队伍正在不断扩大之中。这一人群无疑是政策型研究者的典型,他们被冠以一个专门的称呼,叫"政策知识分子"。随着政府职能的转化和政策科学化进程的加快,我国的政策分析机构和职业性的政策知识分子也在形成之中。不过,我这里指的主要还不是这种专门职业的政策型研究者,而是强调研究人员要有政策意识,要重视政策的研究,并逐渐地把教育研究的主要人员和研究人员的主要精力转移到为政策和对政策的研究上来。国务委员陈至立部长在2002年全国教育科学"十五"规划课题评审会上讲话时强调:"教育科研工作必须树立为重大教育决策服务的意识,研究教育发展中出现的一些热点、难点问题,对一些教育问题做长远的、全局性的和深层次的科学研究,提出新思路、新办法,为教育决策当好参谋"[①]。政策型研究者既是社

[①] 《教育科研要为教育决策当好参谋》,中国教育报2002年2月4日第一版。

会发展的客观要求,也是政府部门的殷切期盼。而要成为一名训练有素的政策型研究者,固然有许多专业性的知识和技术性要求,但依我20年从事教育科学研究的感受和认识,我觉得首先重要的是要关注现实世界,了解现实需要,有解决现实问题的强烈意识,为解决现实教育问题提供有根据的政策建议和可操作的措施。著名经济学家和史学家陈翰生先生积毕生之经验,深有感慨地说:"学术研究是一种创造性劳动,就是要解决问题,尤其要解决现实中存在的问题。"[1]关注现实世界,关注教育政策研究,并不是要丧失教育理论工作者的独立品格,恰恰相反,正因为教育理论工作者的独立意识、独立知识结构和独立思考能力,对教育政策研究才显得特别重要。

"九五"期间,在"科教兴国"战略的指引下,我国教育在许多方面取得了跨越式的发展,同时也面临着许多新形势、新情况、新任务、新问题。从国家教育发展的宏观角度来看,教育部提出"十五"期间希望对下列问题予以特别的关注和研究:

● 如何处理好高等教育的发展规模与办学条件保障的关系?如何规划相应高中阶段教育发展的规模问题?

● 高校扩招以后毕业生的就业状况和拓宽就业渠道的研究;

● 进一步提高高等学校教学质量和保障教学秩序、规范教学的研究;

● 高校后勤社会化中的公寓管理、学籍管理、网络管理、大学城、并校及分校或异地办学管理等引发的办学秩序与学生思想教育工作的对策研究;

---

[1] 《学术界》,2002年第2期封2。

● 高等教育宏观管理与进一步增强地方、高校自主权和依法自律的关系研究；

● 高等教育新的拨款体制与科学评估体系研究；

● 各地在贯彻落实全国基础教育工作会议精神和《国务院关于基础教育改革与发展的决定》中出现的带有普遍性的难点、热点问题研究；

● 进一步改进高校招生、录取、考试与收费制度等的研究；

● 规范小学、初中、高中升学、择校、收费的问题，促进义务教育均衡发展的问题研究；

● 落实西部地区教育发展措施及教育对口支援工作的研究；

● 新形势下职业教育发展趋势和机制的研究；

● 教育依法行政所面临的形势与相关建议研究；

● 加入世贸组织对我国教育的影响及相关对策的研究，包括研究制定《中外合作办学条例》、台湾机构和个人在大陆投资合作办学等的研究；

● 进一步促进民办教育健康发展的政策研究；

● 我国教师教育的转型研究。

这些情况和问题在不同地方又有不同的表现形态，有不同的特点，也需要有不尽相同的解决办法。要对这些问题提出有针对性、有根据、有说服力的意见，光有一些思想理念、一些价值标准、一些教育学概念是不够的，一定要对我国宏观的和不同地区不同层面、不同方面的实际情况，对其经济数据、人口数据、教育数据、科技数据、文化数据等有经常性的、准确的了解，并且要对这些数据有历史感，也就是对这些数据的历史变化心中有数;还要对世界有代表性国家的相关数据有系统的了解。以便能够把我国的教育发展放在全球环境下有比较地考虑。只有这样,我们的教育研究才能充满朝气和生命力,才能对教育的改革和发展提出切实可行的意见。

毋庸讳言,教育研究中杜撰的题目、无病呻吟的题目、拾人牙慧的题目和空洞无物不知所云的题目,还是有一定数量的,有时候还被误作为一种学术高深的表现。而对现实问题缺乏敏感,对解决现实问题缺乏热情,导致了对解决实际问题缺乏真知灼见。由于脱离教育实际,不了解真实的情况(包括不了解国外的真实情况),只能凌虚蹈空,唱空城计。这不仅是一种研究方法的问题,而且是一种研究价值取向的问题。其根源是对教育科学的现代特性缺乏全面、正确的认识,对教育科学的发展趋势和现代使命缺乏敏锐的反应。

前不久阅读余秋雨先生的新作《行者无疆》,他在自序中写,多年来他逐渐深刻感到书斋著述与实际文化现象的严重脱离,英国近代科学家科林伍德的一段话对他离开书斋起到很大作用:囚禁在象牙塔里的文艺精英除了自己之外别无可谈,谈完了自己就互为观众。全部的无聊、麻烦、伤害,就产生于这种小空间里的"互为观众"。所以他决定"衔耻出行",走上了探索活生生的文化历史之旅。[①] 他把静态的文化变成了动态的文化,把与生活看似无关的文化变成了与生活息息相关的文化。文学艺术与教育科学虽然有很大的不同,但在关注现实、研究现实、阐释现实这一点上是完全共通的。

当然,强调问题意识,强调关注和解决现实问题,强调为

---

① 余秋雨著:《行者无疆》,华艺出版社 2001 年 10 月版,第 2 页。

教育政策的制定、实施、改进做出贡献,决不是可以削弱理论研究,降低理论研究水平,恰恰相反,越是能够指导实践的理论,越是具有深刻性和超前性,越是需要做细致而缜密的工作。马克思曾经精辟指出,最深刻的理论可以还原为最具体的实践。而还原为具体实践的理论一定是从具体的实践中提升出来的。对于教育科学这门应用性很强的学科来说,抽象的理念不和鲜活的教育事实相联系,原则的概念不和具体的教育情况相结合,就难以提出有价值的命题,难以对科学、高效、公正的教育政策提供有价值的意见,因而也就难以体现知识分子参与社会生活、影响社会生活、引导社会文明的责任和功能。

四、政 策 分 析

美国知名政策分析专家帕顿(Carl V. Patton)和沙维奇(David S. Sawichi)把政策分析分为两种基本类型:研究型分析(reseached analysis)和一般分析(basic analysis)。研究型分析是运用比较程式化的研究方法,对有关政策问题进行专门研究,以"寻求问题背后的真相和非直觉的甚至反直觉的解决方案"[①]。一般分析则是在短时间内、在资料不充分的情况下对政策的简单建议,以便在主要问题上不会发生错误。决策者不可能像专门研究人员那样进行仔细、周详、高度量化的研究,他们只能用有限的时间,在资料不充分的情况下,做出

---

① 卡尔·帕顿、大卫·沙维奇著,孙兰芝等译:《政策分析和规划的初步方法》,华夏出版社2002年1月版,第5页。

决策的框架。从这个意义上说,研究型分析更适合于专门研究人员,一般分析更适合于决策者。当然,他们之间的关系并不是一成不变的,在需要的时候,也可以互换。

如果说关注现实世界是政策研究者首要的品质,那么,关注评价标准则是研究型决策者的首要品质。所谓关注政策评价标准,就是对将要制定的政策或在不同的政策方案之间进行选择的合理性、有效性、经济性等有一个比较具体的可靠的参照依据。从政策的全过程说,评价标准可以分为不同的层次。帕顿和沙维奇把评价标准分为四个层次:① 总体目标(goals)、具体目标(objectives)、评估标准(criteria)、测量标准(measures)。这对我们分析问题和把握要求是很有帮助的。

总体目标: 对政策预期的长时段将获得的成就所做的正式而全面的描述。

具体目标: 对最终状态所做的更集中更具体的描述,大部分有明确的时间范围和影响范围。

评估标准: 用于考虑制定和选择政策方案的具体指标,其中最重要的包括成本、效益、公平性、政治、经济、行政的可行性与可操作性等。

测量标准: 对评估标准明确的可操作(最好是量化)的解释。

比如,我们以某一地区的小学合并为例对这些术语做一些阐释。在这项政策中,总体目标是提高办学效益和办学质量。具体目标是使该地区小学的规模平均达到 300 学生以

---

① 卡尔·帕顿、大卫·沙维奇著,孙兰芝等译:《政策分析和规划的初步方法》,华夏出版社 2002 年 1 月版,第 187 页。

上。评估标准与以下内容直接相联系：规模扩大真的能使效益提高、成本降低吗？影响教育质量的因素在学校合并以后真的会有所改善吗？经济投入、学生和教师的集中所产生的困难能克服吗？测量标准，如：学生每天步行上学能够接受的最长距离是多少？以图表的方式列出不同学校合并的最经济、最合理的指标等。

当然，面对不同的问题、时间、对象，衡量政策标准的重要性也不是平分秋色的，决策者需要对处于问题中心地位的标准心中有数。比如高考政策与课程政策的制约因素就有很大不同，虽然上述因素与这两项政策都是相关的，但对课程政策来说，成本、效益是非常重要的，而对高考政策来说，公平性、可行性无疑需要优先考虑。

下面，我们主要就政策的评价标准做进一步的讨论。

成本 任何政策都是旨在推行某种改革、重组某种资源或解决某个特定的问题。任何政策的实施都是有成本的。成本分析是政策分析的核心。产出大于成本是一切个人、集体或政府行为的前提。但是，忽视成本或错误地计算成本是政策制定和实施过程中常见的现象。"不惜一切代价"是忽视成本的最典型的语言和表现，也是"政策祸害"最严重的原因之一。所谓政策祸害是指由于错误的政策导致的收益小于成本的结果，引发了更多的社会问题和社会矛盾。政策祸害是一个值得专门研究的概念。随着社会文明的进步，"不惜一切代价"的政策取向正逐渐被人们抛弃。但由于观念、思维方法不正确，错误计算成本的现象还是普遍存在的。这里分析四种重要的又是决策者容易忽视的成本概念：间接成本、相应成本、机会成本、边际成本。

间接成本：在考虑政策成本时，我们通常主要考虑的是政府需要多少投入，特别是要花多少钱。其实这里只是考虑了直接成本，特别是货币成本。而一项政策的实施光有直接成本是不够的，它一定不得不付出间接成本。比如并校、扩大学校规模需要必要的投入，这种直接成本是显见的，也是容易计算的，而很多学生每天要多走很多路则是它的间接成本。学校为了维持操场草坪的美观和生长，限制学生在操场上的活动，学生活动机会的减少也是间接成本。有时间接成本比易见的直接成本要大得多。

相应成本：任何政策都与受政策影响的个体的利益直接相关。相应成本讲的是不同个体在形式上付出相同代价的时候，在实质所付出的代价是不同的。比如提高收费标准以改善学生公寓条件，对经济条件好的家庭来说，不仅是可以接受的，而且是他们所期望的；而对于经济条件差的家庭来说，他为了支付提高的住宿费用，就不得不削减其他对他来说是更必要的开支，比如推迟购买电脑的时间。其实他宁可维持居住条件比较差的状况而先购买电脑，也不愿推迟购买电脑时间而先改善居住条件。分析相应成本对政策的可行性和社会反响非常重要。相应成本的分析为公共政策雪中送炭，而不是锦上添花提供了理论依据。

机会成本：计算成本时我们往往只计算可见的成本，而忘了计算当我们用现有的资金、设备、人员等资源从事某项活动时，我们就不能用这些资金、设备、人员干其他的事。在同一时间我们丧失了从事其他活动的机会，就是我们付出的机会成本。比如你大学毕业以后对读研究生还是工作的选择，工作可以拿工资，开始计算工龄，而读研究生就不能工作拿工资,还要付出很多费用,且研究生毕业后还可能找不到合适的工作。这个时候如何选择都需要付出相应的机会成本。公共政策同样如此,现有资金到底是用来改善薄弱学校还是加强重点学校呢?在这种时候不仅要看到某一政策使某一方面得到了加强,而且要看到另一方面失去了发展的机会,这就是这一政策所付出的机会成本。

边际成本:边际成本与平均成本相对。比如一幢四层教学楼的造价是平均每层100万元,六层教学楼的造价是平均每层95万元,那么这幢教学楼5~6层的平均造价就只有85万元。85万元就是边际成本,比平均造价节省出来的钱就是边际效益。再比如一个班级符合卫生条件和教师工作条件的学生数是40人,现有一个班级人数是35人,增加进去5人就是边际效益。效益最大化的秘密往往就在于边际成本的计算与边际效益的发挥。

效益 在确定了一个目标之后,投入越小效益就越大。但是公共政策的效益观要比企业的投资效益复杂得多。因为政策的效益有直接的(如减免学费),有间接的(如提供教师进修的机会);有短期的,有长期的;有有形的(如建立学校网络系统),有无形的(如提升学校文化品位);有货币化的,有非货币化的。综合分析效益因素,是确定教育政策的轻重和缓急的必要条件。这里,我们特别要强调公共政策调动民间资源的力量。考虑效益问题不仅仅是考虑政府资源效能发挥的问题,在市场化的背景下,政府的重要职能是运用市场规律调动民间投资于公共教育事业的积极性。我在《发展我国教育产业的观念创新与政策创新》一文中,提出了一个重要观点:教育的事业性和产业性,并不是教育的固有属性,而是对教育活动在某一历史阶段运行特征的规定。在现代社会,教育活动是事业性的还是产业性的,并不是它客观上具有的不能变更的属性,而是人们根据特定的历史条件,对把它作为事业来运行有利还是作为产业运行有利的主观判断与选择。① 我列举了交通、文化、体育、教育等多方面的正反两面的例子来说明这个问题。公共教育政策能够把握时机,促进教育产业的发展,利用社会资金使更多的人受到更好的教育,这同样是扩大政策效益的重要途径。而且这也许更能体现现代公共政策的本质作用。

公平性 政策的公平性是政策制定者需要十分认真和小心对待的问题。一方面,公平地对待每一个平等的人,是现代文明社会的基本理念,另一方面,公平和效率往往是一对矛盾,处理好这对矛盾恐怕是永久的难题。当我们制定一项政策的时候,我们必须清楚:谁是最大的收益者?谁可能会是利益的受损者?教育与医疗、保险、养老等公共福利事业都有所不同,它不仅是一种消费,而且是一种投资行为,受到较多、较好教育的人,也同时会获得较高的收入和更好的发展机会;优惠的教育政策具有政府投入个人收益的特征,因此,哪部分人得到优惠,实际上就是政府为这部分人投资。从这个意义上说,教育政策带来的利益差别可能造成双倍的不平等。

这里有两组概念对把握教育政策评估标准是有帮助的:宏观公平和微观公平;横向公平和纵向公平。宏观公平是指中央政府调节地区间、各级各类教育间投入和发展机会的公平,比如发达地区和欠发达地区、高等教育和基础教育之间的

---

① 袁振国:《发展我国教育产业的观念创新与政策创新》,《教育研究》2002年第4期。

公平。微观公平是指地方政府对个人的教育投入和个人受教育机会的平等。横向公平即平等地对待每一个人,它关心的是一项政策对类似的人群提供的物品和服务是否一致,比如"择优录取"对同样好成绩的学生是否会得到同样的待遇。纵向公平关注的是政府的投入和服务对不同阶层、不同环境中的人们的公平性问题。

作为公共政策的价值取向,绝对的公平是没有的,相对差距的不断扩大也是不能容忍的。有一种观点甚至认为,竞争、效率是市场的功能,政府主要是对弱势群体的关注。

可行性与可操作性　　政策在经济上、政治上的可行性是决策者的基本考虑,对政策可行性的正确判断是决策者的核心素质;政策在行政上的可操作性是政策文本转化为政策行为的基本要求,也是判断政策水平的重要标准。

经济上的可行性:从公共政策的角度说,我们需要做的事情很多,什么事情做、什么事情不做、什么事情先做、什么事情后做,什么事情一气呵成、什么事情分阶段进行,固然与其重要性、迫切性密切相关,但很多时候是由经济上的可行性决定的。事实上任何决策从经济上说都有两种类型,一种是先对要做的事情进行预算,比较经济能力决定做还是不做、做多还是做少;一种是先确定经济额度,再决定做什么事情。在这个时候,有几个经济概念是决策的重要标准:成本-收益率,成本低收益高的无疑会被优先考虑;成本效力,以最小的成本完成既定计划的项目会被优先考虑;政府投入动员力,政府的有限投入能最大限度动员社会资源的项目会被优先考虑。

政治上的可行性:任何政策都会涉及到个人或团体利益的分配或调整,反对意见越小、反对的人数越少,政策通过的可能性就越大,实施的过程就越顺利。但是,不可能所有的政策都只有很小的反对意见和很少的人反对。政策往往是利益的重新分配。为了减少阻力,确保政策的顺利实施、妥协的措施、弥补的措施、分人群对待的措施,往往都是需要考虑的策略。为了增加对政策可行性的把握,在对政策进行可行性论证的同时,对政策进行不可行论证往往会受到意外的效果。虽然不可行论证并不真的否定政策实施计划,但对发现政策实施的难度和矛盾会加深认识,对采取补充措施可以拓宽思路。

行政上的可操作性:一项政策的顺利实施不仅取决于它的合理性和可行性,还要看实施政策的行政系统是否可靠而有力。帕顿和沙维奇认为,评估行政可操作性的具体标准包括权威、制度制约、能力和组织支持四个方面。[1] 权威是一个关键的标准。没有协调各方面意见、组织相关机构共同活动的权威,政策的制定和实施是很困难的;制度制约说的是自上而下或自下而上的组织原则,明确和承担政策执行的责任;能力包括工作人员的能力和财政能力;组织支持包括充足的装备、物资设备以及其他的支持设施。决策者在决策时对这些因素必须心中有数。否则,政策再好,也会事倍功半。此外,管理的便利性也是行政可操作的重要条件。能简化的应尽量简化,烦琐和重复劳动都会阻碍政策的有效实施。

袁振国

2005.3 识于北京

---

[1] 卡尔·帕顿、大卫·沙维奇著,孙兰芝等译:《政策分析和规划的初步方法》,华夏出版社2002年1月版,第215页。